혜와
율욱에게

한국
상업용
주거용
부동산의
구조적
이해

공간의 가치

박성식
지음

공간 / 생산성 / 신용 / 체계 / 변화 / 유형 / 자본 / 가치 / 상품
으로 재구성한 한국 부동산 시장

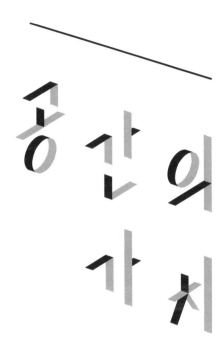

들어가며

공간을 이용하고 거래하는 방식은 나라와 지역마다 다릅니다. 공간은 사람의 행위를 담는 그릇이고, 사회·경제 조건과 법·제도에 따라 움직이기 때문입니다.

우리나라는 세계적으로 매우 특이한 공간시장을 가지고 있습니다. 하지만 그 구체적인 작동방식에 대하여 정리한 책은 아직 발견하지 못하였습니다. 실제 부동산 시장에서 일하면서 경험한 공간의 작동방식을 여기에 기록하였습니다.

저는 건축가로 사회에 발을 내디뎠다가, 부동산업자와 감정평가사로 일하면서, 학교에서 도시를 공부하였습니다. 건축가로서 공간의 기술과 스타일을, 부동산업자로서 공간의 수익성·유동성·이용행태를, 도시를 연구하는 학자로서 공간의 공적기능과 구조를 고민하였습니다.

공간을 다른 관점에서 바라보는 업계를 오가면서 여러 관점을 동시에 반영한 해석이 필요하다는 생각을 하였습니다. 이 책은 그 작은 시도라고 봐주시면 감사하겠습니다.

부동산 개발·투자·금융·분석·관리·평가·정책에 대한 실무와 연구를 수행하는 분, 공인중개사와 감정평가사 수험생, 부동산에 관심 있는 분들을 대상으로 이 책을 썼습니다. 하지만 부동산에 대해 익숙하지 않은 분들도 쉽게 이해할 수 있도록 노력하였습니다. 한국의 공간시장을 생산성·신용·체계·변화·유통·자본·가치·상품이라는 키워드로 해석하고 재구성하였습니다. 한국 부동산 시장에 대하여 133가지 질문을 하고 답을 하는 과정으로도 독해할 수 있습니다.

모든 오류는 저의 책임입니다. 저자이자 발행인으로 이 책을 만들었기 때문에 더욱 그러합니다. 틀리거나 수정해야 할 것, 궁금한 것을 발견하시면 이메일(valueofspace@gmail.com)로 알려주십시오. 다소 정제되지 않고 학술적으로 검증되지 않은 내용이 있더라도 너그러이 읽어주시기 바랍니다.

책을 감수해주신 고려대학교 경영대학의 편주현님(교수·경제학 박사), 김·장 법률사무소의 이현규님(한국/미국 변호사), 코리안리의 김범준님(공인재무분석사 CFA)께 감사합니다. 내용을 확인하고 조언해주신 기획재정부 손주연님께 감사합니다. 지켜봐 주었던 가족께 감사합니다.

2014년 겨울 허드슨 강변에서

박성식

부동산에 대한 133가지 질문에 대한 답

차례

공간은
누가 어떻게 사용하고,
위험을 어떻게 부담하며,
얼마의 가치를 지불하는지가
동시에 결정되는 상품입니다.

이것이 공간시장에서
공간이 생산되고
소비되는 매커니즘입니다.

生産性

1 | 공간의 생산성

공간 [space, 空間]

아무것도 없는 빈 곳. 물질이 존재하고 여러가지 현상이 일어나는 장소[1]

생산성 [productivity, 生産性]

토지, 자원, 노동력 따위 생산의 여러 요소들이 투입된 양과 그것으로써 이루어진 생산물 산출량의 비율[2]

---

1 출처 : 국립 국어원

2 출처 : 국립 국어원

공간의 생산성

부동산과 공간서비스

부동산(不動産, real estate)은 움직일 수 없는 재산입니다. 토지와 건물이 대표적인 부동산입니다. 다른 재화와 달리 부동산은 소비의 대상이 되기 보다는 어떠한 행위를 할 수 있는 공간을 제공하여 효용을 발생합니다. 살고, 팔고, 사고, 일하고, 생산하고, 보관하고, 노는 공간 말입니다.

오래 전에는 하나의 공간에서 여러 가지 행위를 했습니다. 집에서 살고, 일하고, 생산하였고, 각각 행위는 같은 공간에서 이루어졌으므로 아직 분화되지 않았습니다. 지식과 기술과 경제가 발전하면서 각각의 행위에 대해 더 높은 생산성 (productivity) 을 요구하기 시작합니다. 예전보다 더 잘 일하고, 생산하고, 사고, 팔고, 보관해야 하고, 따라서 더 잘 살고, 놀아야 하는 세상이 되었습니다. 생산성을 높이기 위해서 공간에 설비(furniture, fixture and equipment)가 붙기 시작합니다. 주거에는 세탁기, 가스레인지, 텔레비전이 붙고, 오피스에는 복사기, 컴퓨터가, 상점에는 조명과 진열장, 에스컬레이터가 붙습니다. 그에 따라 공간에 맞는 특별한 배치(arrangement)가 요구되고, 자연스럽게 공간은 행위에 따라 구분되고 분화되기 시작합니다. 설비와 배치가 진화하면서 공간 서비스 흐름(service flow)[3]의 수준은 올라갑니다. 높은 공간 서비스를 제공하는 공간에서 이루어지는 행위는 생산성이 높습니다.

---

3 공간을 사용하는 효용 또는 편익. Miller and Upton(1976), Grenadier(1995)에 따르면 공간을 임대하는 것은 임대인이 임차인에게 임대기간동안 공간을 사용하는 경제적 편익, 즉 서비스 흐름을 파는 것과 같으며, 임대료는 임대기간 동안의 서비스 흐름에 대해나 대가임. 특히 Grenadier(1996)는 임차인의 신용위험(credit risk), 장기 임대차 계약에서 임대수익률(lease rate)의 기간효과(term structure)가 있기 때문에 임대료는 서비스 흐름을 기초로 하는 일종의 파생상품으로 정의함.

규모의 경제

경제가 발전하면서 행위의 규모가 클수록 생산성이 증가하는 규모의 경제(economies of scale)가 중요해집니다. 상점의 규모가 클수록, 오피스의 규모가 클수록, 공장의 규모가 클수록 기반시설과 설비를 공유하여 비용이 절감되므로 더 좋은 공간서비스를 제공할 수 있습니다.

우리나라에서 오피스 임대료(rent)는 규모가 커질수록 증가하는 경향이 있습니다. 서울에서는 연면적[4] 15,000평[5] 이상이 되어야 A급 오피스로 인정받고 평당 임대료도 더 높습니다. 규모가 클수록 기계식보다 자주식 주차를 할 수 있고, 넓은 로비와 편리한 수직동선(엘리베이터)을 이용할 수 있으며, 한 층의 바닥면적이 커져 더 큰 기업이 입주할 수 있습니다. 업무의 효율성을 위해서는 수직 이동은 최소화하고 수평 이동하는 것이 좋기 때문에 한 층 바닥면적의 크기는 중요합니다. 서울에서 A급 오피스는 한 층 실사용면적(net usable area)이 300평이 넘는 것이 일반적입니다. 규모가 클수록 외부에서의 인지도와 광고효과가 증가합니다.

상점도 규모가 커질수록 경쟁력이 증가합니다. 유통업체가 점포를 개발하고 확장하는 전략에서 규모는 매우 중요합니다. 규모가 클

4 건축물 바닥면적의 합계로 지하의 주차장부터 지상까지 모든 면적의 합계.

5 1평 = $400 \div 121$ m^2 ≒ 3.3 m^2

수록 더 많은 브랜드를 입점시킬 수 있고, 더 많은 집객시설을 가질 수 있고, 더 좋은 주차공간을 확보할 수 있고, 더 많이 팔게 되어 원가경쟁력을 확보할 수 있습니다. 우리나라에서 유통업은 규모 경쟁의 역사로 봐도 무방합니다. 최근까지 개발된 영업면적[6] 10,000평 이상의 대규모 점포는 거의 모두 개발되자마자 경쟁 점포들을 압도하는 흡인력을 가지게 되었습니다. 상점의 경우, 규모가 커질수록 해당 점포의 시장 점유율은 증가하지만, 평당 임대료는 낮아지는 경향이 있습니다. 면적이 증가하는 만큼 매출이 증가하지는 않기 때문입니다. 평효율[7]이라고 부르는 매장의 단위 생산성에 한계생산체감의 법칙[8]이 적용됩니다. 즉, 면적이 커지면 매출액은 증가하지만 평당 매출액은 감소합니다. 유통업체들은 시장 점유율과 점포의 수익을 극대화하기 위하여 영업면적이 증가함에 따른 한계수입(marginal revenue)[9]과 한계비용(marginal cost)[10]이 일치하는 지점까지 규모를 키웁니다.

주거에서도 규모의 경제가 중요합니다. 아파트는 규모의 경제가 발생하는 대표적인 시설입니다. 한국의 도시는 도로, 공원, 학교와 같은 기반시설이 열악한 경우가 많습니다.[11] 이러한 환경에서 대규모 아

6 고객이 접근가능한 영업장의 면적. 일반적으로 전체 연면적의 30~40% 정도임.
7 영업면적 평당 월 매출액으로 보통 500만원이 넘으면 최고 수준의 점포임.
8 자본과 노동 등 생산요소가 한 단위 추가될 때, 이로 인한 한계 생산량은 감소한다는 법칙.
9 면적이 증가함에 따른 매출이익의 증가량.
10 면적이 증가함에 따른 토지·건축비·운영비용의 증가량.
11 「공간의 변화」편 참조.

파트는 매력적인 주거상품입니다. 아파트가 300세대 이상이면 중규모 단지, 1000세대 이상이면 대규모 단지로 부를 수 있습니다. 대규모 아파트는 우수한 조경과 주차시설을 가지고 있습니다. 대규모 설비로 난방비용과 관리비용이 적게 발생하기 때문에 우리나라처럼 에너지에 민감한 곳에서 매력적입니다. 대규모 아파트 단지는 양호한 학교시설과 함께 개발되는 경우가 많습니다. 학교를 중심으로 유사한 소득과 문화수준을 가진 커뮤니티가 만들어집니다. 학교, 공원, 도로, 주차장 등 부족한 기반시설을 주민들이 공동으로 투자해서 단지 내부에 만든 것과 같습니다. 그에 따라 연립, 다세대 주택보다 아파트가 더 비싸고, 소규모 아파트 단지보다 대규모 아파트 단지가 더 비쌉니다.

아파트 단지가 클수록 거래시장이 커지므로 재매각 유동성이 높아집니다. 원하는 시점에 무난하게 팔 수 있으므로 재무적 위험이 감소합니다. 대규모 아파트 단지는 상품의 질이 동일한 수많은 상품이 집합된 시장이기 때문에 수요자의 탐색비용이 줄어들어 더 쉽게 매각할 수 있습니다.

집적의 경제

같은 업종이 모여있어 서로 생산성이 증가하는 '집적의 경제(economies of agglomeration)'도 중요합니다. 오피스는 서로 모여서 배우고 경쟁하고 거래하면서 더 큰 생산성을 발휘합니다. 특히 금융, 보험, 부동산 산업(FIRE, finance, insurance and real estate)은 서로 시장을 형성하고 정보를 교환하고 거래하기 때문에 집적하여 입지하는 것이 매우 중요합니다. 대도시 중심업무권역(CBD, central business district)은 대부분 금융, 보험, 부동산 산업의 기업이 모여 있습니다.

서울 수도권은 세계적으로도 매우 큰 도시입니다. 인구가 2400만 명이며, 도쿄권, 뉴욕권, 로스엔젤레스권에 이어 세계 4위[12] 의 경제규모입니다. 서울 수도권은 고도로 분화되고 집적된 여러 개의 업무권역을 가지고 있습니다. 3대 핵심 업무권역을 중구·종로구 도심부의 CBD(Central Business District), 여의도의 YBD(Yeouido Business Distrcit), 서초·강남구의 테헤란로에 위치한 GBD(Gangnam Business District)로 구분합니다(그림 1 참조). 전통적인 업무중심지인 CBD는 대기업 본사, 금융·보험회사, 외국기업이 몰려있습니다. 여의도 개발과 함께 발전한 YBD는 금융과 미디어 회사, 대기업 본사가 있습니다. 서초·강남·분당·용인의 발전과 함께 성장한

12 출처 : Istrate and Nadeau 2012

GBD는 대기업 본사, 생산자 서비스 회사, IT, 소비재 회사가 많습니다. 2010년대가 되면서 새로운 업무권역이 등장합니다. 마포구의 공덕은 양호한 입지와 저렴한 임대료 때문에 공공기관과 중견기업이 선호하는 입지가 되었고, 서울시의 주도로 개발된 마포구 상암동의 DMC(Digital Media City)는 미디어, IT 산업의 메카로 바뀌고 있습니다. 2000년대 초반 IT붐이 일던 시절에 GBD에 입지하던 국내 IT기업들은 GBD의 임대료 상승과 함께 가산 디지털 단지나 분당으로 이전하였습니다. 세계적으로도 이렇게 다양한 업무권역이 하나의 도시에 존재하는 경우는 많지 않습니다.

서울에 위치한 주요 업무지구의 A급 오피스 평당 임대료[13]는 2016년 2분기 CBD 10.5만원, GBD 9.3만원, YBD 8.2만원, 송파 6.3만원, 공덕 5.5만원, 목동 4.6만원, 상암DMC 4.0만원입니다.

13 해당 건물주가 고시하는 기준층 임대면적당 평균 월 임대료(보증금·관리비 제외).
자료 : DTZ.

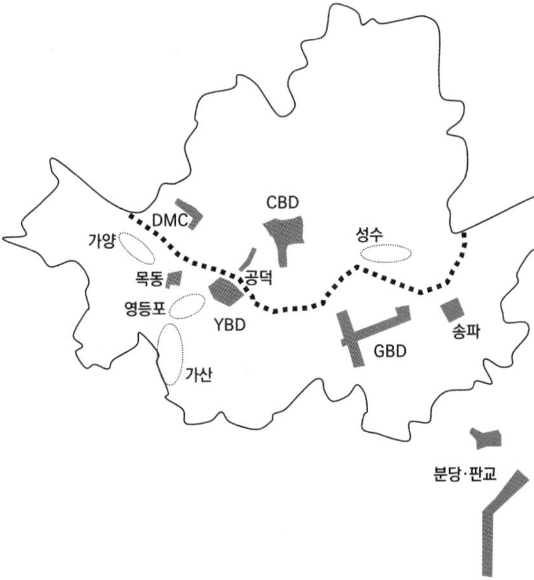

그림 1. 서울의 주요 업무지구(2016)[14]

14 500년 이상 수도 역할을 수행해 온 CBD가 서울에서 가장 오래된 업무지구임. 이후 발전한 YBD·GBD·송파·목동·DMC·분당·판교는 공공 택지개발에 의해 개발된 업무지구임. 가산·영등포·성수·가양은 예전에는 도시 외곽에 공장이 밀집한 공업지대였으나, 서울이 성장하면서 새롭게 업무지구로 바뀌고 있고, 주로 유사 업무시설인 지식산업센터(아파트형 공장)로 지어지고 있음.

상점도 집적의 경제가 중요합니다. 상권을 형성하여 더 많은 소비자를 유인할 수 있기 때문입니다. 특히 의류 상점은 더 합니다. 사람들은 매일 식재료를 사고 음식을 사먹지만 옷은 어쩌다 한번 구매합니다. 옷을 구매하는 것은 많은 노력이 필요합니다. 상품을 실제로 보고 입어봐야 자신에게 맞는지 알 수 있습니다. 비교를 하고 유행을 이해해야 구매할 수 있습니다. 집적은 소비자의 상품 탐색비용을 줄입니다. 명동·이대·강남역·압구정·가로수길처럼 우리가 알고 있는 유명한 상권은 의류 점포가 그 중심에 모여 있습니다.

의류는 재고부담이 크지만 신상품의 '부피당 매출이익[15]'은 높으므로 높은 임대료를 지불할 수 있습니다.[16] 부피당 매출이익이 높은 상품은 화장품·액세서리·모바일 전자기기·커피가 있는데, 모두 임대료가 높은 입지에 위치합니다. 음식점은 부피당 매출이익이 그보다 떨어지고, 가구는 가장 낮습니다. 당연하게도 부피당 매출이익이 높은 순으로 임대료 지불능력이 높습니다.

그림 2의 명동상권 지도를 보면 2012년 전용면적이 5~50평 정도되는 소형 매장의 1층 평균 전용면적 평당 환산 월임대료[17]가 A+

15 부피당 매출이익 = (판매가격-매출원가) ÷ 상품 부피

16 신상품 중 판매되지 못한 재고는 다시 아울렛(outlet)을 통하여 대폭 할인된 가격에 매각됨. 아울렛에서 판매할 때는 부피당 매출이익이 현저히 줄기 때문에 임대료가 낮은 도시 외곽에 입지함.

17 전용당 환산 월 임대료 = (월 임대료 + 보증금 × 전환율(12%) ÷ 12개월) ÷ 전용면적

급지[18] 2백만원, A급지 1.5백만원, B와 C급지는 각각 8십만원, 5십만원[19]입니다. A+와 A급지에는 주로 화장품·커피·의류매장과 같은 부피당 매출이익이 높은 매장이 있습니다. B·C급지에는 음식점·술집·헤어샵과 같이 부피당 매출이익이 떨어지는 매장도 입점합니다.

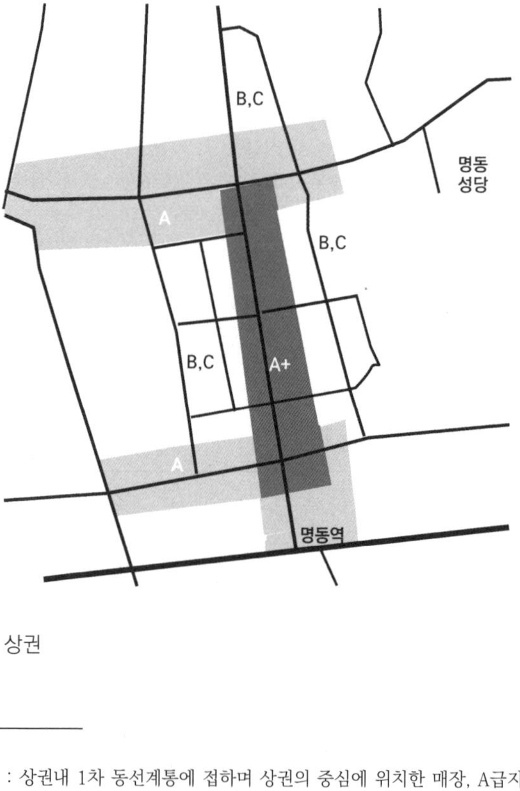

그림 2. 명동 상권

18 A+급지 : 상권내 1차 동선계통에 접하며 상권의 중심에 위치한 매장, A급지 : 상권내 1차 동선계통에 접하는 매장, B급지 : 상권내 2차 동선계통에 접하는 매장, C급지 : 상권내 3차 동선계통에 접하는 매장.

19 출처 : DTZ

공간 서비스의 변동성

공간은 입지, 배치, 설비, 크기, 집적도에 따라 다양한 공간 서비스를 생산합니다. 임차인(tenant)은 높은 서비스가 예상되는 공간에 높은 임대료를 지불합니다. 좋은 공간에서 오피스 임차인은 경영 효율성이 올라가고, 상점 임차인은 매출이 올라가고, 주거 임차인은 살기 좋고 자식 교육이 잘 되기 때문입니다.

상점에서 공간 서비스는 공간이 현금창출에 기여한 값이므로, 매출액에서 다른 비용을 공제한 잔액으로 다음의 식처럼 정리할 수 있습니다.

공간 서비스 가치 = 매출액-상품원가-판매비용-적정이윤

임차인은 경제적 손실을 보지 않기 위하여 위의 서비스 가치보다 높은 금액을 임대료로 지불하지 않습니다. 그런데 임대계약을 체결하는 시점은 아직 영업을 개시하기 전입니다. 매출을 예측하여야 합니다. 1년짜리 단기 임대차 계약(short term lease)일 경우에는 공간 서비스 예측치와 계약 임대료가 거의 일치하게 될 것입니다. 1년 후를 예측하는 것은 비교적 정확하다고 가정하면 말입니다. 하지만 장기 임대차 계약(long term lease)은 문제가 다릅니다. 아무리 분석을 하더라도 정확하게 수 년 후의 매출액과 비용을 예측하기는 어렵습니

다. 예측치보다 매출액이 더 나오면 좋지만, 매출액이 더 떨어질 수 있습니다. 여러 해의 임대료를 계약시점 현재에 확정하는 것은 임대인(landlord)이나 임차인이나 서로 부담스러운 일입니다.

임대기간이 1년, 아니 1일인 임대차 계약을 체결하면 서로 이해관계가 맞지 않을 때, 계약을 종료하니, 임대인은 임대수입이 시장 임대료(market rent)보다 낮을 위험이 없고, 임차인은 공간 서비스가 예상보다 낮을 위험이 없어집니다. 하지만 이러한 이상적인 상황은 나타나기 어렵습니다. 임대인 입장에서 새로운 임차인을 구하는데 비용이 발생하기 때문입니다. 매일 임차인이 바뀌면 중개 수수료가 많이 드니 임대인은 장기 임대차 계약을 원합니다. 장기 임대차 계약은 시장이 좋지 않을 때, 공실을 막을 수 있으니, 임대인에게 더 안정적인 현금흐름을 보장합니다. 임차인 입장에서도 새로 점포를 열려면 상당한 수준의 내부 인테리어(임차인 개량물, tenant improvement)와 집기비품 투자를 해야 합니다. 그 입지가 적정한지, 어떻게 영업할지에 대한 의사결정 비용이 발생합니다. 임차인도 투자비용을 회수하기 위하여 장기 임대차를 원합니다.

그래서 현실 부동산 시장에서는 장기 임대차를 체결하되, 공간 서비스의 변동성 위험을 경감시키기 위한 장치를 마련합니다. 가장 일반적인 것은 첫 해의 임대료를 정하고, 그 이후의 임대료는 소비자 물가상승률(consumer price index)[20]에 연동하는 것입니다. 소비자 물가상승률은 재화나 서비스 가격의 상승과 하락을 대표하는 일반지표이기 때문에 개별적인 공간 서비스는 대체로 소비자 물가상승률을 따라갈 가능성이 큽니다. 하지만 1990년대 후반의 아시아 외환위기나 2000년대 후반의 글로벌 금융위기와 같이 급격하게 경제적 변동이 발생하면 소비자 물가상승률이 크게 변할 수 있기 때문에 변동률의 상승과 하락폭에 대해 최대치를 제한하는 경우도 있습니다.

임차인 매출액의 일정 비율(percentage)을 임대료[21]로 정하는 방식도 사용됩니다. 장사가 잘되면 많이 내고, 안되면 적게 내니, 임차인 입장에서 재무적 위험이 줄어듭니다. 아무래도 매출이익률이 높은 업종이 '임대료율'이 높습니다. 하지만 임대료율이 높다고 해서 절대적인 임대료 수준이 높은 것은 아닙니다. 해당 업종의 평효율(즉, 단위 생산성) 자체가 낮을 경우, 임대료율이 높아도 임대료 자체는 낮을 수 있기 때문입니다. 한국에서 비즈니스 호텔의 경우, 객실매출액 대비 임대료율[22]이 20~45%로 매우 높습니다. 하지만 호텔의 평효율 자체가 다른 시설에 비해 높지 않기 때문에 절대적인 임대료는 낮게 산출되는 경우가 많습니다. 많은 물품을 빠르게 회전시켜 판매

---

20 연동 임대료 = 첫 해의 임대료 × 소비자 물가 상승률

21 비율 임대료 = 매출액 × 임대료율(%)

22 호텔 고객이 호텔 운영업체에 내는 투숙료가 아니라 임차인인 호텔 운영업체가 건물주에게 지급하는 임대료.

하는 패스트 패션(fast fashion)[23] 상점의 경우, 임대료율이 다소 낮다 하더라도 전체 매출액이 크기 때문에 절대적인 임대료는 높을 수 있습니다.

비율 임대료 방식에서의 문제점은 임차인은 자신이 영업주체이므로 매출액에 대한 정보가 많은 반면, 임대인은 그러한 정보가 거의 없다는 것입니다. '정보의 비대칭성(information asymmetry)' 문제입니다. 비율 임대료 계약은 매출액이 적게 발생하면 적게 임대료를 내므로 임차인이 매출액을 증가시키려는 동기가 줄어들 수 있습니다. 때문에 비율 임대료와 고정 임대료를 절충하는 방식도 사용합니다. 비율 임대료와 고정 임대료(임대료 최소 보장액) 중 더 큰 금액을 임대료로 지불하는 것입니다.[24]

비율 임대료 방식을 선택하면 임차인 입장에서 임대료가 고정비용(fixed cost)이 아닌 가변비용(variable cost)이 됩니다. 높은 매출액이 예상되는 경우, 임차인은 영업 레버리지(operating leverage)[25]

23 패션 트렌드에 빨리 대응하여 비교적 낮은 가격에 생산·유통하는 의류업체로 H&M, Zara가 대표적임. 특정 카테고리에 집중해서 생산시간을 최소화하는 공급망 관리시스템을 구축하여 시장의 변화에 빠르게 대응함.

24 **최소보장 비율 임대료 = max[매출액 × 임대료율(%), 최소보장액]**

25 영업 레버리지란 고정비용 때문에 매출액이 커질수록 이익률이 커지는 현상. 임대료가 100원의 고정금액인 경우(A, 고정 임대료)와 매출액의 30%인 경우(B, 비율 임대료)를 비교해보면, 매출액이 100원일 때, 이윤은 (A)가 0원(= 매출액100원 - 임대료100원), (B)가 70원(= 매출액100원 - 임대료30원)임. 반면 매출액이 1000원일 때, 이윤은 (A)가 900원(= 매출액1000원 - 임대료100원), (B)가 700원(= 매출액1000원 - 임대료300원)이 됨. 매출액이 높을수록 '고정 임대료 방식'인 (A)가 '비율 임대료 방식'인 (B)보다 임차인의 이윤이 높아짐.

가 크게 발생하는 고정 임대료를 선호하고, 낮은 매출액이 예상되는 경우, 위험을 줄일 수 있는 비율 임대료를 선호합니다. 임대인은 이와 반대입니다. 관객수 변동성이 큰 극장, 계절별 판매량의 변동성이 큰 의류업체, 매일 가동률(occupancy)이 변하는 호텔은 대표적으로 비율 임대료를 선호하는 임차인입니다.

개인 임차인은 비율 임대료 계약을 선호하더라도 성사시키기 어렵습니다. 개인 임차인이 제공하는 매출액 근거를 임대인이 신뢰하기 어렵기 때문입니다. 임차인은 매출액을 낮추어서 임대인에게 보고하고 싶은 유혹이 있습니다. 임대인도 임차인이 제대로 보고하는 지에 대해 의심합니다. 임차인은 매출액 정보를 세 가지 방식으로 임대인에게 보고할 수 있습니다. 첫 번째는 임차인의 일상적인 POS(Point of Sale) 시스템을 임대인에게 공개하는 것이고, 두 번째는 외부의 기관이 검증한 보고서로 매출액을 공개하는 것이며, 세 번째는 임차인이 직접 매출액을 보고하는 것입니다.

임대차 계약에서 임대인과 임차인 모두 장래에 발생할 공간의 서비스 흐름을 예측해야 합니다. 서비스 흐름이 변동함에 따라 임대인과 임차인 모두 재무적 위험에 노출됩니다. 소비자 물가상승률이나 임차인 매출액에 임대료를 연동하는 방식은 위험을 최소화하려는 협상과정에서 만들어집니다.

최유효이용

공간은 같은 입지라도 용도와 설비, 물리적 배치에 따라 다른 수준의 서비스를 제공합니다. 동일한 공간 서비스라도 임대차 계약의 기간, 주체, 임대조건, 정보 공유방식에 따라 다른 순현재가치(net present value)[26]가 발생합니다.

임대계약의 순현재가치가 높기 위해서는 임대료가 높아야 하고, 할인율(discount rate)[27]은 낮아야 합니다. 임차인의 신용이 떨어지거나, 임대차 기간 중 건물의 훼손가능성이 있는 등 임대차 계약의 위험이 크다면, 예상되는 임대수입을 높은 할인율로 할인해서 인식합니다. 임대료가 아무리 높아도 할인율이 크면 순현재가치는 낮습니다.

임대인은 임대를 놓으려 할 때, 다양한 용도·배치·계약조건을 가진 임차인들의 제안을 받을 것입니다. 임대인은 각 임차인이 제안한 임대계약의 순현재가치를 비교해보고, 가장 높은 가치를 창출하는 임차인과 계약을 체결합니다. 공간을 가장 생산성 높게 이용하는 '최유효이용(highest and best use)'을 제안한 사람이 그 부동산을 점유

---

26 순현재가치는 미래 예상되는 현금흐름을 임대차 계약의 위험이 반영된 할인율로 할인한 금액의 합임. 순현재가치가 클수록 임대인이 느끼는 경제적 효용이 높음.

$$\text{임대차 계약의 순현재 가치} = \sum_{t=1}^{\text{임대기간}} \frac{\text{t 기의 임대료 수입}}{(1 + \text{할인률})^{t}}$$

27 현재의 현금과 동일한 경제적 효용을 가지는 미래의 현금의 비율 : **할인율 = 인플레이션율 + 무위험 실질이자율 + 위험 프리미엄.**

하고 사용합니다.

공간은, 누가 어떻게 사용하고, 위험을 어떻게 부담하며, 얼마의 가치를 지불하는지가 동시에 결정되는 상품입니다. 이것이 공간시장에서 공간이 생산되고 소비되는 메커니즘입니다.

요약

- 공간 서비스를 위해 공간을 사용한다.
- 높은 공간 서비스는 사용자의 생산성을 높인다.
- 공간의 규모가 클수록, 집적될수록 생산성이 증가한다.
- 임차인은 공간 서비스의 대가로 임대료를 지불한다.
- 임대료를 정하기 위하여 미래 공간 서비스 흐름을 예측해야 한다.
- 미래 공간 서비스 흐름은 예상보다 증가하거나 떨어질 위험이 있다.
- 공간을 가장 생산성 높게 이용하는 자가 그 공간을 점유한다.

수식

· 1평 = 400 ÷ 121m^2 ≒ 3.3m^2

· 부피당 매출이익 = (판매가격-매출원가) ÷ 상품 부피

· 전용당 환산 월 임대료 = (월 임대료 + 보증금 × 전환율 ÷ 12개월) ÷ 전용면적

· 상가의 공간 서비스 가치 = 매출액-상품원가-판매비용-적정이윤

· 연동 임대료 = 첫해의 임대료 × 소비자 물가 상승률

· 비율 임대료 = 매출액 × 임대료율(%)

· 최소보장 비율 임대료 = max[매출액 × 임대료율(%), 최소보장액]

· 임대차 계약의 순현재 가치 = $\sum_{t=1}^{\text{임대기간}} \frac{t\text{ 기의 임대료 수입}}{(1+\text{할인률})^{t}}$

· 할인율 = 인플레이션율 + 무위험 실질이자율 + 위험 프리미엄

결국 사람이 사용하는 것이기 때문에
점유하는 사람의 특성이
공간의 생산·유통·소비 과정에
영향을 미칩니다.

공간은 생산성과 신용의 결합이고,
물적 토대와 인적 계약이
복합적으로 구성된 산물이기 때문입니다.

信用

2 | 공간과 신용

신용 [credit, 信用]

거래한 재화의 대가를 앞으로 치를 수 있음을 보이는 능력. 외상값, 빚, 급부 따위를 감당할 수 있는 지급 능력으로 소유 재산의 화폐적 기능[28]

---

28 출처 : 국립 국어원

공간과 신용

공간과 사람

임대차 계약은 임대인이 임차인에게 어떤 공간에 대한 사용을 허락하고, 임차인은 그 대가로 임대인에게 임대료를 지불하는 채권·채무 계약입니다. 한국의 민법을 보면 임대차 계약은 물권편이 아닌 채권편에 위치합니다. 본질적으로 사물에 대한 권리(물권)가 아니라 사람에 대한 권리(채권)입니다. 임대인과 임차인이 누구냐가 중요합니다. 임대인 입장에서 임차인 신용이 낮아 임대료를 지불하는 것이 불확실하다면, 높은 임대료도 의미가 없습니다. 임차인 입장에서도 공간이 현재 높은 서비스를 창출하더라도 향후 임대인이 정상적인 관리활동을 하지 않는다면, 서비스 흐름이 감소하여 손실을 볼 수 있습니다. 임대인이 보증금을 반환하지 않아도 임차인은 금전적 손해를 봅니다.

임대인과 임차인 모두 신용이 중요합니다. 만약 임차인 신용이 낮다면 임대인은 위험 프리미엄(보상액)으로 더 높은 임대료·보증금을 요구하거나, 더 강한 손해배상·보증보험을 요구합니다.[29] 만약 임대인 신용이 낮다면 임차인은 임대료·보증금을 낮추고, 임차인을 위한 손해배상·보증보험을 요구합니다.

부동산 시장에서 임대차 계약에 발생하는 신용위험(credit risk)은 다양합니다. 먼저 임대인 입장에서 느끼는 '임차인 신용위험'에 대해 살펴보겠습니다. 임차인이 임대료나 관리비를 미납하거나 연체할 수 있습니다. 임차인의 자산이나 현금흐름이 일정 기준 이하로 떨어져 임대차 계약의 의무를 이행하지 못할 경우, 임차인은 임대차 계약에 대한 채무불이행(디폴트, default)을 선언합니다. 한국에서 개인 간의 임대차 계약에는 임대료 연체에 대한 위약금이 없는 경우가 많습니다. 그럴 경우 임차인은 채무불이행을 선언하는 것이 오히려 경제적으로 이득입니다.[30] 한국에서 개인 임차인의 채무불이행 가능성은 높으며, 심한 경우 임대 계약 다음 달부터 임대료와 관리비를 지불

29 Grenadier(1996) 참조.

30 이미 지급한 보증금에서 임대료를 차감해나가므로, 보증금이 선납 임대료로 치환되는 효과가 발생하기 때문임. 그렇게 되면 보증금에 대한 자본비용 만큼 임차인은 이득을 보고, 임대인은 손해를 보게 됨.

하지 않는 경우도 있습니다.

임차인이 채무불이행을 할 경우, 2~3달 이내에 퇴거조치가 완료되는 미국과 달리 한국은 명도소송의 절차를 통한 퇴거기간이 최소 6개월에서 길게는 수년이 걸립니다. 이 문제를 해결하기 위해 제소전 화해조서[31]를 미리 준비하는 경우도 있습니다. 하지만 소송비용과 번거로움 때문에 임대인은 임대차 계약종료까지 기다리고 보증금에서 임대료 미납분을 차감하고 돌려주는 경우가 많습니다.

임차인이 공간을 훼손할 수 있습니다. 임대차 계약은 임차인에게 계약 종료시점에 임대 목적물을 임대 개시시점과 같이 원상복구(restoration) 해야 하는 의무를 부여합니다. 상점의 경우, 임차인의 영업에 맞게 인테리어 공사를 하고 나서 계약종료 후 원상복구를 하지 않으면 임대인에 피해가 발생합니다. 소규모 근린 점포의 경우, 한해 임대료가 1500만원인데 원상복구비용은 500만원인 경우도 많습니다. 임차인이 원상복구를 하지 않으면 한해 임대수입의 3분의 1에 해당하는 비용 손실이 발생합니다. 설비나 마감을 과도하게 사용하여 수명을 단축시키는 경우도 임대인에게 추가적인 치유비용이 발생합니다.[32]

31 소송 전 당사자간의 화해가 이루어졌음을 확인하기 위한 문서로 확정판결과 동일한 효력을 가지고 있음. 임차인이 채무불이행을 하였을 경우, 소송 절차를 거치지 않고 강제집행을 할 수 있음.

32 내부 마감과 설비에 대한 사용기준과 원상복구의 범위에 대해서 임대차 계약서에 상세하게 기술할 필요가 있으나, 한국에서 보통 개인간에 체결하는 계약서는 한 페이지에 불과한 약식이며, 시장의 관행에 따른다는 문구로 모호하게 처리하는 경우가 많아 문제 해결이 어려움.

임차인이 임대료를 안내고, 문을 잠그고 잠적할 수도 있습니다. 임차인의 점유가 불법인 상황에서도 임대인은 문을 부수고 임차인의 집기비품을 치울 수 없습니다. 한국의 민법은 정당한 임차인이 아니라 하더라도 점유하고 있는 그 자체의 권리(점유권)를 인정합니다. 임차인 집기비품을 무단으로 치우면 주거침입죄 또는 손괴죄에 해당하여 곤란한 상황이 발생합니다. 임차인이 잠적하면서 상점이 슬럼화되어 건물 전체가 쇠락하는 경우도 있습니다.

임대인 신용위험

임차인 입장에서 '임대인 신용위험'중 가장 큰 것은 보증금을 반환하지 않거나 지연하는 것입니다. 우리나라는 세계적으로 임대 보증금이 높은 편입니다. 서울의 A급 오피스는 10개월치 임대료, 거리 및 근린 상가는 2~3년치 임대료에 해당하는 보증금이 일반적이며, 아파트는 보증금만 존재하는 전세계약이 존재합니다. 왜 이렇게 높고 다양한 수준의 보증금이 존재하는지는 뒤의 「공간과 자본」편에서 자세히 다루도록 하겠습니다.

임대인이 보증금을 돌려주지 않을 경우, 임차인은 보증금 반환 청구소송을 합니다. 그런데 임차인이 해당 부동산에 대한 담보를 설정하지 않으면 보증금을 돌려받지 못할 수도 있습니다.[33] 따라서 임차인은 보증금에 대한 담보로 대상 부동산에 근저당[34](또는 전세권) 설정할 것을 임대인에게 요구합니다.

근저당을 설정해도 보증금 미반환 위험이 모두 없어지는 것은 아닙니다. 보증금보다 먼저 다른 담보가 설정되어 있는 경우, 대상 부동산을 매각하여 선순위 채권을 먼저 상환한 후 해당 보증금을 상환하므로, 여전히 보증금을 회수하지 못할 가능성은 남아있습니다. 때문에 임차인은 보증금 회수의 안정성을 위하여 자신의 보증금과 다른 선순위 채권액의 합계가 부동산 가치의 70~80% 이내에 들어올 것을 요구합니다.

임차인이 대상 공간에서 계약기간 전에 쫓겨날 위험도 있습니다. 임차인은 공간탐색·이사·인테리어·집기비품 비용 등 큰 금액을 투자합니다. 대형 임차인은 수십 억원을 투자합니다. 이 비용은 장기의 임차기간을 통해 회수되어야 합니다. 계약기간을 못 채우고 쫓겨난다면 초기 투자비를 회수하지 못하여 손실을 보게 됩니다.

임차인이 계약기간 전에 쫓겨나는 상황은 크게 두 가지가 있습니다. 첫 번째는 임대인이 바뀌는 경우입니다. 기존 임대인이 부동산을 매각하여 새로운 임대인이 오는 경우, 원칙적으로 기존 임대차 계약

---

33 단, 주택 및 상가 임대차보호법의 대상이 되는 부동산의 경우, 일정 정도의 보증금은 우선적으로 변제됨. 임대차 계약이 사실상 물권화되어 있는 경우임.

34 여러 개의 채권을 담보하기 위해 채권의 최고액(最高額)을 정해놓고, 최고액을 한도로 채권을 담보하는 방법임.

은 새로운 임대인에게 적용되지 않습니다. 임대차 계약은 물권이 아니라 채권이라, 사람 사이의 문제이기 때문입니다. 임차인은 쫓겨날 수 있습니다.[35]

두 번째는 임대인이 부동산에 설정된 다른 채권에 대해 채무불이행을 할 경우입니다. 보증금보다 선순위 채권을 임대인이 상환하지 않을 경우, 법원의 경매에 의해 부동산이 매각되면서 해당 임차인은 공간을 사용할 권리가 없어집니다.[36]

임차인이 쫓겨나지 않는 가장 효과적인 방법은 임대기간이 10년 이하일 경우에는 '최선순위 전세권'을 설정하고, 임대기간이 10년을 넘어갈 경우에는 '최선순위 임차권과 차순위 근저당권'을 설정하는 것입니다. 집객효과가 크거나 임대료를 많이 내는 기업 임차인의 경우, 안정적인 영업을 보장받기 위하여 이 방법을 사용합니다. 전세권은 우리나라에만 있는 독특한 개념으로 임차인이 계약기간 동안 공간에 대한 사용권과 보증금에 대한 담보권을 동시에 확보하는 방법입니다. 하지만 민법에 전세권의 최장 기한을 10년으로 제한하였기 때문에, 10년이 넘어가는 임대차 계약에 대해서는 사용권을 보장하는 최선순위 임차권과 보증금 자체를 보호하는 차순위 근저당권을 동시에 설정합니다. 이 방법은 부동산에 걸려있는 기존의 채권을 모두 후순

35 주택과 소규모 상점 임차인에게는 주택임대차보호법과 상가임대차보호법이 적용되어, 기존 임차인이 계속 부동산을 사용할 수 있음. 주택 및 상가임대차보호법의 보호대상이 아닌 부동산에서 임대인이 변경되면 임차인은 최악의 경우, 쫓겨날 수 있음.

36 민사집행법 참조.

위로 옮겨야 하기 때문에 임대인의 주채권자인 은행의 이해와 협조가 필요합니다. 최선순위 임차권을 요구하는 여러 명의 임차인이 있을 경우[37], 최선순위를 한 명만 가져갈 수 있는 문제가 발생합니다. 이 경우, 각각의 공간을 구분소유권[38]으로 설정하고 각 공간에 대한 최선순위 임차권을 각각 설정하여 문제를 해결합니다.

임대인이 공용공간의 관리를 소홀히 하거나, 공조공과금을 내지 않아 전기·수도·청소 서비스가 원활하게 공급이 되지 않는 경우도 발생할 수 있습니다. 공간 서비스가 예상했던 것보다 낮아 임차인은 손실을 봅니다. 따라서 임차인은 건물의 관리자로서 임대인이 얼마나 전문적이고 명망이 있는지를 체크합니다. 거리상가는 각 호별로 소유자가 다르기 때문에 의사통일이 잘 이루어지지 않아 공용공간의 관리 수준이 낮습니다. 기업형 대형 임차인에게 거리상가에 점포를 여는 것은 위험이 있는 투자이기 때문에 임대차 계약서에 공용공간의 관리와 비용의 책정에 대한 상세조항을 요구합니다.

우리나라는 임차인이든 임대인이든 임대차 계약에 대해 채무불이행을 하더라도 그 이력이 공식적인 신용정보체계에 전달이 되지 않습니다. 한국에서 주택시장은 임차인과 임대인 모두 개인입니다. 수많은 거리상가도 개별 분양이 되어있기 때문에 개인이 각각 소유하고

37 하나의 쇼핑몰에 정박 임차인(anchor tenant)으로 멀티플렉스 영화관과 대형 패스트패션 임차인이 모두 15년 임대차 기간으로 입점해야 하는데, 각각의 임차인이 모두 최선순위 임차권을 요구하는 경우.

38 건물의 각 부분을 분리된 소유권으로 설정하는 것.

있으며, 세계적으로 높은 자영업자 비율[39] 때문에 임차인도 개인입니다. 개인은 채무불이행에 상대적으로 둔감합니다. 기업에 비해 평판 관리를 해야 할 동인이 없습니다. 한국 부동산 시장에서 임대인과 임차인 모두 임대차 계약에 대한 채무불이행 가능성이 높습니다.

임대차 계약에는 다양한 신용위험이 존재하기 때문에 부동산 투자에서 가장 중요한 것이 임차인 신용도입니다. 현재와 같이 부동산 자본차익(capital gain)보다 임대수익(income gain)이 중요한 시점에서는 더욱 그러합니다.

생산성과 신용

공간의 '생산성'과 그 공간을 점유하는 사용자의 '신용'은 비례하는 경향이 있습니다. 높은 서비스 흐름을 만드는 공간은 입지가 좋고, 규모가 크며, 기반시설이 잘 갖추어져 있고, 당연히 임대료도 높습니다. 높은 임대료를 감당하기 위해서 임차인은 여유자금이 많고, 비싼 공간을 운영할 수 있는 능력과 평판을 갖추고 있습니다. 생산성이 높은 공간은 높은 신용도를 가진 임차인이 점유합니다.

A급 공간은 경제가 안 좋을 때 충격을 적게 받습니다. 연금, 공제

39 「공간의 변화」편 참조.

회, 보험사, 사모펀드와 같은 자본시장의 기관투자자(institutional investor)들은 A급 오피스, 쇼핑몰, 호텔, 주거에 투자합니다. A급 공간은 우량기업의 주식(equity)이나 채권(bond)과 같이 높은 신용과 안정성을 가지는 투자상품입니다. A급 공간의 단점은 하나입니다. 누구나 사고 싶기 때문에 비쌉니다.

공간의 생산성과 신용도가 항상 비례하는 것은 아닙니다. 대형마트와 물류창고, 공장이 대표적입니다. 이 시설은 대부분 큰 기업이 운영하지만 도시 외곽에 위치합니다. 해당 기업에 맞게 입지와 배치와 설비를 구성하므로 다른 기업이 운영하면 그만큼 생산성을 발휘하기 어렵습니다. 시장가치(market value)보다 기업의 특수한 사용가치(use value)가 높습니다. 그 공간은 점유자의 신용도는 높지만, 희소성은 없습니다.

이러한 시설은 보통 기업이 직접 토지를 매입해서 건축을 해서 사용합니다(owner-occupier). 워낙 특수하기 때문입니다. 일부 대형마트와 물류창고는 기업이 임차인으로서 장기 임대차계약을 확약하면, 개발회사(developer)가 토지를 매입하고, 기업의 요구에 맞게 건물을 지어서 임대하는 방식(build-to-suit)[40]으로 지어졌습니다. 이 방법은 기업이 자기의 사업에 맞는 공간을 필요로 하되 건물을 소유하고 싶지 않을 때 사용합니다.

---

40 한국에서 공공사업에 많이 사용되는 BTL(build-to-lease), BTO(build-to-operate)도 이와 근본적으로 유사한 방식임.

2000년대 이후 기업이 구조조정 차원에서 자산을 매각하는 경우가 많아졌습니다. 이러한 시설은 매각하기 어렵습니다. 특수하고 입지가 좋지 않기 때문입니다. 매각을 용이하게 하기 위해 '매후 임대차(sales and lease back)' 거래를 사용합니다. 매후 임대차란 그림 3과 같이 자산을 소유한 기업이 자산을 팔되, 그 자산의 장기[41] 임차인으로 남는 것입니다. 같은 공간에 대하여 소유자에서 임차인으로 지위를 변경하는 것입니다.

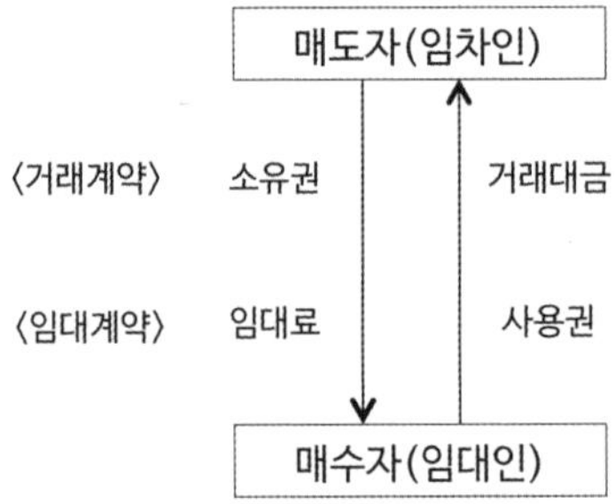

그림 3. 매후 임대차 계약의 구조

매도자인 기업의 입장에서는 시장성이 떨어지는 자산을 헐값에 매각하는 것보다, 임차비용이 장기간 발생하지만 안정적인 임대차 계

41 대형마트의 경우 계약기간이 15년인 경우가 가장 많음.

약으로 투자자에게 수익률을 확보해주는 것이 제값을 받고 자산을 매각하는 방법입니다. 투자자는 우량한 기업이 보장하는 임대수익을 향유하다 임대차 계약이 상당기간 남은 시점에 자산을 다른 투자자에게 팔 수 있습니다. 그 자산을 매입한 두 번째 투자자는 매입 후 임대수익을 얻다가 임대기간을 연장하거나, 임차인을 바꾸거나, 리모델링 또는 재개발하는 가치부가형(value-add) 투자를 할 수 있습니다. 부동산 시장에 우량한 투자물건이 부족한 상황에서 우량한 기업이 장기간 임차하는 자산은 희소하기 때문에 매후 임대차 거래는 활발합니다.

매후 임대차는 기업 입장에서 회사채를 대체하는 자금조달 수단입니다. 매후 임대차 거래를 할 경우, 매도자이었던 임차인에게 매각대금이 유입되지만 매년 임대료가 나가므로, 회사채 대출을 받은 것과 유사한 재무적 효과가 발생합니다. 회사채는 기업의 재무상태표(balance sheet)에 부채(liabilities)로 계상되기 때문에 부채비율을 올리는 반면, 매후 임대차는 회계상 부채가 아니므로 부채비율에 영향을 주지 않습니다. 따라서 기업은 일반 기업대출보다 이자율, 즉 임대 수익률(lease rate)[42] 이 높더라도 매후 임대차를 자금조달 수단으로 이용할 수 있습니다. 투자자의 입장에서도 그 기업이 발행하는 회사채에 투자를 할 것이냐, 그 기업이 임차인인 자산에 투자를 할 것이냐의 판단에서 임대차 계약의 위험이 적정한 스프레드(spread)[43]

42 임대 수익률 = 임대수익 ÷ 자산가치

43 수익률 차이.

로 임대 수익률에 반영이 되어 있다면 매후 임대차 자산에 투자하지 않을 이유가 없습니다.

회사채는 차주(debtor)가 대출 만기에 원금을 상환하지만, 매후 임대차에서 매도자이었던 임차인은 임차기간이 종료됨과 동시에 원금의 상환 없이 해당 자산과의 관계가 종료됩니다. 매후 임대차를 회사채처럼 일정기간 동안의 자금조달 수단으로 활용하고, 일정시점이 지난 후에 다시 해당 자산을 재매입하고 싶은 기업도 존재합니다. 매후 임대차 자산을 계속 소유하기 싫은 투자자도 존재합니다. 그래서 기업이 자산을 매입할 수 있는 콜옵션(call option), 투자자가 자산을 기업에게 팔 수 있는 풋옵션(put option)을 계약서 조항에 넣기도 합니다. 이 경우 매후 임대차 자산거래가 진성매각(true sale)[44]인지의 이슈가 있습니다. 진성매각이 아닌 것으로 결정되면 해당 자산을 여전히 원래의 기업이 소유하는 것으로 인정되므로, 회계처리와 세금, 재무구조 측면에서 기업과 투자자가 원래 의도하였던 목적을 달성하지 못할 수 있습니다.

매후 임대차와 같이 한 명 임차인(single tenant)과 장기 임대차 계약을 한 '특수자산(A)'은 여러 임차인(multiple tenants)과 단기 임대차 계약을 한 '일반자산(B)'과 재무적으로 다른 성격을 가지게 됩니

44 자산을 매각을 하고 나서도 자산의 위험과 효익이 원래의 기업에게 여전히 귀속된다면, 그 거래는 실질적인 매각이 아니라 자금조달방법에 불과함. 따라서 거래 시점 이후 매도자와 자산의 위험/효익이 절연되는 진성매각인지 여부가 중요함.

다. 이해를 돕기 위해 일반자산(B)의 임대기간은 1년, 특수자산(A)의 임대기간은 무한대(∞)로 가정합시다. 일반자산(B)는 누구에게나 동일한 공간 서비스를 제공하는 반면, 특수자산(A)는 해당 임차인에게만 서비스를 발생하고 다른 임차인에게는 경제적 가치가 없습니다.

일반자산(B)은 임대기간이 종료하였을 때, 새로운 임차인을 구할 때까지 걸리는 공실 기간이 위험의 가장 큰 원천입니다. 일반자산(B)의 임대 수익률은 부동산 임대시장의 '시장위험(market risk)'과 대상 부동산의 상대적 경쟁력에 따라 결정됩니다.

특수자산(A)의 경우, 해당 임차인이 전체 자산을 영원히 사용하기 때문에 유일한 위험은 해당 임차인이 임대차 계약을 지키지 않을 '신용위험'입니다. 특수자산(A)의 임대 수익률은 해당 임차인이 속한 산업의 위험(industry risk)과 해당 임차인의 재무상태에 따라 결정됩니다. 특수자산(A)의 위험은 그 임차인의 산업활동이 악화되어 임대료를 지불하지 못할 경우에 발생하기 때문입니다. 따라서 특수자산(A)에 투자하는 것은 해당 기업이 발행한 영구채(perpetual bond)[45]에 투자하는 것과 같습니다.

실제 부동산 시장에서 단일 임차인에 장기 임대차 계약이 있는 자산은 위의 특수자산(A)와 일반자산(B)의 중간에 해당하는 재무적 특성을 가지게 됩니다. 부동산 시장도 중요하지만 해당 임차인의 신용

45 원금 상환없이 영원히 이자를 지급하는 채권.

도도 중요합니다. 2004년 이후 한국 대형마트의 매후 임대차 거래를 분석해보면[46], 임대 수익률이 결정되는 데, 입지나 규모와 같은 부동산 특성보다 개별 임차기업의 신용도(회사채 금리)가 더 중요합니다. 똑같은 자산이라도 누가 임차인이냐에 따라 투자자가 요구하는 임대 수익률에 차이가 발생하는 것입니다. 당연히 신용도가 낮은 임차인에게는 더 높은 임대 수익률을 요구합니다. 금리 상승기와 하강기에 따라 편차가 있지만, 매후 임대차 거래에서 해당 기업(즉, 매도자이자 임차인) 신용등급의 3년 만기 무보증 회사채 금리에 비해 평균 61bps[47] 더 높은 임대 수익률로 자산이 거래되었습니다. 자금을 조달하는 기업이나, 투자자나, 매후 임대차 거래에서 임차 기업 신용금리에 일정 프리미엄을 얹어서 자산을 거래하는 것입니다.

부동산 시장에는 특수한 자산이 많으며, 사실 모든 공간에는 특수성이 조금씩 존재합니다. 임차인을 새로 구하기 어려울수록 현재 점유자의 신용도와 특수성이 중요합니다.

결국 사람이 사용하는 것이기 때문에 점유하는 사람의 특성이 공간의 생산·유통·소비 과정에 영향을 미칩니다. 공간은 생산성과 신용의 결합이고, 물적 토대와 인적 계약이 복합적으로 구성된 산물이기 때문입니다.

46 출처 : DTZ

47 bps는 basis points의 약자로 1%가 100 bps임.

요약

· 공간은 사람이 사용한다.

· 임대인과 임차인 모두 임대차 계약을 지키지 않을 신용위험이 있다.

· 생산성이 높은 공간은 대체로 신용이 좋은 자가 사용한다.

· 생산성은 낮으나, 신용이 좋은 자가 점유한 공간은 매후 임대차를 통해 매각되기도 한다.

· 범용적인 공간은 공실위험이, 특수한 공간은 임차인 신용위험이 중요하다.

수식

· 임대 수익률 = 임대수익 ÷ 자산가치

공간은 체계적입니다.

공간은 무한하기 때문에
그 내용을 구분해 줄
경계가 필요하기 때문입니다.

體系

3 | 공간의 체계

체계 [system, 體系]

일정한 원리에 따라서 낱낱의 부분이 짜임새 있게 조직되어 통일된 전체.[48]

48 출처 : 국립 국어원

공간의 체계

처음에 공간이 있었습니다. 공간은 누구의 것도 아니었습니다. 그 공간에 처음 등장한 사냥과 채집을 하는 유목민에게도 공간은 소유의 대상은 아니었습니다. 하지만 농사를 짓고, 물건을 만들고, 인구가 늘고, 더 많이 생산하면서 공간은 서로 차지하여야 할 투쟁의 대상이 되었습니다. 하지만 공간은 부동산(不動産)이었습니다. 움직일 수 없습니다. 다른 재산은 동산(動産)이기 때문에 점유함으로써 소유하는 것이 가능한데, 공간은 손에 들고 다닐 수가 없습니다. 누가 소유자이고, 모양과 크기가 어떤지 쉽게 알기 어렵습니다. 그래서 땅문서와 집문서가 발생합니다. 조선시대에 집을 거래하려면 매매문서, 관아에서 소유권을 인정하는 입안(立案), 거래가 이루어졌음을 제3자가 진술하는 초사(招辭)가 있어야 합니다. 그 당시에도 공간은 그 실체를 파악하기 어려운 재산이었습니다.

조선시대, 아니 그 이전부터 존재하던 땅문서와 집문서는 공간을 체계화하는 시도입니다. 공간은 그 실체로부터 위치·크기·소유의 정보를 추출하여 정리하고 공표하지 않으면 그 이용과 거래가 어렵기 때문입니다.

근대에 들어서 공간은 더욱 체계화됩니다. 우리나라는 일제시대에 토지조사작업을 통해 강제적으로 근대적 토지소유권과 지적 체계를 가지게 되었습니다. 현재 한국에서 부동산의 권리는 '등기부등본', 물리적 정보는 '토지·건축물 대장 및 지적도', 가격정보는 '공시지가확인원', 토지이용계획은 '토지이용계획확인원'에 구분되어 있습니다. 2006년부터 실거래가격이 등기부등본에 기재되고 있으며, 국토교통부는 웹페이지에 아파트 임대차 계약 정보를 공시하고 있습니다. 소유자의 이름을 포함한 부동산에 대한 많은 정보를 누구나 열람하고 발부할 수 있습니다.[49]

49 우리나라와 달리 다른 나라에는 개별 부동산 정보에 대한 열람권이 제한적인 경우가 많음. 미국과 같이 토지의 권리와 권원을 조사하는 것이 별도의 서비스업으로 발전해있는 나라도 있음.

용도와 밀도

많은 나라에서 공공기관이 토지의 용도와 밀도에 대한 계획을 수립하고, 개별 사용자들은 그 계획을 따라야 합니다. 우리나라는 '용도지역제(zoning)'에 의하여 토지이용을 규제합니다. 전국의 모든 토지에 대해 용도지역을 설정하고, 건축행위가 발생하면 그에 맞게 개발행위를 허가합니다. '건축자유주의'[50]에 기반하며 누구나 건축에 제한이 없습니다.[51] 한국에서 용도지역은 표 1과 같이 도시지역, 관리지역, 농림지역, 자연환경보전지역으로 구분합니다. 건축용도와 용적률(floor area ratio)[52], 건폐율(site coverage ratio)[53]을 정하기 때문에, 용도지역은 토지가치를 결정하는 중요한 기준입니다. 한국 토지시장은 용도지역을 중심으로 형성되어 있습니다.

건축이 가능한 토지는 다음 산식과 같이 개발 현금유입에서 개발

50 우리나라는 '건축자유주의'에 기반하며, 모든 토지에 용도지역이 사전에 설정되어, 용도지역에 맞는 이용이라면 건축허가를 하지 않을 수 없음. '건축자유주의'의 반대 개념으로 '건축부자유주의' 또는 '계획우선주의'란 개인이 자기의 토지를 자유롭게 이용할 수 없고, 공공의 계획이 우선 수립된 후에 그 계획에 맞게 이용해야 한다는 원칙임.

51 한국에서 건축법상 건축허가는 법적 요건에 충족하면, 무조건 허가하여야 함(기속행위). '건축부자유주의'를 취하는 나라에서는 공공이 자율적으로 자세한 개별필지의 계획(재량행위)을 한 후에, 개별 필지의 소유자가 건축을 함. 우리나라는 '건축자유주의'이므로 토지소유자에게 개발권이 있음. 단, 도시개발법이나 도시및주거환경정비법 등에 의한 개발은 토지수용권과 도시계획권이라는 특혜를 주므로 공공의 자율적인 판단(재량행위)에 의하여 결정됨.

52 **용적률 = 건축 가능한 지상층 연면적 ÷ 토지면적**

53 **건폐율 = 건물이 차지하는 토지의 면적 ÷ 토지면적**

용도				용적률	건폐율
도시지역	주거지역	전용주거지역	제1종 전용주거지역	100%	50%
			제2종 전용주거지역	120%	40%
		일반주거지역	제1종 일반주거지역	150%	60%
			제2종 일반주거지역	200%	60%
			제3종 일반주거지역	250%	50%
		준주거지역		400%	60%
	상업지역	중심상업지역		1000%	60%
		일반상업지역		800%	60%
		근린상업지역		600%	60%
		유통상업지역		600%	60%
	공업지역	전용공업지역		200%	60%
		일반공업지역		200%	60%
		준공업지역		400%	60%
	녹지지역	보전녹지지역		50%	20%
		생산녹지지역		50%	20%
		자연녹지지역		50%	20%
관리지역	보전관리지역			80%	20%
	생산관리지역			80%	20%
	계획관리지역			100%	40%
농림지역				80%	20%
자연환경보전지역				80%	20%

표1. 한국의 용도지역

(용적률과 건폐율은 서울시 도시계획조례의 기준을 표기하였음. 단, 관리지역, 농림지역, 자연환경보전지역은 국토계획법상 상한치로 표기하였음)

비용을 공제한 순현금흐름으로 가치가 형성됩니다.[54] 현금유입은 개발 후 건물가치이므로, 용적률이 클수록 토지가치가 상승합니다. 동일한 토지에 더 많은 건물을 지을 수 있기 때문입니다. 따라서 용적률이 큰 용도지역일수록, 땅값이 비쌉니다.

$$\text{토지가치} = \sum_{t=1}^{\text{개발기간}} \frac{\text{t 기의 개발 현금유입} + \text{t 기의 개발 현금유출}}{(1 + \text{할인률})^{t}}$$

서울과 지방에서 이 법칙은 조금 다르게 적용됩니다. 서울은 개발수요가 높기 때문에 법정 용적률을 다 채워서 개발하는 것이 가장 수익성이 좋습니다. 하지만 지방의 경우, 개발수요가 낮기 때문에 법정 용적률 상한선을 다 채워서 개발하면 미분양이나 공실이 나서 손실을 볼 확률이 높습니다.

용적률에 대해 건물의 가치는 한계효용체감의 법칙이 적용됩니다. 용적률이 올라갈수록 단위면적당 건물가치(평당가)는 하락합니다. 건물이 빽빽해져서 쾌적성이 떨어지기 때문입니다. 용적률에 대해 개발비용은 한계비용체증의 법칙이 적용됩니다. 용적률이 올라갈수록 단위면적당 건축비용(평당비용)은 증가합니다. 건물이 커지면 공사기간과 자본비용이 증가하고, 지하도 더 깊이 파야 하고, 구조도

---

54 토지가치 산식은 다음과 같이 정리할 수도 있음.
토지가치 = 개발후 부동산 가치-개발비용-개발이윤 및 자본비용

더 튼튼해져야 하며, 안전과 피난동선 등 여러 가지 비용이 더 발생하기 때문입니다.

따라서 동일한 토지에 대하여 수익을 극대화하는 방법은 한 층을 더 올릴 때 발생하는 한계수입(marginal revenue)과 한계비용(marginal cost)이 일치해지는 지점, 즉 경제적 이윤이 극대화될 때까지 건축규모를 늘리는 것입니다. 수익이 극대화되는 건축규모가 최적 용적률이 되는데, 서울에서는 최적 용적률이 법정 용적률보다 높은 반면, 지방은 최적 용적률이 법정 용적률보다 낮습니다.

지방으로 갈수록 용도지역은 서울처럼 큰 힘을 가지지 않습니다. 서울에서는 부동산의 수요가 다양하기 때문에 해당 용도지역에서 어떤 건물을 허용하는지가 중요합니다. 그런데 지방으로 갈수록 부동산 수요가 단순해서, 주택·상가주택·근린생활시설이 대부분입니다. 이러한 시설은 대부분의 용도지역에서 건축할 수 있기 때문에 용도지역이 무엇인지가 중요하지 않습니다. 지방의 소도시·농촌지역에는 상업적 수요가 없는 주거지대를 '일반상업지역'[55]으로 지정한 곳도 많고, 그 일반상업지역의 법정 용적률이 서울의 800%보다 오히려 더 높은 1300%로 지정된 곳도 많습니다.[56] 그런 곳이 일반상업지역이라고 토지가치가 더 높아지지는 않습니다.

---

55 일반상업지역은 주로 고밀도 업무 및 상업시설을 위한 용도지역으로 서울의 경우 중구, 종로구 등의 중심업무지구가 일반상업지역(용적률 800% 또는 600%)으로 지정되어 있음.

56 한국에서 도시와 농촌이 동일한 용도지역 체계로 관리되고, 지방이 서울보다 규제를 적게 하면서 발생하는 부조화 현상으로 해석 가능함.

도시외곽이나 농촌지역에서는 용적률보다 건폐율이 더 중요한 경우도 많습니다. 어차피 2층을 올릴만한 개발수요가 없는 경우, 효용이 가장 높은 1층의 면적을 얼마만큼 지을 수 있는가가 중요하기 때문입니다. 농촌지역에서 '계획관리지역'은 건폐율이 40%로 다른 용도지역보다 2배가 높아서 땅값이 더 높습니다. 동일한 땅이라도 사실상 2배 더 많이 1층 면적을 확보하기 때문입니다.

사용권·개발권

용도지역(zoning)을 기반으로 하는 한국과 달리 중국은 '계획허가제(planning permission)'를 기반으로 토지이용을 관리합니다. 원칙적으로 '건축부자유의 원칙'이 적용되어, 자세한 개별적 도시계획(공제성상세규획,控制性詳細規劃)이 수립되어야 건물을 지을 수 있습니다. 한국은 용도지역제 때문에 토지를 소유하면 어렵지 않게 개발할 수 있습니다. 토지의 소유권과 개발권이 분화되지 않았습니다. 중국에서는 토지는 국가가 소유하고 민간은 토지사용권과 개발권을 구입합니다. 토지 소유권과 개발권이 분리되어 있습니다.[57] 주거용지 70년, 상업용지 40년, 그 외 용지는 50년 사용권을 민간에 매각합니다. 민간은 토지 사용권의 대가로 40~70년간의 토지 임대료 총액을 토지를 출양[58]받을 때에 일시불로 정부에게 지급합니다.

중국은 한국과 달리 토지면적당 단가가 아니라 용적률 100% 당 단가(누면지가,樓面地價[59])로 토지 사용권 가격이 형성되어 있습니다. 토지 자체보다는 건물 1평을 지어서 50년 동안 사용할 수 있는 권리의 가격이 중요한 것입니다. 계획허가제에 의해 개별 필지마다 용도와 용적률이 모두 다르기 때문에, 이를 비교하기 위해 누면지가로 토지 시장이 형성됩니다. 거래 대상이 토지의 소유권이 아니라 사용권·

---

57 한국은 토지 소유권과 개발권이 분화되지 않아서 용적률이 상향되거나 하향되어 발생하는 도시계획 변경 손익에 대하여 원칙적으로는 국가가 이익환수와 손실보상을 하지 않음. 반면, 중국에서는 소유권과 개발권이 분리되어 있기 때문에 도시계획변경으로 이익과 손실이 있을 경우, 토지 사용권 시장의 시세(누면지가)에 따라 정산(즉, 이익환수 또는 손실보상)을 함(박성식·차이닝 2012 참조).

58 국가가 토지사용권을 민간에 양도하는 행위.

59 **중국 누면지가 = 토지사용권가격 ÷ 개발가능연면적**

중국 토지사용권가격 = 개발후 부동산 가치-개발비용-개발이윤 및 자본비용

미국 뉴욕도 건축가능한 개발면적(buildable square foot)을 기반으로 토지가치가 형성됨.

개발권이기 때문이기도 합니다.[60]

우리나라는 토지의 소유권과 개발권이 분리되어 있지 않기 때문에 전국의 거의 모든 토지는 '현재의 용도에 의한 가치(existing use value)'에 장래의 '잠재적인 개발 가능성에 대한 가치(potential development value)'가 더해져서 가격이 형성됩니다. 이러한 특성이 가장 두드러지는 곳이 바로 '농업용지'입니다. 농업 생산성을 기반으로 경기도의 2012년 농업용지 가격을 대략 산출해보면, 평당 6만원[61] 내외로 계산됩니다. 하지만 경기도 지역에서 논과 밭의 토지가격은 이보다 훨씬 높게 형성됩니다. 위치에 따라 다르지만 평당 50만원이 넘는 경우도 많습니다. 현재는 논과 밭으로 이용되지만, 장래에 주택이나 펜션으로 사용되거나, 도시개발사업에 편입되어 보상받을 가능성이 토지가치에 반영되어 있기 때문입니다. 우리나라는 농지를

60 국공유 토지의 소유권과 사용권·개발권을 분리하여 사용권·개발권을 매각하는 방식은 추후 남북통일시 국공유지의 활용방안으로 사용할 수 있음. 40년 이상의 장기 토지 사용권은 소유권과 크게 차이나지 않게 가격이 형성되는 반면, 수 십년 후 사용기간이 종료되었을 때, 중앙·지방정부가 다시 재정수입을 얻을 수 있기 때문임. 북한 토지의 상당한 부분을 이러한 방식으로 수익화하면 천문학적으로 예상되는 상호 통일비용 중 많은 부분을 충당할 수 있음. 중국과 홍콩에서도 토지사용권 양도수입은 정부 재정에 중요한 부분을 차지하고 있음. 또한 정부가 도시계획이라는 공법상 관계뿐 아니라 토지 임대인으로서 사법상 계약관계로 토지이용을 관리할 수 있는 장점이 있음.

61 통계청에서 조사한 농가경제조사통계에 따르면, 2012년 경기도의 연간 농가평균 단위면적당 농작물 총수입은 평당 5,623원임. 여기에 통계청에서 조사한 농축산물 생산비조사에 따른 2013년 도별 논벼소득분석의 경기도 지역 순수익률 33%를 적용하고, 감정평가협회의 토지보상평가지침상 농지의 기대이율 중 하한치인 3.0%를 자본환원율(capitalization rate)로 적용하여 산정함 : **순수농지가치 61,855원/평 = 농작물 총수입 5,623원/평/년 × 순수익률 33% ÷ 기대이율 3.0%/년**

굉장히 집약적으로 사용하는 나라입니다. 농촌이라 하더라도 다른 나라에 비해 인구·경작밀도가 현저히 높습니다. 우리나라 농지는 주거용지 가격이 일부 반영되어 있습니다. 한국에서 농지법상 '농업진흥지역'내 토지(소위 '절대농지')는 농업기반이 정비되고 집단화되어 있는 농지로 건축이 불가능하기 때문에 농업생산성만으로 가치가 형성되었습니다. 그럼에도 '농업진흥지역'내 토지는 평당 10만원 내외로 토지가격이 형성되어 있습니다. 토지를 소유하는 그 자체의 만족감이 토지가치에 반영된 것입니다.

나라마다 토지제도가 다릅니다. 우리나라는 토지에 대한 권리의식이 높고 대부분 소유권(freehold)의 형태로 토지를 거래합니다. 사회주의 국가인 중국이나 도시국가인 홍콩·싱가포르는 토지 사용권(leasehold)으로 토지를 거래하는 경우가 많습니다. 영국도 토지는 국왕의 소유이고 개인은 그것을 수여 받아서 사용한다는 개념이 있어서 토지 사용권 거래가 활발합니다.

우리나라에서도 많지는 않지만 토지 사용권의 형태로 토지를 거래하고 개발하는 경우가 있습니다. 토지 소유자는 개발에 대한 노하우와 능력이 부족하여 토지를 직접 개발하는 것을 꺼려하지만, 토지를 보유하면서 안정적인 수익을 얻고 싶습니다. 개발업자는 개발 이윤을 얻고 싶지만 토지비를 조달하고 싶지 않습니다. 이 경우, 개발업자가 토지를 임차해서 개발하는 방식은 서로의 이익에 합치합니다. 주로 음식점, 호텔, 오피스, 상점을 운영하는 기업이 장기간 토지를 임차하고 건물을 지어서 토지 임대료를 지급하다가, 계약기간이 종료되면 건물을 철거하거나, 임대인에게 기부합니다. 개발업자는 토지 임대차 기간 중이라도 토지의 임차권과 건물의 소유권을 다른 사람에게 매각하여 건설 투자금을 회수할 수 있습니다.[62]

토지 임대부 부동산(leased property)은 '토지 사용권'과 '조건부 건물 소유권(계약기간말 무상기부)'으로 구성됩니다.[63] 그림 4처럼 토지 임차인은 건축비를 투자하고, 계약기간 동안 발생하는 수입(공간 서비스 흐름 또는 건물 임대료 수입)과 토지 임대인에게 지급하는 토지 임대료의 차액인 순영업소득을 향유합니다. 토지 임대부 부동산은 토지 임대차 계약기간이 종료되면 모든 부동산을 토지 소유자에게 무상으로 반납하여야 하므로 그림 5처럼 시간이 지나면서 가치가 감소하는 특징이 있지만, 순영업소득이 계속 상승하면 상당기간까지는 가치가 상승합니다.

---

62 임차인 입장에서 토지의 임차권을 더욱 보장받기 위하여 지상권을 설정하는 경우도 있음. 지상권이란 타인의 토지에 건물, 기타의 공작물이나 수목을 소유하기 위하여 그 토지를 사용할 수 있는 물권임. 임차권은 최장 20년의 제한이 있는 반면, 지상권은 기간의 제한이 없음. 임차권은 채권인 반면, 지상권은 물권이어서 토지 임차인의 권리가 더 잘 보장됨.

63 건물 임차인의 권리 = 건물 사용권

토지 임차인의 권리 = 토지 사용권 + 조건부 건물 소유권

토지 임대인(소유자)의 권리 = 토지 임대권 + 계약기간말 토지·건물 소유권

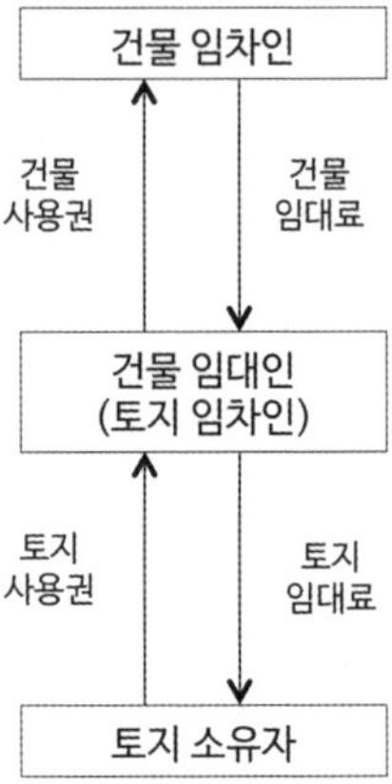

그림 4. 토지 임대부 부동산의 계약구조

토지 임차인에게 토지 임대부 부동산은 건축비를 투자해서 순영업소득을 얻으므로, 원금을 계약기간 동안 완전히 상각하는 물가연동채권(fully amortizing inflation-indexed bond)에 투자한 것과 유사한 현금흐름을 얻습니다. 계약기간이 끝나고 토지 임대차 계약을 연장시킬 수 있다면, 부동산에 대한 콜옵션(call option)[64]을 얻는 효과가 발생합니다.

---

64 특정시점과 특정가격에 자산을 매입할 수 있는 권리로 금융시장의 파생상품.

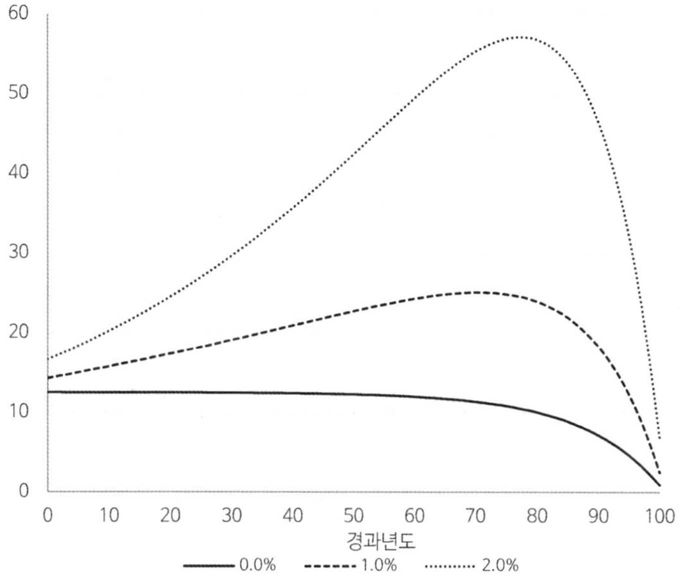

그림 5. 토지 임대부 부동산의 가치변화[65]

---

65 할인율 8.0%, 첫해 순영업소득(= 임차인의 전대수입-토지 임차료)을 1.0로 가정하여 순영업소득이 년간 0%, 1%, 2%씩 영구적으로 상승할 경우에 시간이 경과함에 따라 잔여 계약기간이 줄어들면서 발생하는 순현재가치의 변화를 시뮬레이션한 도표임.

인허가

한국에서 토지를 개발하는 인허가 체계는 표 2와 같습니다. 가장 기본이 되는 법은 도시계획의 기본이 되는 국토의 계획 및 이용에 관한 법률('국토계획법'), 건물을 건축하는 기본이 되는 '건축법', 토지 수용권의 근거가 되는 공익사업을 위한 토지 등의 취득 및 보상에 관한 법률('토지보상법')입니다. 원래 모든 건물을 건축법으로 관리하던 것에서 주택에 대한 '주택법', 대규모 점포에 대한 '유통산업발전법', 관광호텔에 대한 '관광진흥법', 골프장에 대한 '체육시설법', 공장에 대한 '산업집적법'이 추가됩니다. 주택에 대한 수요가 폭발적으로 증가하면서 신도시를 빨리 개발해야 하여 '도시개발법', '택지개발촉진법'이 만들어집니다. 낙후된 도심을 다시 재생시켜야 할 필요가 커지면서 '도시정비법'과 '도시재정비법'이 탄생합니다.

한국은 대규모 택지개발에 의해 도시를 개발해 왔습니다.[66] 1980년대의 강남 개발, 1990년대 초반에 공급된 수도권 1기 신도시(분당·평촌·중동·일산) 등 크고 작은 신도시들이 개발되었습니다. 대규모로 도시를 공급하기 위해서는 두 가지가 필요합니다. 강력한 '수용권'과 '도시계획권'입니다. 빨리 개발하기 위해서는 강제로 토지를 수

66 중국과 한국은 대규모 아파트 단지로 도시를 개발하는 대표적인 나라임.

<table>
<tr><th colspan="3">법률 및 개발방식</th><th>인허가</th><th>수용권</th><th>도시
계획권</th><th>사업시행</th><th>주요 인허가
의제 효과</th></tr>
<tr><td colspan="3">국토의 계획 및 이용에
관한 법률
(국토계획법)</td><td>개발행위
허가</td><td>X</td><td>X</td><td>민간가능</td><td>-</td></tr>
<tr><td colspan="3">건축법</td><td>건축허가</td><td>X</td><td>X</td><td>민간가능</td><td>국토계획법</td></tr>
<tr><td colspan="3">공익사업을 위한 토지 등의
취득 및 보상에 관한 법률
(토지보상법)</td><td>사업인정</td><td>O</td><td>X</td><td>-</td><td>-</td></tr>
<tr><td colspan="3">주택법</td><td>사업계획
승인</td><td>공공
기관만</td><td>O</td><td>민간가능</td><td>건축법
국토계획법</td></tr>
<tr><td colspan="2" rowspan="2">도시
개발법</td><td>수용</td><td rowspan="2">실시계획
인가</td><td>O</td><td>O</td><td>민간가능</td><td rowspan="2">건축법
국토계획법
산업집적법
물류시설법
산업입지법
체육시설법
관광진흥법
유통법</td></tr>
<tr><td>환지</td><td>O</td><td>O</td><td>조합,
토지
소유자</td></tr>
<tr><td colspan="3">택지개발촉진법(택촉법)</td><td>실시계획
승인</td><td>O</td><td>O</td><td>공공
기관 등</td><td>국토계획법
도시개발법
주택법</td></tr>
<tr><td rowspan="9">도시
및
주거
환경
정비법
(도시
정비법)</td><td rowspan="4">주거
환경
개선</td><td>개량</td><td rowspan="9">사업시행
인가</td><td>O</td><td>O</td><td rowspan="4">공공기관</td><td rowspan="7">주택법
건축법
국토계획법</td></tr>
<tr><td>우선공급</td><td>O</td><td>O</td></tr>
<tr><td>환지</td><td>O</td><td>O</td></tr>
<tr><td>관리처분</td><td>O</td><td>O</td></tr>
<tr><td rowspan="2">주택
재개발</td><td>관리처분</td><td>O</td><td>O</td><td rowspan="2">조합,
건설업자</td></tr>
<tr><td>환지</td><td>O</td><td>O</td></tr>
<tr><td>주택
재건축</td><td>관리처분</td><td>X</td><td>O</td><td>조합</td></tr>
<tr><td rowspan="2">도시
환경
정비</td><td>관리처분</td><td>O</td><td>O</td><td rowspan="2">조합,
토지
소유자</td><td rowspan="2">주택법
건축법
국토계획법
산업집적법</td></tr>
<tr><td>환지</td><td>O</td><td>O</td></tr>
</table>

	주거 환경 관리	자기개량		O	O	공공기관	주택법 건축법 국토계획법
	가로 주택 정비	관리처분		O	O	조합	
도시 재정비 촉진을 위한 특별법 (도시재정비법)			계획결정	O	O	공공기관	도시정비법 도시개발법 국토계획법
국토계획법	지구단위계획		계획결정	X	O	민간가능	-
산업집적활성화 및 공장설립에 관한 법률(산업집적법)			공장설립 승인	X	O		국토계획법 건축법
물류 시설의 개발 및 운영에 관한 법률 (물류시설법)	물류터미널		공사시행 인가	O	O		국토계획법 건축법 도시개발법
	물류단지		실시계획 승인	O	O		국토계획법 건축법
산업입지 및 개발에 관한 법률(산업입지법)			실시계획 승인	O	O		국토계획법 건축법 유통법 체육시설법 관광법 산업집적법 택촉법
체육시설의 설치·이용에 관한 법률(체육시설법)			사업계획 승인	X	O		국토계획법 건축법 산지관리법
관광진흥법 (관광법)	관광단지		조성계획 승인	O	O		국토계획법 건축법 유통법 체육시설법
	관광숙박업		사업계획 승인	X	O		국토계획법 산지관리법
유통산업발전법(유통법)			대규모 점포 개설등록	X	X		관광진흥법 체육시설법

표 2. 한국의 개발사업 인허가 체계

용하여야 합니다. 제대로 개발하려면 도시계획[67]을 바꿔야 합니다. 도시개발법·도시재정비법 등은 수용권과 도시계획권이라는 강력한 권한을 가지는 대신 관청의 인허가 재량이 증가하고, 사업시행자에게 가격이나 공급 규제와 같은 특별한 의무가 부여됩니다. 하나의 인허가를 받으면 인허가 의제조항에 의해서 그림 6에서 보는 것과 같이 다른 법의 여러 가지 인허가를 한번에 받은 것과 같은 효과를 발생합니다. 복잡한 개발사업 체계에 효율성을 더합니다.

다양한 사업(인허가) 방식이 있고, 각 방식은 장단점을 가지고 있습니다. 사업시행자(개발업자)는 인허가 방식을 쇼핑하듯이 선택할 수 있습니다. 예를 들어 주택 개발을 할 경우, '지구단위계획' 수립에 의한 주택개발사업(주택법)으로 개발할 수도, '도시개발법'으로 개발할 수도 있습니다. 지구단위계획으로 풀 경우, 수용권은 없어서 소위 '알박기'에 의한 토지매입비 상승의 우려가 있으나, 시장(市長)이 허가권자가 됩니다. 도지사가 허가권자인 도시개발법에 비해 인허가 기간이 단축되며, 도시개발법의 환지계획 인가와 같은 복잡하고 시간이 오래 걸리는 절차를 생략할 수 있습니다. 토지를 대부분 확보하여 토지 수용권이 필요하지 않은 개발사업의 경우, 규제가 적은 지구단위계획 수립방식으로 개발을 하는 것이 더 낫습니다.

건물에 적용하는 규제를 고르기도 합니다. 대표적인 시설이 공동

67 대규모 개발을 위해 기존의 관리지역이나 농림지역 등이 주거지역이나 상업지역 등으로 용도지역 변경 되어야 함. 또 기존에 없던 도로·공원·학교 등의 기반시설을 확충하여야 함.

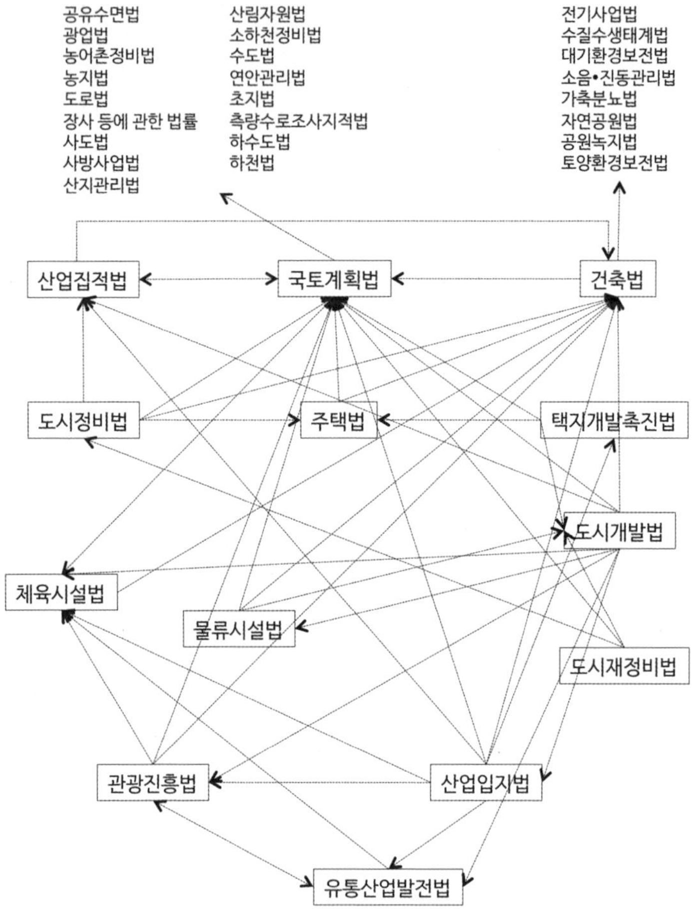
공유수면법
광업법
농어촌정비법
농지법
도로법
장사 등에 관한 법률
사도법
사방사업법
산지관리법
산림자원법
소하천정비법
수도법
연안관리법
초지법
측량수로조사지적법
하수도법
하천법
전기사업법
수질수생태계법
대기환경보전법
소음•진동관리법
가축분뇨법
자연공원법
공원녹지법
토양환경보전법
산업집적법
국토계획법
건축법
도시정비법
주택법
택지개발촉진법
도시개발법
체육시설법
물류시설법
도시재정비법
관광진흥법
산업입지법
유통산업발전법

그림 6. 인허가 의제 관계도

주택입니다. 20세대(2013년부터 30세대로 변경) 이상의 공동주택은 '주택법'에 의한 사업계획승인을 받아야 합니다. 주택법은 '건축법'보다 규제가 많습니다. 주택건설기준에 따라 배치, 경계벽, 부대·복리시설 등 상세한 규제를 따라야 하고, 입주자 모집공고 및 분양가 상한제 등 주택법 공급기준을 따라야 합니다. 우리나라의 주택 규제는 매우 까다롭습니다. 이를 피하기 위해 개발업자들이 주택법을 적용 받지 않는 19세대까지만 공동주택을 짓습니다. 서울 한강변을 자동차로 달리다 보면 한 층에 한 세대씩 19층 규모의 고급 아파트를 볼 수 있습니다. 건축법상 공동주택과 주택법상 공동주택의 규제 차이가 시장을 이원화합니다. '건축법'상 숙박시설과 '관광진흥법'상 숙박시설, '건축법'상 물류창고와 '물류시설법'상 물류창고, '건축법'상 판매시설과 '유통산업발전법'상 대규모 점포는 규제 때문에 서로 구조적으로 다른 상품이 됩니다.

공동주택은 면적에 따라 적용하는 규제가 다릅니다. 전용면적 85m^2 미만 공동주택은 국민주택규모로 분류되어 분양 받을 때, 건물분 부가가치세 10%가 면제됩니다. 전용면적 60m^2 미만 공동주택은 취득세·재산세·양도소득세가 감면되는 경우가 있습니다. 지방세법에 의하여 면적이 331m^2(100평)를 초과하는 주택, 245m^2 를 초과하는 공동주택, 엘리베이터·에스컬레이터나 풀장이 있는 주택은 고급주택으로 분류되어 재산세가 대폭 증가하게 됩니다. 그래서 주택 공급의 상당한 비중이 전용면적 60m^2, 85m^2 에 몰려있고, 아무리 고급 공동주택도 전용면적 245m² 를 넘지 않습니다.[68] 규제가 주거상품을 만듭니다.

주택법 규제를 피하기 위해 '오피스텔'이 발생합니다. 오피스텔은 법적으로는 업무시설인데 실제는 주택과 같이 사용하는 시설입니다. 1990년대에 주택법의 과도한 규제를 피하기 위하여 시장에서 생겨났습니다.[69] 오피스텔은 업무시설로 분류되어 규제가 적은데, 주거처럼 사용할 수 있어서 큰 인기를 끌었습니다. 오피스텔이 주택과 차이가 없으면, 주택법이 무용지물이 되기 때문에 정부는 '오피스텔 건축기준'을 공고하여 오피스텔과 주택을 구분합니다. 오피스텔 건축기준은 시기마다 계속 변경되었습니다. 어떤 시기(2006.12~2009.9)에는 전용면적 중 업무부분이 70% 이상이어야 했고, 욕실이 1개 이하로 3~5m² 이하에 욕조가 없어야 했습니다. 어떤 시기(~2006.12)에는 면적에 상관없이 바닥난방을 할 수 있었습니다. 현재 부동산 시장에 존재하는 오피스텔은 언제 건축허가를 받았느냐에 따라 구조적으로 다른 상품입니다.[70] 그에 따라 부동산 시장에 이제는 더 이상 개발이 불가능한 최고급 대형 주거용 오피스텔과 주거용·업무용으로 사

---

68 이 규제를 회피하기 위하여 전용면적 245m² 의 공동주택 펜트하우스 2채를 구입한 후, 경계벽에 문을 달아서 실질적으로 1채로 쓰는 경우도 있음.

69 중국에도 한국과 유사하게 주거용지(70년 사용권)가 아닌 상업용지(40년 사용권)에 개발된 유사주택이 있음.

70 2013년 12월에 개정된 국토교통부 공고 '오피스텔 건축기준'에 의하면, 오피스텔에서는 발코니를 설치하지 못하고, 전용 85m² 이하 세대에서만 바닥난방을 할 수 있음.

용할 수 있는 소형 오피스텔이 공존하고 있습니다.

공유

도시가 성장하고, 토지를 입체적으로 이용하면서, 하나의 건물을 여러 명이 소유하고 관리할 필요가 증가합니다. 1984년 '집합건물의 소유 및 관리에 관한 법률(집합건물법)'이 도입됩니다. 이 법에 의하여 하나의 건물을 여러 명이 구분된 단위로 쪼개서 각각을 소유하는 방식이 '구분소유권'입니다.[71] 구분소유권의 도입으로 각자가 전용으로 사용하는 부분을 독립된 소유권으로 거래할 수 있게 되었습니다. 공동으로 사용하는 부분을 관리하는 법적 체계도 갖추게 됩니다.

한국 부동산 시장에서 주택·상가·오피스·공장을 집합건물로 개발하여 구분소유권으로 매각합니다. 건물 전체를 한 사람에게 파는 것보다 전체 매각가치가 커져서 수익을 극대화할 수 있습니다. 크게 건물을 지으니 규모의 경제는 발생하되, 쪼개서 파니 개인 소비자의 수요에 맞습니다. 30평짜리 집이 100평짜리 집보다 면적당 단가가 높기 때문에 구분소유권으로 개별 매각합니다.

건물을 관리할 때, 어떤 수준의 공간 서비스를 제공할 것인지를 결

71 구분소유권 = 전유부분 소유권 + 공용부분 사용권 + 대지사용권

정하여야 합니다. 공용설비에 얼마나 투자할 것인지, 얼마나 자주 청소할 것인지, 얼마나 우수한 관리 인력을 고용할 것인지, 유지수선비나 장기수선충당금을 얼마나 확보할 것인지 결정합니다. 건물의 특성에 맞게 최적의 서비스 수준을 결정해야 하지만, 집합건물에는 의사결정자가 너무 많습니다. 돈을 써서라도 잘 관리하고 싶은 사람이 있는 반면, 돈 쓰는 것에 인색한 사람도 있습니다. 시장가치 극대화보다는 비용 지출을 최소화하는 의사결정을 하기 쉽습니다. 누구나 공유하지만 그 누구도 책임지지 않으려는 '공유지의 비극'[72]이 집합건물의 공용공간에 나타납니다. 집합건물의 서비스 수준은 좋지 않습니다.

서울에서 한 명이 소유하고 통합적으로 관리하는 오피스 빌딩에 비해, 집합건물 오피스 빌딩이 다소 할인되어 거래되는 경우도 있습니다. 주택이나 근린상가는 토지·건물(즉, 토지소유권+건물소유권)보다 집합건물(즉, 구분소유권)이 비싸지만, 오피스는 꼭 그렇지 않은 것입니다. 다른 시설보다 오피스는 입주기업들이 공간 서비스에 대한 민감도가 높기 때문입니다.

관리 문제가 중요하기 때문에 집합건물법은 관리단, 관리인, 관리위원회에 대한 내용을 규정합니다. 표 3에서 이를 상법상 주식회사와 비교하였습니다. 주식회사의 주주가 지분율만큼 의결권을 행사하는

---

72 공유지의 비극(the tragedy of the commons)이란 1968년 개럿 하딘 (Garrett Hardin)이 주장한 이론으로 개인이 각자의 이익을 위하여 행동할 경우, 지하자원·초원·공기와 같은 공공재의 사용을 남용하여, 집단 전체의 이익과 상반되는 결과가 발생한다는 것임.

것처럼 집합건물의 소유자는 공용공간에 대해 전용면적 비율만큼 지분권을 가집니다. 구분소유자 전원은 주식회사의 주주총회처럼 관리단을 구성하고 관리단 집회를 엽니다. 관리단은 주식회사의 대표이사(chief executive officer)와 같은 관리인을 선임하고, 관리인은 일상적인 건물의 관리업무를 수행합니다. 주식회사의 이사회와 같이 관리위원회를 두어 중요한 행위는 결의를 거치기도 합니다.

대규모 빌딩에서 관리단은 커다란 힘을 가집니다. 비용을 관리하면서 부동산 가치에 영향을 미치는 중요한 의사결정을 하여, 각 구분소유자의 이익에 영향을 미치기 때문입니다. 우리나라에서는 공용부분의 관리권을 구분 소유자의 대표인 관리단에게 부여하지만, 호주를 비롯한 다른 나라에서는 그러한 규제가 없어서 관리권 자체를 거래합니다. 일반 주식회사에서 경영권을 확보할 수 있는 지분의 가치를 경영권이 없는 소수 지분 가치보다 비싸게 거래(경영권 프리미엄)

	집합건물의 공용부분	주식회사
지분	전유면적	주권 (지분증권)
소유자 대표기구	관리단 (관리단집회)	주주 (주주총회)
실행기구	관리인	대표이사
의사결정기구	관리위원회	이사회

*관리위원회는 법적 필수기구는 아님.

표 3. 집합건물과 주식회사의 지배구조

하는 것처럼, 관리단의 경영권을 확보할 수 있는 지분율을 가진 구분소유권을 지분율이 적은 구분소유권보다 비싸게 거래하는 경우도 있습니다.

우리나라에서 '아파트(APT)'는 각 세대를 각자가 소유하는 주택입니다. 미국에서는 한 명이 소유하고 여러 세대에 임대를 하는 주택을 '아파트먼트(apartment)'라고 부릅니다. 반대로 우리나라의 아파트처럼 각 세대를 각자가 소유한 주택을 미국에서는 '콘도미니엄(condominium)'[73]이라고 부릅니다. 우리나라와 달리 미국은 아파트먼트에 투자하는 큰 규모의 민간 임대주택 시장이 존재합니다. 2014년 기준으로 헌트 컴퍼니(Hunt Companies) 25만 세대, 보스톤 캐피털(Boston Capital) 15만 세대, AIG 어포더블 하우징(AIG Affordable Housing) 13만 세대 등 아파트먼트 투자자들이 총 1824만 세대를 소유하고 있습니다.[74] 아파트먼트 투자시장은 6% 대의 자본환원율(capitalization rate)[75]이 발생하고 있어 투자 성과도 우수합니다.

미국은 기관투자자에 의한 임대주택시장이 활성화되어 있는데, 한국은 왜 그러하지 못할까요? 가장 큰 이유는 앞의 「공간과 신용」편에서 언급한 것과 같이 한국에서는 개인 임차인의 채무불이행(디폴

---

73 우리나라에서는 휴양·숙박시설의 한 세대를 여러 명이 시간단위로 공유(time share)하는 시설을 콘도미니엄으로 지칭함.

74 출처 : National Multifamily Housing Council

75 자본환원율 = 순영업소득(net operating income) ÷ 자산가치

트)에 대한 신용위험이 더 크기 때문입니다. 이를 다음의 표 4에 비교하였습니다.

	한국	미국
신용정보공유	X	O
강제퇴거기간	6개월 이상	2-3개월 이내
임차인 신용보증	X	O
보증금	임대인이 자유롭게 사용	에스크로우 계좌에 보관하고 디폴트시 사용
보증금 이자수취권	임대인	임차인
보증금 수준	10개월치 이상의 임대료	1-2달치 임대료

표 4. 한국과 미국의 주택 임대차 신용제도

기관투자자가 투자하려면 무엇보다 임차인의 신용도가 좋아야 합니다. 채무불이행시 계약의 이행을 강제하는 합리적인 방법이 존재하여야 합니다. 우리나라에서는 채무불이행을 하여도 미국처럼 신용등급이 하락하지 않습니다. 제3자나 보증보험사의 신용보증도 하지 않습니다. 강제퇴거에 걸리는 기간도 길어서 의도적으로 임대료를 내지 않는 '도덕적 해이(moral hazard)'에 빠지게 될 가능성이 높습니다. 우리나라는 임대차 계약이 신용체계의 사각지대에 존재하기 때문에

민간 임대주택시장이 미국처럼 활성화되지 못하였습니다.[76]

미국에서 임대가 목적인 아파트먼트와 자가점유가 주목적인 콘도미니엄은 모두 도시에 위치한 주택이므로 물리적으로 차이가 없어야 할 것 같습니다. 그런데 아파트먼트보다 콘도미니엄이 내장재·외장재·가전제품이 더 좋습니다. 아파트먼트는 로비와 공용공간은 좋게 꾸며도 개별 세대의 내장은 저렴하고 유지관리가 용이한 재료를 사용합니다. 거기에는 두 가지 이유가 있습니다.

첫 번째, 임차인은 자가점유 집주인보다 집에 애정이 없습니다. 임대기간이 종료되면 자기와 상관이 없는 공간이므로 험하게 사용합니다. 한국 주택시장에서 집주인이 살던 집은 관리상태가 좋고, 임차인만 살던 집은 관리상태가 안 좋은 것과 마찬가지입니다. 아파트먼트는 어차피 험하게 사용할 집인데 굳이 좋은 내장재를 사용할 이유가 없습니다. 오히려 싸고 유지관리와 원상복구가 용이한 재료를 사용하는 것이 합리적입니다.

두 번째 이유는 임차인은 인테리어나 가전제품이 좋더라도 그 만큼 임대료를 더 지불할 의사(willingness to pay)가 없기 때문입니다. 일반 자동차보다 렌터카의 옵션이 현저히 떨어지는 것과 같습니다. 빌려 쓰는 사람은 그 물건의 기본 기능에 관심이 있고, 부가적인

76 또 하나의 가능성은 우리나라는 다른 나라보다 가계가 보유한 순자산이 많아서 주택투자에 대해 요구수익률이 낮기 때문에(즉, 주택을 비싸게 사기 때문에) 기관투자자가 가계와의 매수 경쟁에서 이기기 어렵기 때문임. 이에 대한 자세한 내용은 「공간의 변화」, 「공간과 자본」편 참조.

기능은 크게 개의치 않습니다. 그 기능을 다 쓰지도 않습니다. 개발업체는 임대료가 올라가지 않는데, 굳이 좋은 재료를 사용할 이유가 없습니다. 하지만 자가점유 집주인은 좋은 인테리어와 가전제품의 편익을 장기간 향유하기 때문에 더 좋은 옵션에 대한 지불의사가 있습니다.

미국에는 '코업(cooperative or co-op)'이라는 독특한 주택 공유 체계가 있습니다. 뉴욕과 같은 대도시에서는 토지 가격이 너무 비싸기 때문에, 한 개의 필지에 여러 세대가 같이 주택을 지어서 각자의 전용부분을 소유하고 공용부분을 공유해야 했습니다. 콘도미니엄에 대한 법이 20세기 중반에야 만들어졌기 때문에 그 이전에는 자연스럽게 미국 회사법(corporate law)의 '조합(cooperative)'을 준용하여 주택의 공유 문제를 풀었습니다. 이것이 바로 코업입니다.

코업은 회사를 이용하여 건물을 소유하는 방법으로, 공동주택에 입주할 수 있는 회원(membership)의 자격을 취득하고, 그 건물을 소유하고 있는 회사의 주권(지분증권)을 취득하여 개별 주택의 사실상 소유권을 얻습니다. 코업에서는 회원의 대표자가 신규 회원의 자격을 심사하여 커뮤니티의 정체성을 유지합니다. 일반 회사와 같이 이사회가 있고 거주자(회사의 소유자이자 자산의 임차인)들이 지불하는 임대료(사실상 관리비)가 수익의 원천이나, 이윤을 추구하지는 않습니다. 회사의 이름으로 대출을 일으켜 노후한 시설에 대한 리모델링을 할 수 있습니다.[77] 어퍼 이스트(upper east)와 같은 뉴욕 맨하탄의 전통적인 고급 주거지역에는 이러한 코업이 다수 존재합니다.

면적

우리나라는 인구밀도가 높기 때문에 한 평의 공간이 아쉽습니다. 우리나라 아파트는 공간을 잘 활용합니다. 얼핏 보면 비슷하고 정형화된 것처럼 보이지만, 죽은 공간을 최소화하고 공간을 효율적으로 활용하는 최적의 해결책입니다. 주거전용면적이 동일한 한국의 아파트와 외국의 것을 비교해보면, 우리나라 아파트 평면이 얼마나 우수하고, 공간을 넓게 활용하는지 알 수 있습니다. 외국의 공동주택을 가보면 우리나라의 30평 아파트로 느껴지는 것이 40평인 경우가 많습니다.

공간의 면적을 측정하고 확정하는 것은 중요합니다. 우리나라처럼 조그마한 공간을 효율적으로 사용하는 곳에서는 더욱 그러합니다. '건축법'에 따르면 건물의 면적을 정하는 기준선은 벽, 기둥과 같은 구획의 중심선입니다. 그런데 '주택법'을 적용하는 주택은 벽의 안쪽선(안목치수)을 기준으로 면적을 산정합니다. 동일한 건물이라도 건축

77 이 경우, 회사가 지불하여야 하는 대출의 원리금 상환액만큼 임대료를 더 지불함.

법으로 산정한 면적보다 주택법으로 산정한 면적이 더 작습니다. 주택법에 의한 주택은 사실상 용적률 증가 효과를 얻습니다.

발코니는 외벽에서 1.5m까지는 면적에 산입하지 않습니다. 발코니에서 1.5m 폭은 용적률을 산정할 때 적용되지 않는 '서비스 면적'입니다. 한 평의 공간도 아깝기 때문에 한국에서 대부분의 주택은 1.5m의 폭으로만 발코니를 설치합니다. 서비스 면적만 다 찾아먹기 위해서 그렇습니다.

발코니는 외부에 샷시를 덧대면 내창과 외창이 있고 그 사이에 1.5m 폭의 공기층이 있는 이중창 구조가 됩니다. 발코니는 매우 매력적인 건축 장치입니다. 단열효과가 뛰어나고 아파트에서 부족한 외부공간(창고·화단·빨래건조) 기능을 대신할 수 있습니다. 에너지 등급이 우수한 첨단 건물에서 많이 사용되는 이중 외피(double skin) 시스템이 우리 주택시장에서 저절로 생겨난 것입니다.

한국 아파트는 원가절감을 위해 외부는 콘크리트 구조를 노출시키고 안쪽에 단열재를 붙이는 '내단열 방식'을 사용합니다. 이 방식은 열교 현상 때문에 겨울에 곰팡이가 쉽게 발생합니다. 발코니가 있으면 곰팡이가 발코니 외창 인근에 생기기 때문에 최소한 사람들이 거주하는 방은 쾌적합니다. 우리나라처럼 연간 온도차이가 심하고 에너지 비용에 민감한데, 분양가상한제 등 가격규제로 주택 공사비가 높아지기 어려운 곳에서, 발코니는 저렴한 투자비용으로 이러한 문제를 해결합니다. 개발업체들은 발코니라는 서비스 공간을 극대화하기 위하여 주거평면을 직사각형으로 하여 외기에 접하는 면을 극대화한 설계를 도입합니다. 그래서 그림 7과 같이 3~4 베이(bay)[78]의 독특한 한국식 아파트 평면이 나옵니다.

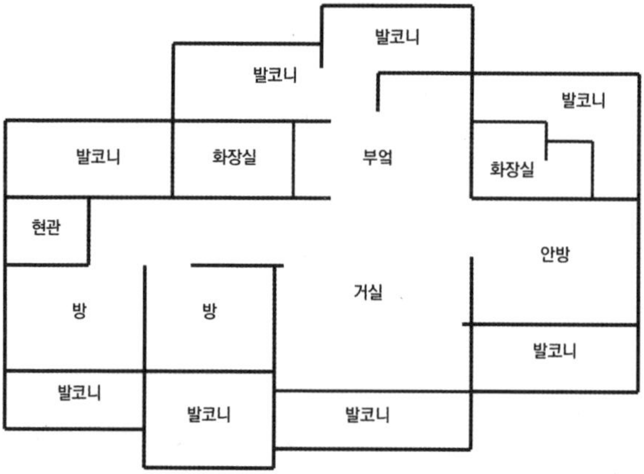

그림 7. 아파트 평면 유형 - 4베이

우리나라는 예전부터 아파트 발코니를 불법으로 확장해서 내부공간으로 활용하는 경우가 많았습니다. 2006년에 아파트 발코니 확장을 합법화하면서 이 현상이 더욱 심해집니다. 아예 발코니 확장을 염두하여 주택을 설계합니다. 발코니 확장비용을 분양가 옵션으로 선

78 방 4개(방-방-거실-안방)가 일렬로 붙는 경우가 4 bays 유형의 평면임.

택합니다. 대부분의 세대가 발코니를 확장합니다. 그리고 주택면적체계가 왜곡됩니다.

2006년 이전 공급된 30평과 2006년 이후 공급된 20평은 실사용 면적이 비슷합니다. 발코니 확장 합법화로 사실상 면적 증가효과가 발생한 것입니다. 신규 분양 아파트 30평은 기존 40평과 실사용 면적이 비슷하니, 너무 넓은 40평 아파트는 필요 없습니다. 2006년 이후 발생한 소형 주택 선호현상 중 일정부분은 발코니 면적 왜곡이 만든 착시효과입니다.

아파트(집합건물)에서 한 세대의 면적은 무엇일까요? 우리 가족이 배타적으로 사용하는 면적일까요? 아니면 아파트 주민들이 공동으로 사용하는 면적도 포함할까요? 아파트는 하나의 건물에 여러 세대가 존재하고, 가족이 전용으로 쓰는 공간과 여러 명이 공동으로 쓰는 공간이 있기 때문에 이러한 문제가 발생합니다.

아파트는 주택법에 따라 '주거전용면적', '주거공용면적(계단·복도·로비 등 주거의 공용부분)', '기타공용면적(기계·전기실, 주차장, 관리사무소 등)'이 있고 주거전용면적만을 '공급면적'으로 표기합니다. 아파트마다 다르면 혼란스럽기 때문에 법적 기준이 있습니다.

그런데 2009년 이전에는 주거전용면적과 (세대마다 배분된) 주거공용면적의 합을 세대별 '공급면적'으로 표기했습니다. 오랫동안 형성된 관행 때문에 현재도 시장에서 평수를 이야기 할 때 예전 공급면적을 적용합니다.[79] 보통 33평 아파트라고 부를 때, 33평은 주거전용면적과 주거공용면적을 합한 면적을 의미합니다. 아파트 가격이 평당 1500만원이라고 이야기할 때도 마찬가지입니다.

아파트와 달리 오피스텔·상가·오피스는 '공급면적'에 대한 법적 기준이 없습니다. 개발업체의 입장에서 볼 때, 공급면적을 크게 표기하는 것이 마케팅에 유리하기 때문에, '계약면적'을 '공급면적'으로 표기합니다.[80] 이를 구분하면 다음의 표 5와 같습니다.

'공급면적'이 동일한 아파트와 오피스텔을 비교해보면 오피스텔의 실사용 면적이 현저히 작습니다. 주택법이 적용되는 시설과 아닌 시설은 면적 기준이 다르기 때문입니다.[81] 그래서 전용률(efficiency rate)[82]을 파악해야 합니다. 아파트는 2009년 이후 공급면적 기준을 적용하면 전용률이 약 100%이고, 2009년 이전 공급면적 기준을 적용하면 전용률이 약 80% 입니다. 오피스, 오피스텔의 전용률은 약

---

79 많은 개발업체들이 면적공시체계 변경에 의한 소비자의 혼란을 막기 위해 2009년 이전 기준 공급면적 33평형을 '33형'이라는 표현으로 홍보함.

80 아파트와 유사한 상품으로 보이기 위한 경우, 또는 주차장을 별도의 수익시설로 활용하기 위한 경우, 기타 공용면적을 공급면적에서 제외하기도 함.

81 2014년 11월에 오피스텔도 아파트와 같은 기준으로 분양면적을 산정하도록 '건축물의 분양에 관한 법률' 시행령이 변경되었음.

82 전용률 = 전용면적 ÷ 공급면적

시설전용면적(A)		해당 시설(주택, 오피스, 상점 등)의 주 용도로 사용자가 전용으로 사용하는 면적. *발코니 서비스 면적 제외
시설공용면적(B)	층별공용면적(B1)	해당 시설의 주 용도로 사용하되 같은 층의 다른 사용자와 공용으로 사용하는 면적(복도, 엘리베이터 홀 등)
	전체공용면적(B2)	해당 시설의 주 용도로 사용하되 다른 사용자와 공용으로 사용하는 면적(로비 등)
기타공용면적(C)		해당 시설의 주가 아닌 용도로 사용하고 모든 층의 다른 사용자와 공용으로 사용하는 면적(기계실, 전기실, 주차장 등)
계약면적(D)		(A) + (B) + (C)
공급면적(E)		· 2009년 이전 주택공급면적 = (A) + (B) · 2009년 이후 주택공급면적 = (A) · 주택 이외 시설의 공급면적 = (D)

표 5. 면적의 개념

50%[83] 입니다. 상가는 공용 복도[84]가 있어 층별 공용면적의 비중이 크기 때문에 전용률이 30~50% 입니다.

오피스·상점을 임대하기 위하여 임차인별 임대면적을 구분합니다. 임대면적은 시장관행상 전용면적과 공용면적의 합(즉, 계약면적) 입니다. 임대면적은 보증금, 임대료, 관리비 산정 기준이 됩니다.[85] 개인이 관리하는 부동산은 임차인마다 임대면적 기준이 다른 경우가 많습니다. 1층 점포는 전용면적만 적용하고, 2층 점포는 공용면적도 포함하는 경우도 있습니다. 1층과 2층 점포가 지불하는 임대료와 관리비를 동일하게 비교할 수 없습니다. 기관투자자는 개인이 소유한 부동산을 매입했을 때, 먼저 임대면적 체계를 정비합니다.[86]

83 우리나라에서 이렇게 전용률이 낮게 형성되는 것은 모든 시설에 부설 주차장이 있어야 하는 주차장 규제 때문임. 다른 나라는 주차장을 강제하는 규제가 약하거나 없는 경우가 많아서 전용률이 높은 편임.

84 특히 서울 동대문 상권 등에 많이 지어졌던 구좌형 의류 상가는 상인들에게 잘게 쪼개서 분양·임대되었기 때문에 더 많은 공용 복도가 필요해서 전용률이 더 낮음.

85 시장에 따라 임대면적을 산정하는 기준이 다름. 서구의 경우, 전용면적에 해당하는 순임대면적(NLA, net leasable area)을 기준으로 하는 경우가 많고, 아시아의 경우 공용공간이 배분된 조임대면적(GLA, gross leasable area)을 사용하는 경우도 많음. 하지만 우리나라처럼 조임대면적에 지하주차장의 배분면적이 포함된 경우는 많지 않음. 한국에서도 쇼핑몰 등에서는 순임대면적을 기준으로 하는 경우도 있음.

86 임대면적을 정리하는 방법은 크게 2가지가 있음. 첫 번째는 표 5의 (A),(B),(C)의 면적의 합계로 하는 방법이고, 두 번째는 (A),(B),(C)의 면적의 합계로 하되 (B)를 산정할 때, (B1)의 층별 공용면적도 (B2)의 전체 공용면적으로 간주하는 방법임. 두 번째 방법은 모든 개별 호의 전용률이 동일해지기 때문에 임대관리가 수월하여 더 선호되는 편임.

가격

우리나라는 자세한 부동산 가격공시체계를 가지고 있습니다. '부동산 가격공시 및 감정평가에 관한 법률(부동산공시법)'에 의해 개별 토지·주택의 가격을 매년 공시합니다. 매월 지역별·용도지역별로 지가변동률을 산출합니다. 주택의 실거래와 임대차 사례도 공시합니다. 왜 유독 한국에 자세한 가격공시체계가 발생하였을까요?

첫 번째 이유는 부동산의 가격을 알기 어려웠기 때문입니다. 우리 도시는 급격한 도시화에 의해 인구가 유입되면서, 피난민과 농촌에서 온 이주민들이 때로는 불법으로 땅을 사용하였습니다. 자연발생적으로 토지를 점유하였으니 토지의 형태도 파편화되었습니다. 어떤 땅은 세모나고, 네모나고, 길쭉하며, 어떤 땅은 1평짜리, 30평짜리, 100평짜리입니다. 대부분의 지역이 구릉과 산이다 보니, 어떤 땅은 평지이고, 완경사고, 급경사입니다. 최근 50평 장방형에 차가 접근 가능한 평지가 평당 500만원에 거래되었다는 사실을 알아도, 내가 가진 3평짜리 급경사에 위치한 맹지[87]가 얼마인지는 알기 어렵습니다. 우리나라는 6.25 전쟁 이후 압축적 경제성장에 따라 급격한 토지가격의 상승을 경험했습니다. 어제, 오늘, 내일의 땅값이 다른 시장에서 현재의 가격을 확정하기는 쉽지 않았습니다. 자세한 가격공시체계는 부동산

87 도로에 접하지 않는 토지.

가격 정보의 비대칭성을 해소하였습니다.

두 번째 이유는 우리나라는 부동산 거래에서 소위 업(up)계약서·다운(down)계약서라고 부르는 이중 계약문화가 있기 때문입니다. 자본차익을 많이 얻은 매도자는 양도소득세를 줄이기 위하여, 진짜 거래가격보다 낮추어서 '다운계약서'를 체결하자고 매수자에게 제안합니다. 매수자도 나중에 자기의 양도소득세가 더 늘어날 수는 있지만, 매도자가 약간 부동산 가격을 할인해주거나, 당장은 오히려 자기도 취득세가 낮아지기 때문에 그 제안을 받아들입니다. 개발업체가 다세대·연립주택을 분양 할 때, 일괄적으로 모든 세대를 '업계약서'로 거래하는 경우도 있습니다. 업계약서를 써서 자산의 가격을 비싸게 보이게 한 후, 부풀려진 가격을 기준으로 대출이 나오도록 합니다. 진짜 거래금액은 1억원인데, 업계약서 1.5억원에 분양하고, LTV(Loan-To-Value ratio)[88] 60%로 9천만원 대출이 나가면 매수자는 현금 1천만원을 투자해서 1억원 짜리 집을 사게 됩니다. 60%라는 LTV규제를 벗어나는 것입니다. 정상적인 LTV를 초과하는 분의 대출금은 높은 이자율의 신용대출 금리가 적용되어야 하나, 업계약서 거래로 낮은 금리를 적용하여 주택담보대출이 부실화됩니다. 업계약서 거래는 부동산 가격 정보가 적은 시장에서 시장을 검증할 능력이 떨어지는 금융기관이 대출을 할 때 주로 발생합니다. 이러한 시

88 주택담보대출비율 = 대출금 ÷ 자산가치

장에서 등기부등본에 찍힌 실거래가격은 진짜 거래가격이 아닙니다. 금융기관은 공시가격을 통하여 계약서상 거래금액이 적정한지를 판단합니다.

세 번째 이유는 한국사람은 부동산 가격에 민감하기 때문입니다. 자기 부동산 가격에 대해 관심이 있고, 다른 사람의 부동산 가격에 대해 더 관심이 있고, 다른 사람이 얼마의 재산세를 내는지도 민감합니다. 똑같은 1000평짜리 논이 있는데, 옆집 순이네는 우리보다 재산세를 10만원 덜 내었다면 울화통이 치밉니다. 관청은 왜 순이네는 10만원을 덜 내는지 증명해야 합니다. 정부는 수많은 민원에 대응하기 위해서 공신력 있는 가격공시체계가 필요합니다.

우리나라는 수십 년 동안 끊임없이 개발하고, 토지를 보상했습니다. 급격한 주택가격의 상승을 막고자 정부는 시장을 모니터링하면서 정책을 폈습니다. 우리나라에서 부동산 개발사업을 하려면 다양한 세금과 부담금을 내야 합니다. 취득세, 재산세, 개발부담금, 재건축 부담금 등 대부분이 부동산 가격 정보로 산정합니다. 재개발·재건축은 관리처분계획에 의하여 종전에 조합원이 가지고 있던 부동산을 새로운 부동산으로 돌려줘야 합니다. 조합원의 종전 부동산이 얼마였고, 전체 사업 종전 부동산 가격은 얼마였는데, 새로 지어지는 전체 부동산 가격은 얼마이고, 해당 조합원이 가져가야 할 부동산은 얼마인지를 알아야 비례율[89]을 산정하고 관리처분을 합니다. 공시지가로 대표되는 부동산 가격 공시체계가 없다면, 시장에서 불협화음이 끊이지 않을 것입니다.

사람들이 가격에 민감하고, 토지 수용이 많고, 부동산 가격에 기반한 행정 및 거래가 많아서 한국은 다른 나라보다 부동산 감정평가가 공적인 기능을 수행하고 있습니다. 한국은 감정평가사 자격제도를 운용하고 있는데, 가장 큰 특징은 감정평가사가 작성한 감정평가서가 법원에서 법적 증거로 활용된다는 점입니다. 우리나라는 부동산 가격이 적정하냐에 대한 소송이 많습니다. 공익사업으로 토지수용을 당하였을 때 피수용자가 수용가격이 맘에 안 들면 행정소송을 제기합니다. 부동산과 관련된 민사소송도 많습니다. 여기서 감정평가서를 증거로 사용합니다. 한국에서 감정평가는 부동산 관련 시시비비와 이해관계를 정리하는 일종의 공적 심의체계로 작동합니다.

한국에서 감정평가사는 잘못된 감정평가에 대한 손해배상책임이 큽니다. 감정평가서 사용자가 손해를 보았을 때, 평가수수료가 아니라 발생한 손해 전체에 대해 배상을 하는 경우가 많습니다. 만약 어떤 부동산의 담보평가액이 100억원이었는데, 실제 시장가치는 30억원이어서 50억원 대출을 해준 은행이 약 20억원의 손해를 보았다면, 20억원의 손해가 감정평가사의 배상책임액이 됩니다. 일반적인

89 비례율 = (총 개발후 부동산 가치-총 개발비용) ÷ 총 종전 부동산 가치,
조합원 권리가액 = 조합원 소유 종전 부동산 가치 × 비례율.

아파트는 물건분석이 쉽고 가격정보가 많아서 문제가 적지만, 물건·시장·권리 분석이 복잡한 토지와 상가와 임야는 어떻게 보느냐에 따라 가격 격차가 큽니다. 배상책임 때문에 한국에서 감정평가서는 부동산 가격에 대한 보증보험과 유사한 효과를 발생합니다.

한국에서 부동산은 용도·밀도·개발권·인허가·공유·면적·가격의 체계로 구성됩니다. 공간은 체계적입니다. 공간은 무한하기 때문에 그 내용을 구분해 줄 경계가 필요하기 때문입니다.

요약

· 땅은 들고 다닐 수 없기 때문에 소유자, 크기, 경계를 확정하는 문서가 필요하다.

· 한국은 모든 땅을 자유롭게 건축할 수 있어 개발권 가치가 땅값에 반영되어 있다.

· 우리나라는 개발 인허가 체계가 복잡하며, 규제에 따라 부동산 상품이 결정된다.

· 발코니 확장 합법화는 주택면적체계를 왜곡한다.

· 우리나라는 부동산이 다양하고 사람들이 그 가격에 민감하여 자세한 가격공시체계를 가지고 있다.

수식

· 용적률 = 건축 가능한 지상층 연면적 ÷ 토지면적

· 건폐율 = 건물이 차지하는 토지의 면적 ÷ 토지면적

· 토지가치 = $\sum_{t=1}^{\text{개발기간}} \frac{\text{t 기의 개발 현금유입 + t 기의 개발 현금유출}}{(1+\text{할인률})^{t}}$

· 토지가치 = 개발후 부동산 가치-개발비용-개발이윤 및 자본비용

· 중국 누면지가 = 토지사용권가격 ÷ 개발가능연면적

· 중국 토지사용권 가격 = 개발후 부동산가치-개발비용-개발이윤 및 자본비용

· 순수 농지가치 61,855원/평 = 농작물 총수입 5,623원/평/년 × 순수익률 33% ÷ 기대이율 3.0%/년

· 건물 임차인의 권리 = 건물 사용권

· 토지 임차인의 권리 = 토지 사용권 + 조건부 건물 소유권

· 토지 임대인(소유자)의 권리 = 토지 임대권 + 계약기간 말 토지·건물 소유권

· 자본환원율 = 순영업소득 ÷ 자산가치

· 전용률 = 전용면적 ÷ 공급면적

· 주택담보대출비율 = 대출금 ÷ 자산가치

· 비례율 = (총 개발후 부동산 가치 - 총 개발비용) ÷ 총 종전 부동산 가치

· 조합원 권리가액 = 조합원 소유 종전 부동산 가치 × 비례율

공간은 시간을 포함하고,
시간의 누적효과로
우리의 도시를 만들고 있습니다.

變化

4 | 공간의 변화

변화 [change, 變化]

사물의 성질, 모양, 상태 따위가 바뀌어 달라짐.[91]

91 출처 : 국립 국어원

공간의
변화

인구, 경제, 부 그리고 도시의 성장

인구대사전[92]에 의하면, 한반도 인구는 조선이 건국되었을 1392년 555만 명이었는데, 1800년 1844만 명까지 증가합니다. 19세기에 다소 감소하여 1910년 1743만 명입니다. 국가기록원에 의하면, 일제강점기 때 인구가 증가하여 1944년 2512만 명입니다. 광복과 함께 남북이 분단됩니다. 미군정청에 따르면 남한의 인구는 1946년 1937만 명입니다. 1960년 남한 인구는 2501만 명이며, 인구가

92 출처 : 한국인구학회

성장하여 2014년 현재 5042만 명입니다. 그림 8과 같이 통계청은 2030년 5216만 명으로 가장 높아졌다가, 이후 감소하는 것으로 추계합니다.

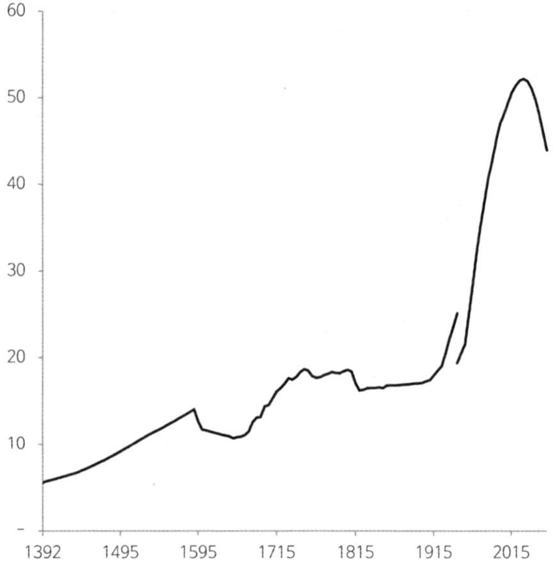

그림 8. 년도별 한국 인구 추계치[93]

93 자료 : 통계청,국가기록원,한국인구학회. 단위 : 백만명(1945년 이후는 남한의 인구만 표기)

그림 9에서 보듯이 2013년 전세계에서 (인구가 천만 명 이상이고, 1인당 국내총생산 1만 불 이상인 나라 중) 한국의 인구밀도가 가장 높습니다. 인구밀도가 516명/km^{2}로 세계 평균인 55명/km^{2}의 9

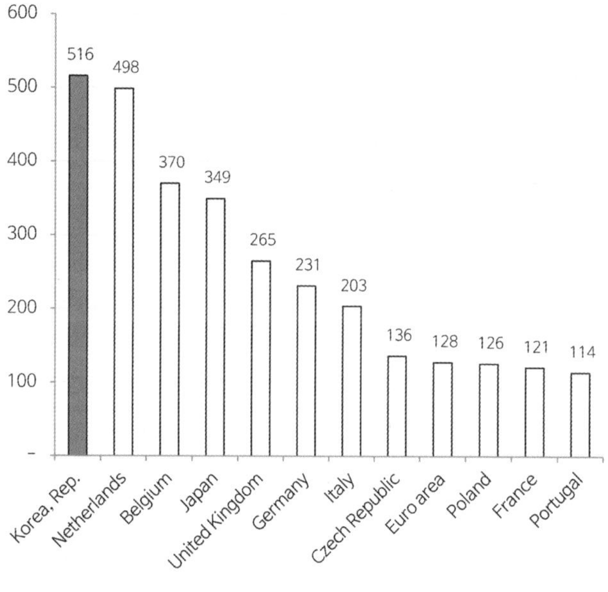

그림 9. 국가별 인구밀도 순위(2013년)[92]

---

92 자료 : 세계은행(The World Bank), 단위 : 명/km^2, 2013년 기준 (인구 천만명·1인당 GDP 1만불 이상 국가).
세계은행의 자료에 대만(644명/km^2)이 누락되어 있음. 대만을 포함시 한국의 인구밀도는 대만에 이어 2위임. 인구가 천만 명이 안 되는 도시국가까지 고려하면 마카오(18,942명/km^2), 모나코(18,916명/km^2), 싱가포르(7,713명/km^2), 홍콩(6,855명/km^2)이 각각 세계 1,2,3,4위임. 참고로 서울의 2010년 인구밀도는 17,473명/km^{2}임.

배가 넘습니다. 국토의 70%가 산지임을 고려하면 한국의 실질적인 인구밀도는 더 높습니다.

우리나라는 압축적으로 경제가 성장하였습니다. 그림 10에서 보듯이 세계에서 (인구 천만 명 이상인 나라 중) 한국이 1961년부터 2007년까지 국내총생산(GDP) 성장률이 가장 높았습니다. 한국은

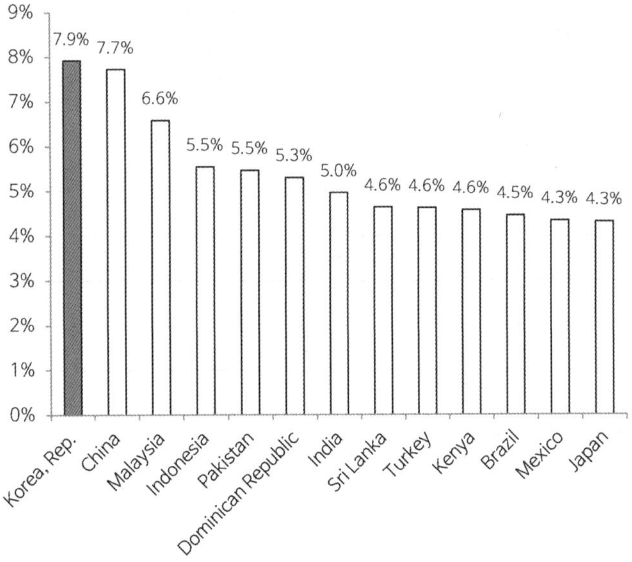

그림 10. 국가별 평균 GDP성장률 순위(1961~2007)[94]

---

94 자료 : 세계은행(The World Bank), 단위: 연간 실질 성장률(기하평균). 인구 천만명 이상인 나라 기준.

약 40년 동안 연평균 7.9%씩 경제가 성장하였습니다.

도시는 혁신과 생산과 소비의 중심입니다. 경제성장은 도시화를 수반합니다. 한국의 도시화율[95]은 그림 11에서 보듯이 1960년에 27.7%이었으나, 2013년에는 82.2%로 43년간 무려 54.5%p가 상승하였습니다. 불과 30여 년 만에 세계 평균보다 낮은 도시화율은 OECD(Organisation for Economic Co-operation and Development) 평균을 웃돌게 되었습니다. 한국은 이 기간 동안 세계에서 (인구 천만 명 이상인 나라 중) 가장 빠르게 도시화되었습니다.

95 전체 인구 중 도시에 거주하는 인구의 비율.

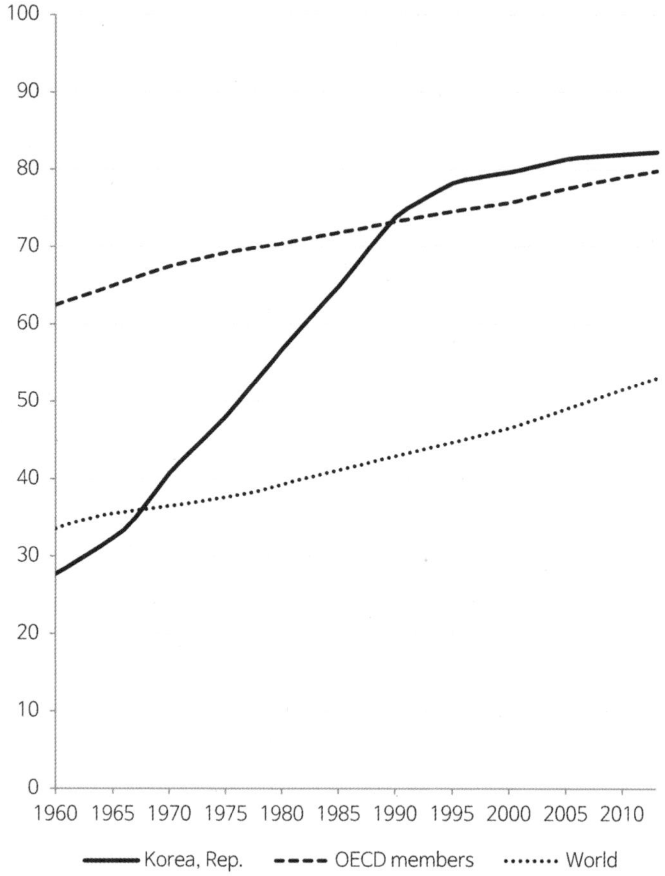

그림 11. 한국의 도시화율 추이 비교[96]

---

96 자료 : 세계은행(The World Bank), 단위: %

우리나라는 2000년까지 세계에서 가장 가계(household)부문 저축률(saving rate)이 높았습니다(그림 26, 28 참조). 10%를 훨씬 넘는 저축률로 저축했습니다. 그 결과, 표 6에 보는 것과 같이 2013년 한국의 가계 순자산(net worth) 보유량은 134,543 달러로 일부 선진국보다 오히려[97] 더 많습니다. 그 중 상당 부분은 부동산(집주인) 또는 전세 보증금(임차인)으로 축적되어 있습니다.

	중위값(median, USD)	기준년도
한국	**134,543**	**2013**
한국 평균 전세금	**133,520**	**2013**
미국	81,200	2013
독일	68,254	2010
오스트리아	101,452	2010
이탈리아	230,391	2010
프랑스	153,771	2010
스페인	242,607	2010

표 6. 한국의 가계 순자산[98]

97 순자산 = 자산 - 부채

98 자료 : 통계청, KB, Federal Reserve, Deutsch Bundesbank. 적용환율 : 1,095.04 USD/KRW, 1.3279 EUR/USD

2010년 한국 자영업자 비율[99]은 29%입니다. OECD가입국가 중 터키(39%), 그리스(36%), 멕시코(34%)에 이은 4위입니다. OECD 평균(16%)과 미국(7%), 영국(14%), 일본(12%), 독일(12%)에 비해 현저히 높습니다. 중공업과 첨단기술을 바탕으로 하는 대기업 중심의 경제임을 고려하면 한국의 높은 자영업자 비율은 이례적입니다. 우리나라 자영업자는 노동시장에서 배제된 후 재취업하기 어려워 어쩔 수 없이 창업을 하는 경우가 많습니다. 자영업자의 대부분은 상가 임차인으로 프랜차이즈 음식점, 편의점, 카페를 운영합니다.

한국은 1960년대부터 2007년까지 세계에서 가장 빠른 경제성장, 세계에서 가장 빠른 도시화를 겪으면서, 세계에서 가장 인구밀도가 높은 나라가 되었습니다. 2000년까지 세계에서 가장 높았던 저축률을 바탕으로 높은 수준의 가계 순자산을 구축하였습니다. 자영업자 비율이 매우 높습니다. 이렇게 극단적인 경제환경에서 한국 부동산 시장은 다른 나라와 다를 수 밖에 없었습니다. 주택의 전세 보증금, 상가 권리금, 골프장 회원권, 아파트·상가 선분양, 공공에 의한 토지 공급, 주택·토지의 가격규제 등 독특한 공간시장의 규칙이 발생한 이유[100]도 여기에 있습니다.

99 전체 고용된 사람 중 자영업자의 비율. 자료 : OECD

100 이에 대해서는 뒤의 「공간과 자본」편에서 더 자세히 다룸.

난개발 도시와 토지개발

우리나라는 토지를 매우 집약적·파편적으로 이용합니다. 오랫동안 좁은 땅에서 한 평이라도 아껴서 농사짓다가, 전쟁 이후 급격한 도시화를 거치면서 피난민과 이주민들이 무허가 주택으로 땅을 불법 점유합니다. 무계획적으로 점유된 땅과 집 사이로 자연스럽게 길이 나고, 나중에 정부가 사후적으로 그 길을 공도로 추인합니다. 한 평 한 평 땅이 너무나 소중하기 때문에 토지를 작게 파편화하여 거래하고, 맹지라고 불리는 도로가 접하지 않는 땅이 많습니다. 지적상 경계와 실제 사용하는 경계가 틀린 경우가 많고, 일제시대에 만들어진 지적도를 기초로 만들어진 공부상 토지면적은 실제 면적과 잘 맞지 않습니다. 농촌도 다르지 않습니다. 논과 밭이 소중하기 때문에 농업용지도 지적이 파편화되어 있습니다. 길이라고 이름 붙이기도 어려운 도랑을 따라 다니면서 농사를 짓습니다. 땅의 소중함을 알기 때문에 땅이 있으면 건물이든, 농작물이든 많이 짓고 많이 심습니다.

전쟁 이후 피난민이 증가하고, 농촌으로부터 인구가 유입되면서 준비가 되기도 전에 도시는 만들어집니다. 자연발생 도시는 도로·학교·공원 기반시설이 열악합니다. 난개발된 도시에 우리는 살고 있습니다. 어제의 논과 밭이 오늘 당장 도시가 되어야 했기에 한국은 도시를 빨리 개발하는 강력한 제도를 도입합니다. 바로 '토지구획정리사업'과 '택지개발촉진법'입니다.

토지구획정리사업은 토지 소유자들이 소지(raw land)를 출자한 후, 기반시설과 지적이 정비된 택지(building lot)를 돌려받는 환지(還地) 방식의 도시개발입니다. 소지를 100평 출자하면, 위치와 모양이 다르지만, 도로·상하수도·전기·통신이 연결된 70평 택지를 돌려받습니다. 이 경우, 감보율[101]은 30%입니다. 토지면적이 사업 전후로 줄어드는 이유는 도로·공원 용지와 체비지[102] 면적이 빠지기 때문입니다. 토지면적은 줄지만, 제대로 된 건축이 가능하기 때문에 총 토지가치는 크게 증가합니다. 자기 돈을 투자하지 않고, 큰 시세차익을 얻을 수 있기 때문에 토지구획정리사업은 토지주에게 큰 인기가 있었습니다. 급격하게 팽창하는 경제 때문에 택지의 수요가 높았던 시대상황에 맞는 도시개발방식이었습니다. 토지구획정리사업은 1981년에 택지개발촉진법이 생기기 전까지 거의 유일한 택지개발수단이었다고 합니다.[103] 토지구획정리사업은 토지주들이 감보율을 줄이기 위하여 도로를 좁게 계획하여 차가 접근 못하는 필지가 많습니다. 1980년대 이전에는 가정에서 자동차를 보유한 경우가 드물었기 때문입니다. 그 당시에 신식으로 개발된 그 곳은 몇십 년이 지난 지금은 차량의 접근과 주차가 어려워 선호도가 떨어집니다.

1981년 택지개발촉진법이 제정됩니다. 한국토지주택공사와 같

101 토지 감보율 = 1 - (돌려받는 택지의 면적 ÷ 출자한 소지의 면적)

102 환지사업에 소요되는 비용을 충당하기 위하여 매각하는 토지.

103 출처 : 서울시

은 공공기관이 주택공급을 위해서 토지수용을 통하여 10만m^2이상의 대단위 택지를 개발하여 경쟁입찰·추첨·수의계약의 방법으로 공급하는 도시개발입니다. 제5공화국 당시 500만호의 주택을 건설하는 것을 목표하였는데, 기존 토지구획정리사업은 개발규모가 작고 부동산 투기와 기반시설 확충의 문제가 있었습니다.[104] 새롭게 도입된 택지개발촉진법은 강력한 토지 수용권과 인허가 의제 조항이 있어 공공기관이 신속하게 대규모 택지를 개발할 수 있었습니다. 그림 12에서 보듯이 택지개발촉진법이 도입된 지 30년 만에 2011년 약 449만 세대 주택이 지어졌거나 곧 지어질 예정이니, 법 제정 목적은 이미 달성하였다고 볼 수 있습니다.

104 출처 : 서울시

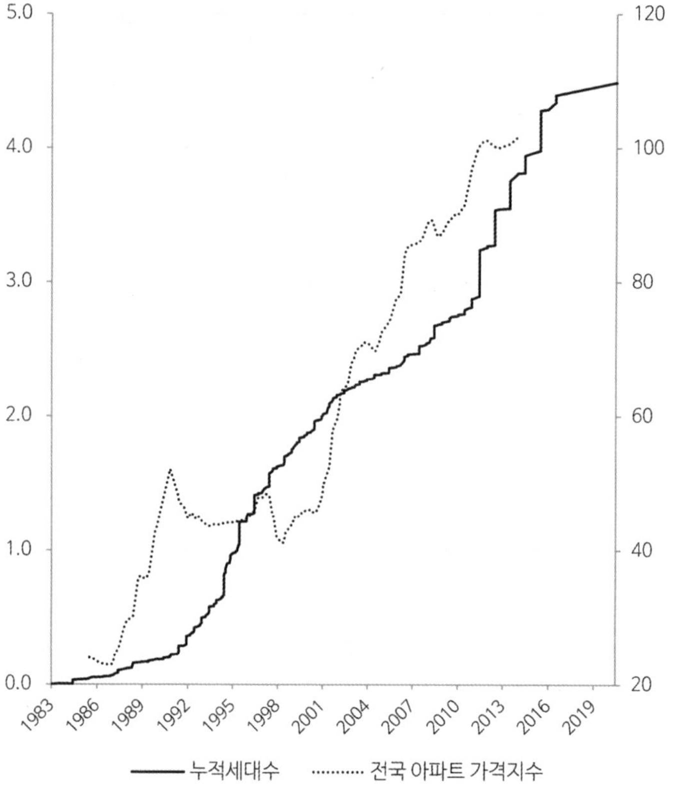

그림 12. 택지개발사업의 주택 누적공급량[105]

105 단위 : 백만호(좌변) 가격지수(우변, 2013.3=100), 자료 : 국토교통부,KB. 택지개발촉진법, 공공주택 건설 등에 관한 특별법, 공공기관 지방이전에 따른 혁신도시 건설 및 지원에 관한 특별법에 의한 택지개발 포함. 공급시기는 준공시점 기준.

택지개발촉진법은 우리 국토에 여러 가지 어두운 그림자를 남겼습니다. 정부가 획일적으로 토지를 대량 공급하고, 주택을 싸게 분양하므로, 제대로 된 부동산 개발회사가 발생하지 못하고 건설회사가 시장을 주도하게 되었습니다.[106] 대량공급은 획일적인 경관을 양산합니다. 그림 13에서 보듯이 택지개발사업은 도시 외곽을 대규모로 개발합니다. 강력한 토지수용권과 도시계획권이 있기 때문에 토지가 비싼 기개발지(brown field)보다는 미개발지(green field)를 개발하는 것이 효율적이기 때문입니다. 도시가 수평 확산하여 통근비용과 환경문제가 발생합니다.

106 김윤정(2013) 참조. 우리나라는 부동산 개발회사가 매우 영세한 반면, 건설회사가 자본을 갖추고 시장을 주도하는 특이한 산업구조를 가지고 있음. (개발회사는 사업주로서 토지를 구입해서, 개발계획을 수립한 후, 디자인과 건설을 관리하여 수요자에게 공간을 팔거나 임대하는 회사임. 건설회사는 개발회사에게 고용되어 공사를 하는 회사임.) 정부에 의해 토지가 공급되고 싼 분양가에 대량으로 부동산을 공급해야 하는 상황에서는 개발회사보다 건설회사의 생산기능이 중요했기 때문에 이러한 산업구조가 발생한 것으로 추정됨. 자세한 설명은 「공간과 자본」편 참조.

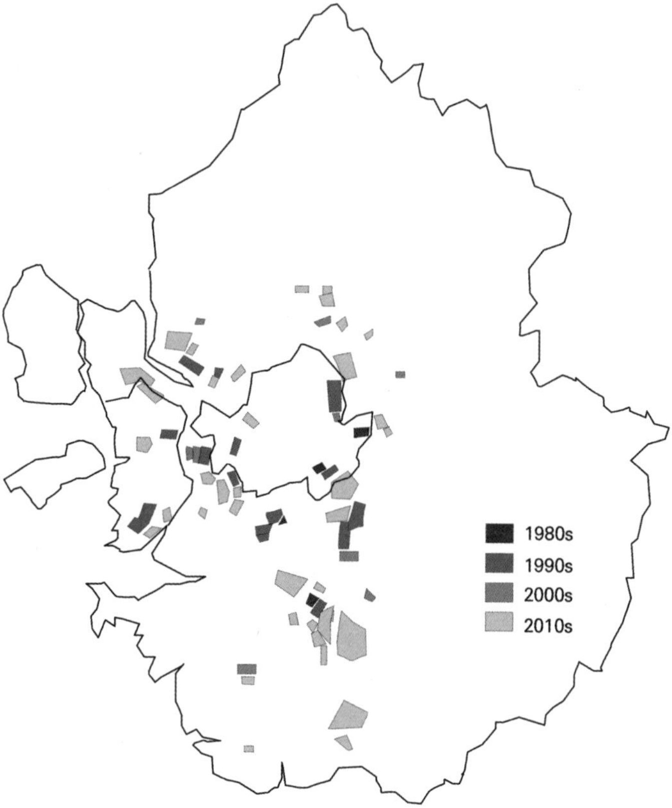

그림 13. 수도권 주요 택지개발구역[107]

107 자료 : 국토교통부. 개발부지면적 1백만m^2 이상인 택지개발사업. 준공년도 기준.

공간의 비가역성

도시는 비가역적(irreversible)입니다.[108] 한번 지어진 건물은 부수고 다시 짓기 어렵습니다. 존재하는 건물을 철거하고 다시 건축하기 위해서는 두 가지 경제적 조건이 맞아야 합니다.

첫째, 현재 건물의 기여가치(contributory value)[109]가 0보다 작아야 합니다. 건물가치를 오히려 철거비용인 음(-)의 값으로 인식하는 경우입니다. 꼭 건물이 낡아야 철거하는 것은 아닙니다. 최유효이용이 아닐 때도 철거합니다. 명동상권 중심가에 누군가 단독주택을 짓고 사는 경우, 아무리 공사비 평당 1000만원 투자하여 멋지게 지었어도, 토지 매수자는 주택 가치를 철거비용 평당 -15만원으로 인식합니다. 그 땅을 평당 4.5억원에 사는 사람은 상가를 지어서 임대료를 평당 200만원 받으려 하지, 현존 단독주택을 활용하여 겨우 평당 10만원 주택 임대료를 벌지는 않습니다.[110] 당연히 기존 단독주택을 허물고 상가를 건축합니다. 기존 주택은 가치가 없습니다. 이러한 상황은 재건축 아파트에서도 벌어집니다. 현재 건물 용적률이 50%인

---

108 Brueckner(2000) 참조.

109 기여가치란 전체 부동산 중 각 부분이 전체 부동산의 가치에 기여한 부분을 의미함 (Appraisal Institute, 2008). 예를 들어 어떤 건물의 생산비용이 10억원이라 하더라도 그 건물이 있음으로 해서, 나대지(8억 원) 대비 토지·건물 결합 부동산 가치(13억원)가 5억원만 증가하였다면, 그 건물의 기여가치는 5억원임.

110 단, 법적이나 기술적으로 단독주택을 상가로 변경이 가능하다면, 기존 건물은 상가로서 기능을 살릴 수 있는 부분 만큼 기여가치를 가질 것임.

데, 건물을 부수고 다시 지을 때 용적률이 250%라면 현재 건물은 최유효이용에 어긋납니다. 재건축 아파트의 가치는 건물이 있음에도 불구하고 토지 지분 만의 가치로 거래될 것입니다.[111] 우리나라처럼 도시가 빠르게 성장하는 곳에서는 현재 건물이 최유효이용과 맞지 않는 경우가 많습니다. 건물은 물리적으로 비가역적(irreversible)인 반면, 토지의 최유효이용은 시장변화에 순응(malleable)하여 끊임없이 변하기 때문입니다.

두 번째 조건은 건물의 철거와 재건축 의사결정비용이 합리적인 수준이어야 합니다. 토지 1필지에 건물 1동이 있고, 토지 소유자와 건물 소유자가 일치한다면, 한 명의 소유자만 재건축을 결정하면 됩니다. 하지만 한국에서 특히, 서울 도심에서 그러한 경우는 드뭅니다. 하나의 건물이 여러 개의 구분건물로 쪼개져 있고, 소유자가 여러 명이면 구분 소유자 중에는 별의별 사람이 다 있습니다. 어떤 사람은 귀찮아서 안 한다고 합니다. 어떤 사람은 재건축에 소요되는 비용과 위험에 과도하게 예민합니다. 어떤 사람은 아예 연락이 안됩니다. 다양한 사람에게 재건축 동의를 받는데 많은 (의사결정)비용이 소요됩니다.

111 이를 감정평가이론에서는 일치성의 원리(principle of consistent use)라고 함. 토지와 건물의 용도를 다르게 평가하지 않아야 하는 원칙임(Appraisal Institute, 2008). 토지를 현재의 용도가 아닌 다른 용도나 밀도로 개발되는 것(최유효이용)을 전제로 높게 평가했으면, 그 위의 건물도 개발되는 것을 전제로 평가하여야 함. 위의 사례에서 토지를 상업용지나 용적률 250%인 것을 전제로 평가했다면, 그 위의 건물은 철거비용으로 음(-)의 가치로 평가되어야 함. 일치성의 원리에 맞지 않을 경우, 건물가치가 과대평가될 가능성이 있음.

재건축을 정부가 규제한다면, 재건축 인허가비용이 듭니다.

이를 수식화하여 도시가 다시 지어지는 조건을 정리하면 다음과 같습니다. 전환비용은 현재의 공간을 재건축이 가능한 비어 있는 땅으로 바꾸는 비용입니다.

①개발 현금흐름의 순현재가치 ≥ ②현재 건물가치 + ③전환비용

①개발 현금흐름 = 개발후 매각가치 - 개발비용

②현재 건물가치 = 현재 순영업소득 ÷ 자본환원율

③전환비용 = 건물 철거비용 + 의사결정비용 + 인허가비용

개발 현금흐름의 순현재가치(①)가 현재 건물가치(②)와 전환비용(conversional cost, ③)의 합보다 커야 개발이 경제적으로 타당합니다.[112] 전환비용이 무한대(∞)면 그 도시는 한번 지어지고 나면 절대로 물리적 형태가 바뀔 수 없는 '비가역적(irreversible) 도시'가 되고, 전환비용이 0이면 도시는 시장의 변화에 맞추어 물리적 형태가 계속 바뀌는 '순응적(malleable) 도시'가 됩니다. 실제 우리 도시는

112 감정평가이론에서는 개발 현금흐름의 순현재가치를 '나지상정 최유효이용(Highest and Best Use as though Vacant)', 현재 건물가치를 '개량된 상태의 최유효이용(Highest and Best Use as Improved)'으로 구분함 (Appraisal Institute, 2008). 그에 따라 현재 건물이 토지의 나지상정 최유효이용과 맞지 않는 이용이라 하더라도, 실물 그대로 이용하는 것이 최유효이용일 수 있는 이론적 근거를 제공함. 앞의 「공간의 체계」편에서 언급하였듯이, '개발 현금흐름의 순현재가치'는 토지가치와 같기 때문에 위의 식은 '토지가치 ≥ 현재용도의 사용가치 + 전환비용'과 같은 의미가 됨.

전환비용이 0도 무한대도 아니기 때문에 비가역적 도시와 순응적 도시의 중간에 있습니다.

상식적으로 생각해보면(즉, 순응적 도시에서는) 도시 중심부가 가장 밀도가 높고, 외곽으로 갈수록 밀도가 낮아야 합니다. 도시 중심부는 공간 수요가 높고, 높게 건물을 올려서 토지를 효율적으로 사용하는 것이 경제적이기 때문입니다.

그런데 비가역적 도시는 도시 중심부의 밀도(용적률)가 가장 낮고, 오히려 외곽으로 갈수록 밀도가 올라갑니다. 비가역적 도시에서 상식과 반대의 현상이 나타나는 것은 '시간' 때문입니다. 도시 중심에 먼저 만들어진 공간은 도시의 경제수준이 낮을 때 지어졌기 때문에 낮은 층수입니다. 도시 외곽에 나중에 만들어진 공간은 도시의 경제수준이 더 높아진 시점에 지어졌기 때문에 높은 층수입니다.[113] 한번 지어진 건물을 부술 수 없다면, 공간은 처음 만들어졌을 때의 경제수준에 해당하는 밀도로 영원히 지속할 것입니다. 도시는 시간의 '누적효과'에 따라 형성됩니다. 중심부는 도시에서 가장 먼저 만들어지고, 외곽은 가장 나중에 만들어집니다. 나무의 나이테처럼, 우주의 별이 멀리 있을수록 더 오래 전 모습을 지구에 보내는 것처럼, 도시에서 공간은 시간을 포함하고 있습니다.

서울 4대문 안은 처음 도시가 된 조선시대에 1층 한옥으로 뒤덮였

113 Bruekner(2000) 참조.

습니다. 서울이 완전 비가역적 도시였다면, 지금 서울 CBD(중구·종로구)는 1층 한옥만 빽빽하였을 것입니다. 경제가 발전하면서 용산·마포·영등포(CBD에서 2~8km)가 도시화됩니다. 경제수준이 높아졌으므로, 2~3층 건물이 들어섭니다. 강남(CBD에서 6~12km), 분당(CBD에서 20~25km), 화성 동탄(CBD에서 40~45km)[114] 이 개발되면서 용적률과 층수가 점점 증가합니다. 이 현상은 택지개발사업에 의해 외곽에 도시를 개발하는 것이 수월해지면서 더 심해졌습니다. 현재 CBD의 상당부분은 오피스 빌딩·주상복합 아파트로 재건축되지만, 아직도 1~2층의 낮은 건물이 도로 이면에 존재합니다. 실제 도시는 비가역적이고 순응적인 부분이 섞여서 존재합니다.

중심에서 멀어질수록 밀도가 증가하는 현상은 '중구-영등포-강남-분당-동탄'으로 이어지는 대도시적인 규모 뿐 아니라 작은 도시블록에도 나타납니다. 서울대입구역 북측을 보면, 역 앞 가장 위치가 좋은 곳에 3층 은행[115]이 있습니다. 수십 년 전 도시화 초창기에 근방에서 가장 높고 웅장한 건물이었지만, 지금은 가장 작은 축에 속합니다. 반면 북측 산지인 봉천고개에는 20층이 넘는 아파트들이 빼곡히 서있습니다. 희한하게도 교통이 가장 좋은 곳의 밀도가 가장 낮고, 교통이 가장 나쁜 곳의 밀도가 가장 높습니다. 봉천고개의 고층 아파트

114 각 권역의 시범단지에 해당하는 개포주공1단지(강남), 시범단지한양(분당), 시범다은마을동탄포스코더샵(동탄)은 각각 1982년·1991년·2007년에 5층·5~30층·15~23층의 층수로 78%·193%·200%의 용적률로 지어졌음.

115 2013년 현재는 신축을 위해 철거된 상태임.

는 교통이 나쁘기 때문에 부동산 수요가 매우 높아진 1990년대 이후에야 지어집니다.

서울 강남 테헤란로를 지나다 보면, 대로변 코너에 작은 건물이 있고, 'ㄱ'자 형태의 고층 빌딩이 작은 건물을 둘러 서 있는 경우를 종종 볼 수 있습니다. 강남이 현재처럼 부동산 수요가 높지 않았을 때, 코너 부분에 먼저 건물이 들어섰다가, 서울의 노른자로 변하면서 나머지 후면 블록이 높은 밀도로 개발됩니다.

이러한 배치는 세계 여러 도시에서 볼 수 있습니다. 그림 14는 맨하탄 다운타운 월스트리트(Wall street) 근처의 금융가입니다. 가장 좋은 위치인 코너 부분은 3층 스타벅스 커피숍으로 사용되는 반면, 수십 층의 A급 금융 오피스가 커피숍 빌딩을 'ㄱ'자로 둘러 싸고 있습니다. 백년 전에 저 3층짜리 빌딩이 먼저 지어졌을 것입니다. 그때만 해도 3층이 가장 자연스러운 규모입니다. 그 후 후면부가 개발될 때에는 맨하탄 다운타운은 금융의 중심이 되어 고밀도 개발이 타당했을 것입니다. 어떤 이유에선지 3층 빌딩은 재건축되지 못하였고, 백년 전 옛날의 밀도를 간직한 채 현재를 살고 있습니다. 스타벅스 커피숍이 있는 빌딩은 후면부 오피스 빌딩이 노후화되어 재건축 필요성이 제기될 때까지 또 다른 백년을 살아갈 것입니다.

그림 14. 뉴욕 맨하탄 건물사례(133 John St. New York, NY)[116]

116 사진 : 박성식 2014

앞의 수식에 따르면, 도시가 비가역적이냐 아니면 순응적이냐를 가르는 제일 중요한 요인은 '전환비용'입니다. 전환비용 중에서 물리적 철거비용은 크지 않습니다. 중요한 것은 '의사결정비용'과 '인허가비용'입니다. 이 비용은 공간이 위치한 사회와 도시의 역사적·경제적 맥락에 영향을 받습니다.

유럽의 많은 도시는 매우 비가역적입니다. 오래된 도시조직이 그들의 삶을 정의하는 중요한 문화유산이자 관광수입원입니다. 재건축에 대한 의사결정을 쉽게 할 수 없습니다. 인허가비용이 매우 커서 건물을 쉽게 부수고 다시 지을 수 없습니다. 비가역적 도시는 아름답지만 답답합니다. 시대가 변하고 경제가 발전하면서 새롭게 요구되는 공간의 배치와 기능을 오래된 도시에서 담기 어렵기 때문입니다.

그래서 유럽의 많은 비가역적 도시에서는 구도심에서 떨어진 곳에 신도심이 발생합니다. 프랑스의 파리(Paris)는 라데팡스(La Defense)라는 72개의 고층빌딩이 있는 신도심을 만들고 업무기능을 집적합니다. 영국의 런던(London)에는 카나리 워프(Canary Wharf)라는 고층 빌딩이 집적한 신도심이 생깁니다. 이탈리아의 로마(Rome)도 수천년된 고도이자 최고의 관광자원인 도심에서 벗어난 남쪽에 EUR라는 업무지구가 있습니다. 프랑스 출신 도시계획가에 의해 계획된 미국의 워싱턴 DC(Washington DC)는 높이 규제 때문에 성장에 한계가 있어, 인근 알링턴(Arlington)에 고층 빌딩이 있는 새로운 도심이 있습니다. 인도의 뉴델리(New Dehli)에서 사람들은 복잡하고 기반시설이 부족한 도심에 살지만, 오피스는 오히려 외곽에 위치하여 도심에서 외곽으로 역통근(reverse commute)하는 공간구조를 가지고 있습니다. 비가역적인 도시는 도심에 주거지역이 있고 외곽에 업무지구가 있어 전통적인 도시경제학 모형과 정반대의 토지이용과 통근패턴을 보여주기도 합니다.

미국의 도시, 동아시아의 도시는 비교적 역사적 맥락에서 자유로워 유럽의 도시들보다는 순응적(즉, 비교적 쉽게 재건축이 가능)입니다. 물론 동아시아 도시들은 유럽 못지 않은 역사를 가지고 있지만 대부분 20세기에 들어서 산업화·도시화되었습니다. 도시가 기존 맥락과 단절적으로 성장하였기 때문에 구도심을 보호할 가치가 상대적으로 적습니다.

공간은 비가역적이기 때문에 도시는 성장하는 속도보다 쇠퇴하는 속도가 느리고, 성장할 때는 부동산 가격보다 도시의 인구가 먼저 늘어나는데, 쇠퇴할 때는 인구보다 부동산 가격이 먼저 떨어지는 것으로 알려져 있습니다.[117]

---

117 Glaeser and Gyourko(2005) 참조.

도심 재활성화와 상권의 흥망성쇠

'도심 재활성화', 영어로 젠트리피케이션(gentrification)이라고 합니다. 낙후된 도심이 다른 기능으로 부활하는 현상을 의미합니다. 도시가 작았을 때 외곽의 산업지역이었거나 주거지역이었던 곳이 도시가 성장하면서 상업지역이나 고급주거지역으로 변화하는 현상입니다. 도심이 재활성화되면 외형은 예전의 공장·창고·주택이지만, 공간 프로그램은 카페·음식점·패션 부티끄·고급주거로 바뀝니다. 더 높은 생산성을 발휘하는 공간으로 상향 필터링(filtering)되는 것입니다. 특히 도시가 급격하게 성장하는 동아시아 도시에서 많이 목격됩니다.

전통적인 도시 뒷골목이었던 중국 베이징(Beijing, 北京)의 우다오잉 후통(Wudaoying Hutong, 五道营胡同[118]), 오래된 군수공장이었던 798 Art Zone(798 Dashanzhi, 艺术区)은 새로운 문화의 명소로 탈바꿈합니다. 1930년대에 서구와 중국의 건축양식을 혼합한 석고문(Shikumen, 石庫門) 양식으로 지어진 중국 상하이(Shanghai, 上海)의 티엔즈팡(Tianzifang, 田子坊, 그림 15)은 멋진 카페와 음식점이 모이는 장소로 바뀌었습니다. 홍콩의 센트럴 미드 레벨 에스컬레이터(Central-Mid-Levels Escalator)는 중심업무지구와 산

118 중국 간체(simplified Chinese)로 표기.

그림 15. 중국 상하이 티엔즈팡 입구[119]

동네를 연결하는 통근 목적의 노상 에스컬레이터인데, 술집·음식점이 모이면서 새로운 풍경을 만들어냅니다.

일본 도쿄(Tokyo, 東京)에는 수많은 상권이 뜨고 집니다. 긴자·마루노우치·아키하바라·록뽄기·신주쿠·하라주쿠·시부야·오모테산도 상권은 서로 차별화하고, 변화하고, 공존합니다. 단언컨대 도쿄

---

119 사진 : 박성식 2012

는 세계에서 가장 상권이 다양하고 큰 도시입니다. 그 중 마루노우치(Marunouchi, 丸の内)는 동측에 도쿄역, 서측에 황거, 남측에 중앙 정부청사가 위치한 일본 최고의 업무지구입니다. 메이지 유신 이후 군사 주둔지로 쓰던 곳이었는데 1890년에 미쓰비시(Mitsubishi, 三菱) 그룹이 마루노우치 전체를 150만 엔에 구입하여 지금까지 100년 넘게 소유하고 개발하고 재개발하며 운영하고 있습니다. 서구식 오피스로 개발하면서 20세기 초반까지 '리틀 런던(Little London)'으로 불리는 신식 업무지구였습니다. 관동대지진과 전쟁으로 황폐화된 이후 1950년대부터 첫 번째 재개발을 하였고, 1990년대 중반부터 현재까지 두 번째 재개발이 진행되고 있습니다. 미쓰비시가 두 번째 재개발에 만든 마루노우치 빌딩·신마루노우치 빌딩·브릭스퀘어(Brick Square)와 같은 오피스 건물은 저층부에 매력적인 상업시설이 있습니다. 업무 시간 이외에는 공동화(空洞化) 현상이 있던 마루노우치가 이제는 긴자(Ginza, 銀座), 오모테산도(Omotesando, 表参道)와 경쟁하는 활기 넘치는 하이 스트리트 상권으로 거듭나고 있습니다(그림 16 참조). 최근에 도쿄역 앞에 도쿄 중앙 우체국을 리노베이션 증축한 키테/JP타워(Kitte/JP Tower)는 마루노우치를 더욱 활기차게 만들고 있습니다.

그림 16. 일본 도쿄 마루노우치의 신마루노우치 빌딩 저층부[120]

북미 도시 중 뉴욕시(New York City)에서 가장 드라마틱한 상권 변화를 목격할 수 있습니다. 원래 뉴욕은 허드슨 강을 따라 수많은 부두가 있는 항구도시였습니다. 금융수도로 유명한 그 이름 뒤에는 엄청나게 큰 물류와 실물경제가 뒷받침하고 있었습니다. 미국 중부 곡창지대의 중심인 시카고(Chicago)에서 5대호를 따라 움직이던 내륙수

120 사진 : 박성식 2013

운은 뉴욕주의 버팔로(Buffalo)에서 얼바니(Albany)까지 운하를 거쳐 허드슨 강에 도달하여 뉴욕항까지 연결됩니다. 뉴욕은 시카고·보스톤·퀘백·세인트루이스·워싱턴DC를 연결하는 뉴욕 센트럴 철도(New York Central Railroad)와 펜실베니아 철도(Pennsylvania Railroad)의 종착역이기도 합니다.[121] 맨하탄은 강변을 따라 부두가 빽빽하게 가득 찼습니다. 수많은 철도가 지나가는 조선소·창고·공장이 즐비한 물류와 산업의 도시였습니다. 하지만 미국이 2차 산업에서 3차 산업으로 경제가 움직이면서 도시 전체는 구조적으로 변화합니다.

맨하탄의 창고와 공장은 고급 주거지·오피스·미술관·음식점·카페로 바뀝니다. 허드슨 강(Hudson river)과 동강(East river)을 따라 그 많던 부두는 없어지거나 공원으로 바뀌었습니다. 금융·방송·문화·기업 헤드쿼터 기능이 커지면서 고소득자가 증가합니다. 부유한 사람은 예술의 가장 큰 수요자이기 때문에 값싼 임대료의 산업지역은 예술가의 새로운 정착지로 변모하게 됩니다. 다운타운 주변부인 소호(SOHO), 미드타운 주변부인 첼시(Chelsea)와 미트패킹(Meatpacking district)과 같이 예전에 산업지역이었던 곳은 볼 거리와 먹을 거리가 다양한 새로운 관광명소로 바뀝니다. 올라가는 임

---

121 뉴욕 센트럴 철도의 종착역인 그랜드 센트럴(Grand Central)과 펜실베니아 철도의 종착역인 펜스테이션(Penn station) 때문에 뉴욕의 미드타운은 구도심인 다운타운(월스트리트)을 넘어서는 최고의 상업·업무지구로 성장하게 됨.

대료를 피해 이주한 예술가와 힙스터(hipster)[122]들에 의해 브루클린(Brooklyn, 그림 17)은 새로운 예술의 중심지가 되어갑니다. 최근에는 허드슨강 너머 저지시티(Jersey City)에 새로운 도심 재활성화가 일어나고 있습니다.

그림 17. 뉴욕 브루클린에 새롭게 들어선 고급주거[123]

122 힙스터는 일반적으로 도시지역에 사는 백인 청년계층에 의해 구성된 하위문화 또는 그 하위문화를 즐기는 사람을 의미함. 동서양 문화의 혼합되고 변형된 스타일을 좋아하고, 독립·대안음악을 좋아하고, 비주류 및 빈티지 패션을 좋아하며, 대체로 진보적인 정치적 성향을 가지고, 유기농 음식 등 대안적 삶을 추구함. 힙스터는 보통 다소 쇠락한 지역을 재활성화하는 여유로운 중상층의 젊은 보헤미안으로 인식됨. 출처 : Wikipedia

123 사진 : 박성식 2014

그런데 우리에게는 뉴욕보다 더 크고 다양한 상권이 있고, 도쿄보다 상권 성장과 쇠락의 속도가 빠른 도시가 있습니다. 서울입니다. 서울은 경제규모로 세계 4위이자 세계에서 가장 빠르게 성장한 도시입니다. 까다롭고 유행에 민감한 수요층과 많은 자영업자/상점을 보유하고 있습니다. 서울은 굉장히 많고 다양한 상권을 보유하고 있습니다. 명동·강남역·삼성역·가로수길·압구정동·신촌·이대·홍대·삼청동·건대·영등포·부암동·서촌·상수동·연희동·이태원은 그 규모나 다양성에서 세계적입니다.

서울은 드라마틱한 상권 흥망성쇠의 역사를 가지고 있습니다. 70년대까지 종로는 최신 음악다방이 있는 젊음의 거리였습니다. 임대료가 올라가면서 점차 높은 임대료를 감당할 수 있는 검증된 업종만 살아남게 되었습니다. 그러자 그 곳은 더 이상 젊은 층의 유입요인이 없는 곳으로 바뀌고 쇠퇴하였으며, 현재는 노인들(하지만, 그 시절의 젊은이들)이 모이는 공간이 되었습니다. 80년대에 젊은 층이 선택한 장소는 신촌과 방배동 카페거리였습니다. 그 다음에 압구정동·홍대·가로수길·부암동 순으로 상권은 뜨고 집니다. 요즘은 성수동과 영등포의 산업지역이 새로운 명소로 바뀌고 있습니다. 대부분 몇 년 사이에 주거지역에서 상업지역으로 변모합니다.

서울 상권은 갑자기 흥하였다가 갑자기 망합니다. 임대료가 낮을 때는 실험적인 영업을 할 수 있는 임차인과 독립가게[124]가 공간을 사용합니다. 그것이 좋아서 사람이 모여들면 임대료가 올라갑니다. 사람을 모이게 했던 창의적인 공간은 임대료를 감당하기 어려워 사라지게 됩니다.

서울 상권의 흥망성쇠는 매우 빠릅니다. 유행에 민감한 수요와 풍부한 공급(즉, 높은 자영업자 비율), 짧은 임대차 계약기간으로 인해 급격하게 변하는 임대료가 원인입니다. 또 하나 중요한 원인은 '상가 권리금'입니다. 우리나라에는 상가 권리금이 있기 때문에 임차인들은 권리금이 없는 지역에 새로이 들어가서 영업하는 것을 선호합니다. 장사가 잘되면 권리금을 받고 영업권과 임차권을 팔 수 있어서 자본차익(capital gain)을 얻을 수도 있습니다. 권리금이 형성된 상권은 초기 투자비가 비싸므로 실험적이고 창조적인 영업을 하려는 임차인에게는 매력이 없습니다. 어디서나 볼 수 있는 그저 그런 상권으로 바뀌게 됩니다. 상가 권리금 때문에 상권은 더 빨리 흥하고 더 빨리 망하게 됩니다.

124 어디에나 있는 프랜차이즈 영업이 아니라 자신의 고유한 아이덴티티와 상품을 가지고 영업하는 가게.

상가 권리금

상가 권리금은 우리나라에만 있는 독특한 관행[125]인데, 새로운 임차인이 기존 임차인에게 지불하는 돈을 의미합니다. 경제적으로 '영업권(goodwill)'과 '임차권(leasehold interest)'의 가치에 해당합니다. 사업 인수가격이 순자산가치보다 크면 그 차이 만큼이 영업권의 가치[126]가 됩니다. 해당 사업이 초과이익을 발생하면 영업권이 존재하는 것이고, 손실이 발생하면 오히려 마이너스 영업권이 발생해서 순자산가치보다 싸게 매각됩니다. 영업권으로서 상가 권리금은 새로운 임차인이 기존 임차인의 사업을 인수하면서, 인테리어나 집기비품, 인지도와 네트워크, 판매나 생산조직 등 기존 임차인이 이윤을 창출하기 위하여 축적한 유·무형의 자산에 대해 계속기업(going concern)을 전제로 지급하는 금액입니다. 계약 임대료가 시장 임대료보다 낮을 경우, 임차권 가치[127]도 발생합니다.

따라서 권리금 발생 조건은 (1)새로운 임차인이 기존 임차인과

125 물론 외국에도 영업중인 상점을 거래하는 권리금이 발생하지만, 우리나라는 동일한 영업을 하지 않거나 임차권 승계조항이 없음에도 불구하고 권리금이 발생하는 특이한 구조를 가지고 있음.

126 영업권 가치 = 거래금액 - 순자산가치

$$= \sum_{t=1}^{\text{계약기간}} \frac{t\text{ 년도의 초과이윤 예상액}}{(1 + \text{할인률})^t}$$

127 임차권 가치 $= \sum_{t=1}^{\text{계약기간}} \frac{t\text{ 년도의 시장 임대료} - t\text{ 년도의 계약 임대료}}{(1 + \text{할인률})^t}$

동일한 사업을 하는 것, (2)임대차 계약에 임차인이 다른 임차인에게 임차권을 매각하는 것을 허용하는 조항이 있을 것입니다. 그런데 한국에서는 두 가지 조건에 반하는 권리금이 발생합니다. 임대인이 임차권 매각하는 것을 허용하지 않는데도, 심지어 임대계약기간이 종료되었는데도 권리금 거래가 발생합니다. 새로운 임차인이 기존 임차인과 전혀 다른 사업을 하는데도 권리금이 발생합니다. 왜 그럴까요?

우리나라는 임차인 '점유권(possessory right)'[128] 보장이 강하기 때문입니다. 다른 나라에 비해 임차인이 채무를 불이행하였을 때 퇴거시키는 시간과 비용이 큽니다. 수개월에서 많게는 몇 년이 걸립니다. 임대인이나 임차인이나 신용에 둔감한 개인입니다. 그런데 임대차 계약서는 달랑 한쪽 짜리입니다. 임대료 연체에 대한 위약벌금이 없는 경우도 많습니다. 민법에 임차인의 점유권이 보장되기 때문에 설사 불법점유라 하더라도 임대인은 문을 열고 들어갈 수 없습니다. 주거침입죄나 손괴죄 등 형사 범죄가 될 수 있습니다. 이러한 환경에서 임차인 점유권의 가치가 권리금으로 치환되었을 개연성이 있습니다. 임차인은 임대인에게 점유권을 행사할 수 있기 때문에 다른 임차인으로부터 권리금을 받을 수 있는 것입니다. 임대차 계약이 종료해도 상가를 무단 점유하여 임대인에게 손실을 줄 수 있으니, 임대인은 임차인이 권리금 거래하는 것을 묵인합니다.

128 점유하는 그 자체를 인정받는 권리로 물건을 사실상 지배하는 사람에게 주어지는 물권.

임대인은 임차인 신용위험을 피하기 위하여 보증금을 충분히 늘리고, 임대계약기간을 최소화합니다. 거리 상가시장에서 임대인은 보증금을 계약기간 전체의 임대료와 관리비의 합에 해당하는 만큼 설정하고 싶어합니다. 평균적으로 2~3년치 임대료로 보증금이 형성됩니다. 계약기간은 1년을 선호합니다.

이렇게 되면 임차인도 문제가 발생합니다. 상가에서 장사를 하려면 돈이 듭니다. 보증금이야 어차피 돌려 받을 수 있다 하더라도, 인테리어·집기비품 투자비가 많습니다. 30평짜리 매장이라도 억대의 투자가 필요합니다. 그 금액을 1년 안에 회수하기는 어렵습니다. 5년 계약기간이면 영업 2년차까지는 투자금을 회수하고 영업 3년차부터 돈이 쌓이는 것이 보통입니다. 그런데 임대인은 1년 계약을 하고 싶어합니다. 만약에 1년 밖에 영업을 못하고 임대차계약이 종료되면 임차인은 기존 투자비를 권리금으로 회수해야 손해를 안봅니다. 한국에서는 임차인 명도가 힘들고 점유권이 보장되므로 임차인은 권리금 못 받으면 그냥 그 자리에서 버티지 하는 생각으로 1년 단위 계약을 받아들입니다.

상가 권리금은 임대인이나 임차인이나 상호 신용이 낮은 임대차 시장에서 임차인의 권리는 상대적으로 잘 보장되면서 발생하는 기묘한 균형입니다.

상가 권리금은 임차인 간의 거래이기 때문에 그 동안은 임대인과 임차인의 관계에 대한 법률에는 언급이 되지 않았었습니다. 그런데 법무부의 상가임대차보호법 개정안(법무부, 2014.9.23)에 의하면 권리금을 법제화하고, 임차인의 권리금 회수를 보호하는 규정이 생깁니다. 임차인이 임대인에 대한 권리금 손해배상청구권을 가지게 됩니다. 임차인이 데려온 신규 임차인을 정당한 사유 없이 거절할 수 없습니다. 임대인이 사실상 권리금 손실을 책임지고, 임차인 선택권을 기존 임차인이 가지게 됩니다. 부동산 시장에 여러 가지 변화가 예상됩니다.

먼저 권리금이 올라갈 것입니다. 권리금 투자의 위험이 현저히 감소하고 임차인이 부동산에 대한 사실상의 통제권을 가지기 때문입니다.

보증금도 올라갑니다. 임대인에게 임차인 신용위험이 증가함에 따른 보상이 필요하기 때문입니다.

신규 임차인의 입장에서는 새로이 상점을 열려면 임대인보다 기존 임차인이 더 중요합니다. 기존 임차인이 새로운 권력으로 등장합니다. 기존 임차인은 권리금을 더 많이 주는 임차인을 선택하기 때문에 권리금은 더 오르게 됩니다. 정상적인 영업이 아니라 권리금 차익을 얻기 위해 임차하려는 사람이 늘어날 것입니다.

법적 지식과 소송능력을 갖추었다면, 초기 투자금이 적고 자본차익이 큰 부동산 임차권(권리금)은 새로운 투자처가 될 수 있습니다. 기존 임차인은 건물의 이미지를 추락시킬 수 있는 악성 임차인을 데려올 수 있기 때문에, 임대인을 압박할 수 있습니다. 임대인은 임차인

선택권이 없어지는 것을 방지하기 위하여 기존 임차인을 내보내고, 자신 또는 가족이 직접 영업하는 전략을 선택할 수 있습니다.

보증금과 권리금이 비싸지면 종자돈이 적은 사람들은 장사하기 더 어려워집니다. 초기 투자금이 많아지면서 개성 있는 독립가게들은 설 자리가 없어지고, 사업성이 검증된 프랜차이즈가 번성하게 될 것입니다. 사람들은 보증금과 권리금이 적은 지역으로 빨리 이동할 것이기 때문에 상권의 흥망성쇠가 가속화될 것입니다. 지금은 다양하고 재미있는 상권도 더 빨리 개성 없는 프랜차이즈 상권으로 변모할 것입니다.

희한하게도 임차인을 보호할수록, 선의의 임차인이 피해를 보고, 정상적인 영업활동을 왜곡합니다. 해법은 무리한 정부개입보다는 임대차 시장의 신용도를 높여서 자연스럽게 장기 임대차 계약을 유도하는 것입니다. 미국의 유한책임회사(limited liability company, '공간과 자본'편 참조)처럼 임차인이 영업을 할 때, 이중과세 문제를 해결하면서 법인으로서 회계를 분리하고, 영업중인 사업체를 거래할 수 있는 합리적인 지배구조를 도입할 필요도 있습니다.

주택의 기능적 진부화

'기능적 진부화(functional obsolescence)'란 오래되어 현재의 경향과 다른 디자인 때문에 자산의 효용이 떨어지는 현상을 의미합니다.[129] 자동차는 기능적 진부화가 잘 나타납니다. 신형 자동차가 출시되면 구형 중고차 가격은 갑자기 하락합니다. 차에 어떤 하자가 발생한 것도 아닌데 가격이 하락합니다. 그 중고차는 새로운 차가 나옴에 따라 기능이 진부화되었다고 시장에서 인식되기 때문입니다. 부동산 시장에서 기능적 진부화가 가장 잘 나타나는 시설은 바로 주택입니다. 주택은 가장 단위면적당 설비·집기비품(furniture, fixture and equipment)이 많이 집적된 공간입니다. TV·세탁기·냉장고·오디오·청소기를 사용하고, 거실·부엌·화장실·방·다용도실이 붙어 있습니다. 가장 사람이 오래 정주하는 장소이고, 사용자의 정체성을 표현하는 곳이고, 가장 면적 증감에 민감한 공간입니다. 가계의 가장 큰 자산이고, 가장 갖고 싶어하는 재산입니다. 사람들은 주택의 기능에 예민할 수 밖에 없습니다. 토지가 부족하고 유행에 민감한 시장에서는 더욱 그러합니다. 우리나라는 새로운 주택의 평면과 배치를 상품화하고 개량하는데, 많은 노력을 기울입니다.

아파트 층고(ceiling height)의 법적 최소치는 2.1m입니다. 예전에는 법적 최소치를 약간 웃도는 층고로 지어졌습니다. 하지만 최근

129 Appraisal Institute(2008) 참조.

에는 공간감을 중요시하여 주택의 층고를 2.6m까지 하는 경우도 있습니다. 건설회사들이 층고를 높이지 않았던 이유는 건설원가가 증가하기 때문입니다. 너무 층고가 높으면 에너지 비용이 많이 들어 소비자가 원하지 않는 경우도 있습니다. 실례로 서울 송파구 올림픽 선수촌 아파트에는 복층형 세대가 있는데, 십여 년 전까지만 하더라도 난방비가 더 나와 가격이 낮았다고 합니다. 하지만 2000년대 이후, 소비자들이 여유로운 공간을 원하면서 층고가 높아지는 추세입니다. 층고가 10cm만 증가하여도 공간감이 많이 넓어집니다.

옛날에는 아파트 1세대에 화장실이 1개 있었으나, 최근 지어진 아파트는 20평대도 화장실이 2개 있습니다. 2명만 사는 집도 출근이나 통학을 위해 아침에 화장실을 써야 하는 시간은 겹치기 때문에 2개의 화장실이 필요합니다. 예전에는 종이장판으로 깔던 주택의 바닥은 이제는 강화마루가 대세입니다.

2000년대 이전만 하더라도 아파트에 지하주차장이 있는 경우는 많지 않았습니다. 지하주차장에서 바로 엘리베이터를 통하여 개별 세대로 접근할 수 있는 집은 더욱 드물었습니다. 최근에 지어지는 아파트는 충분히 크고 접근성이 좋은 지하주차장이 있어야 합니다. 지하주차장이 있는지 여부, 지하주차장에 엘리베이터가 연결되는지 여부는 주택가격을 결정짓는 중요한 요인입니다. 아파트가 고층화되면서 엘리베이터는 더 커지고 빨라졌으며, 코어당 엘리베이터가 2개인 집도 생겨납니다.

조경공간도 크게 변화하였습니다. 모든 차는 지하에 주차하고 지상은 멋진 공원이어야 합니다. 호수도 있고, 멋진 금강송도 있고, 재미있는 어린이 놀이터도 있습니다. 조경공간이 멋진 단지와 아닌 단지는 주택가격에 차이가 납니다. 커뮤니티 센터도 중요합니다. 피트니스 센터·수영장·목욕탕·독서실 등 없는 것이 없습니다. 놀러온 친지들이 잘 수 있는 게스트하우스와 전망이 좋은 카페도 등장합니다. 개별세대마다 지하에 창고를 제공하는 단지도 있습니다. 주택의 기능은 점점 좋아지고, 새로운 공간을 경험해본 소비자는 기존의 공간에 만족하기 어렵습니다. 사람들이 새집을 좋아하는 이유입니다.

공간은 당시의 생산력, 사람들의 취향, 기술수준에 맞추어 만들어집니다. 재건축이 되기 전까지 그 특성을 유지한 채 나이를 먹습니다. 비가역성 때문에 어떤 공간은 그대로 남아있고, 어떤 공간은 새롭게 변화합니다. 도시에는 오래된 공간과 새로운 공간이 공존하여 다양하고 이질적인 장소를 만들어갑니다. 공간은 시간을 포함하고, 시간의 누적효과로 우리의 도시를 만들고 있습니다.

요약

· 한국은 인구 천만명, 1인당 국내총생산 1만불 이상의 나라 중에서, 가장 인구밀도가 높고, 가장 빠르게 성장하고 도시화되었다. 2000년까지 가계 저축률이 높았으며, 미국보다 가계 순자산 보유량이 많다. 첨단기술 대기업 중심 경제임에도 자영업자 비율이 높다.

· 한국의 정책목표였던 싸고 빠른 주택공급은 부동산 시장의 자원배분을 왜곡시켰다.

· 건물은 한번 지어지면 다시 부수기 힘들기 때문에, 건축될 당시의 밀도와 용도로 사용된다. 먼저 지어진 도심보다 나중에 지어진 외곽의 건축 밀도가 더 높은 이유다.

· 한국은 상가권리금 때문에 상권의 흥망성쇠 속도가 빠르다.

· 주택은 자동차처럼 기술발전에 따른 기능적 진부화가 심하다.

수식

· 순자산 = 자산 - 부채

· 토지 감보율 = 1 - (돌려받는 택지의 면적 ÷ 출자한 소지의 면적)

· 영업권 가치 = 거래금액 - 순자산가치

$$= \sum_{t=1}^{\text{계약기간}} \frac{\text{t 년도의 초과이윤 예상액}}{(1 + \text{할인률})^{t}}$$

· 임차권 가치 $= \sum_{t=1}^{\text{계약기간}} \frac{\text{t 년도의 시장 임대료 - t 년도의 계약 임대료}}{(1 + \text{할인률})^{t}}$

이윤과 위험을 최적화하는 과정에서
다양한 상품이 만들어집니다.

공간의 사용자와 제공자는
다양한 유형으로,
공간을 사용하는 시간을 유통합니다.

類型

5 | 공간의 유형

유형 [type, 類型]

성질이나 특징 따위가 공통적인 것끼리 묶은 하나의 틀. 또는 그 틀에 속하는 것.[131]

---

131 출처 : 국립 국어원

공간의 유형

부동산은 공간·시간 사용방식에 따라 여러 가지 유형으로 분류할 수 있습니다. 같은 공간도 사용하는 목적과 시간에 따라, 유형이 다릅니다.

업무 공간

오피스는 관리 업무를 하는 공간입니다. 보고서를 쓰고, 회의를 하고, 정보를 찾고, 공유하고, 의사소통을 합니다. 사업이 본 궤도에 올라 있을 때는 항구적인 업무공간(장기사용)이 필요하지만, 새로 사업을 시작하거나 어느 지역에 진출할 때는 적은 인원으로 짧은 기간(단기 사용)만 사용합니다. 어떤 업무공간은 다른 회사와 모여 있어야(집적효과), 어떤 업무공간은 사람을 고용하기 편해야(고용 수월성), 어떤 업무 공간은 직원들이 출장 다니기 편해야(출장 수월성), 어떤 업무 공간은 기업의 특수한 업무환경에 최적화되어야 합니다. 공간·시간 수요에 따라 다양한 오피스 상품이 존재합니다.

한국은행·금융위원회·예금보험공사가 있고, 주요 은행 본사와 외국계 금융사들이 몰려있는 CBD(중구·종로구), 한국거래소·금융감독원·한국예탁결제원·증권회사가 모여있는YBD(여의도)는 금융산업 '집적효과'가 발생하는 오피스 시장입니다. 상암 DMC·판교테크노벨리·가산디지털단지도 IT산업 집적효과가 있습니다.

GBD(강남·서초구)는 십수 년 전만 해도 YBD와 임대료가 비슷하였습니다. 하지만 서울에서 가장 우수한 주거지역이 있고, 분당·용인이 개발되어 우수한 인력을 채용하기 좋아지면서, YBD를 뛰어넘고, CBD를 넘보는[132] 오피스 시장으로 성장하였습니다. GBD에는 대법원과 대검찰청이 가까이 있기 때문에 법무법인이 많고, 대기업부터 중소기업까지 다양한 회사들이 있고, 회계법인·엔지니어링·디자인 등 생산자 서비스 회사가 많습니다.

---

132 BD가 GBD보다 평균 임대면적(GLA)당 임대료는 높지만(101천원/평〉91천원/평), 평균 전용면적(NLA)당 임대료는CBD 171천원/평, GBD 177천원/평으로 GBD가 오히려 3.5% 높음(자료 : DTZ 2013). CBD지역은 오피스 빌딩이 오래 전에 개발되었거나 주차장 설치제한이 있어 지하주차장이 없거나 작아서 전용률이 높기 때문임.

서울 남서부의 영등포와 구로지역은 기업의 콜센터가 많습니다. YBD의 금융기관을 지원하기 좋은 위치이기도 하지만, 콜센터 근로자들이 전철 1호선을 따라 많이 거주하여 고용이 편리하기 때문이기도 합니다.

서울과 달리 지방으로 갈수록 집적효과보다는 '출장 수월성'이 더 중요합니다. 지방에서 오피스는 서울처럼 경영전략을 수립하고 정보를 모으고 협상을 하는 곳이 아니라, 금융·보험·통신 대기업에서 마케팅과 관리를 하는 곳입니다. 마케팅 대상이 되는 주거지역에 출장을 가기 편하고, 마케팅 인력을 고용하기 편한 곳에 위치하게 됩니다. 지역의 거점 오피스는 기업의 얼굴이기 때문에 좋은 퀄리티로 짓습니다. A급 오피스를 짓기 위해서는 연면적 평당 건축비용이 400만원이상 소요됩니다. 지방 거점도시에서 좋은 위치의 토지는 평당 1000만원은 넘기 때문에 A급 오피스의 개발원가는 연면적 평당 600만원 이상 소요됩니다. 하지만 부산·대구·대전·광주 광역시에서도 A급 오피스의 임대료는 위치가 좋아야 연면적 평당 2만원 대를 기록합니다. 오피스 개발의 투자 수익률이 4%도 안 나옵니다. 많은 지방 A급 오피스들은 대기업이 자체 영업목적으로 짓는 것이지, 부동산 개발 그 자체로는 상업적 타당성이 없습니다.[133]

오피스는 여러 시설 중 가장 보편적인 공간입니다. 단지 전기·통

133 일반적으로 연면적 평당 월 임대료가 3.5만원이 넘는 시장에서야 임대 전용 상업 오피스의 개발이 타당함. 현재 서울·분당·판교 등의 주요 업무지구여야 임대료가 3.5만원이 넘음.

신·조명·냉난방이 공급되는 텅 빈 공간이 필요합니다. 상점처럼 브랜드의 정체성이 표현될 필요도 없고, 주택처럼 여러 개의 방으로 구성될 필요도 없습니다. 누구나 쓸 수 있기 때문에 임차인이 바뀌었다고 특별히 공사비 투자를 할 필요가 없습니다.

하지만 그렇지 않은 오피스도 있습니다. 기업의 '본사용 오피스(headquarter)'는 수익성을 목적으로 하는 '임대용 상업 오피스(commercial office)'와 달리 기업의 정체성과 업무특성에 맞게 짓습니다. 저층부에 제품을 홍보하고 전시할 수 있는 공간을 마련하기도 하고, 피고용자들을 위해 식당·피트니스· 건강검진센터·어린이집을 넣기도 합니다. 특히 우수한 인력을 채용해야 하고, 오피스가 상품을 생산하는 공장이기도 한 IT 및 게임 기업의 본사 오피스는 더욱 그러합니다. 일반적으로 본사용 오피스는 임대용 상업 오피스보다 공사비를 20% 정도 더 투자합니다.

금융회사에서 주식·채권·파생상품의 '거래실(trading room)'은 일반적인 오피스와 다르게 지어집니다. 전자기기와 통신기기가 많이 있어서 바닥에 설비를 위한 이중마루(access floor)를 설치하고, 층고도 더 높습니다. 세계적인 금융 중심지 홍콩에서 선흥카이 프로퍼티스(Sun Hung Kai Properties)가 소유하고 있는 랜드마크 오피스인 홍콩섬의 IFC(International Finance Centre)와 구룡반도의 ICC(International Commerce Centre)에는 전망 좋은 층의 일부가 금융상품 거래실로 이루어져 있습니다.

'데이터 센터(data center)'는 사람이 직접 일을 하는 곳은 아니지만 오피스와 유사한 시설입니다. 데이터 센터는 서버나 통신기기를 운용하는 공간으로 소위 '서버 호텔'로 불리는 곳입니다. 서버를 이용하는 기업과 가깝고 통신 중추망(backbone network)에 접속하기 쉬운 입지를 선호합니다. 항온·항습이 중요하고 예비전력을 확보해야 하므로 일반 오피스보다 평당 1만원이상 월 임대료가 높습니다. 전세계적으로 IT·통신 수요가 증가하면서 시장 규모가 커지고 있습니다.

한국 오피스 시장에서는 2~3년 임대기간으로 계약을 체결하는 경우가 많습니다. 반대로 외국 오피스 시장의 경우 10년 이상 장기 계약을 하는 경우도 많습니다. 우리나라는 오피스 임대료 변동성이 작습니다.[134] 임차인 입장에서 오피스 임대료가 물가상승률 수준으로 안정적으로 성장한다면, 장기 계약을 하지 않고 공간 수요의 변화에 유동적으로 대응하는 것이 효과적입니다. 반면 외국처럼 임대료 변동성이 크다면, 장기 계약을 통하여 임차비용을 낮추는 것이 타당합니다.

짧은 기간을 적은 인원이 사용하기에 적합한 '서비스 오피스(serviced office)'가 있습니다. 서비스 오피스는 작은 공간을 단기간 호텔처럼 이용할 수 있는 오피스로 비즈니스 센터(business center)라

134 DTZ의 자료에 따르면, 2008년의 금융위기 때 A급 오피스 시장의 임대료가 싱가포르는 59%, 홍콩은 34%, 상하이는 33% 하락한 반면, 서울은 물가상승률 수준의 완만한 상승세에 있었음. 서울 오피스 시장의 임대료는 비교 도시에 비해 GDP 및 인플레이션 충격에 대해 둔감하였음.

고 부르기도 합니다. 서비스 오피스 사업자는 오피스 공간을 임차하여 개별 사용자에게 다시 전대(sublease)하는 방식으로 영업합니다. 작은 기업이나 중단기 출장의 수요에 대응하기 위하여 비서·회계 업무를 대신해주는 경우도 있으며, 기업의 가상 주소(virtual address)를 제공하기도 합니다. 본사에서 하기에 비밀과 독립성을 필요로 하는 업무를 서비스 오피스에서 수행하기도 합니다. 보통 서비스 오피스 사업자는 건물주에 지급하는 임대료 원가의 3배 내외로 판매가격을 책정하며, 70% 이상 가동률을 목표로 합니다. 보증금과 내부 인테리어 공사비를 투자해서 전대차 차익을 얻는데, 가동률이 낮아지면 손실을 보기 때문에 안정적으로 수요자를 확보하는 마케팅 전략이 중요합니다. 서비스 오피스와 유사한 시설로 우리나라에는 소호(SOHO) 오피스가 있습니다. 원래 SOHO는 Small Office/Home Office를 의미하는 말이나, 한국에서는 서비스 오피스와 유사하나 퀄리티가 다소 떨어지는 상품을 지칭하는 말로 사용됩니다. 주로 작은 기업이 사용합니다.

판매 공간

우리나라에는 백화점·마트·쇼핑몰·구좌형 테마상가·근린생활시설·아울렛, 다양한 판매 공간이 있습니다. 백화점(department store)은 하나의 빌딩에 다양한 상품을 구비한 판매시설로, 한 개의 층이 하나의 부(department)를 구성하여 구매자의 탐색비용을 낮춥니다. 우리나라 백화점은 지하에는 음식과 식재료를 팔고, 1층에는 명품·잡화, 그 위로 여성패션, 남성패션, 캐주얼 및 스포츠 패션, 주방 및 침구류, 음식점이 있습니다. 우리가 살 수 있는 모든 항목이 하나의 건물에 있고, 에스컬레이터를 통하여 효율적으로 이동합니다. 한국은 거리상가의 관리 품질이 열악하기 때문에 핵심 입지에 퀄리티 있는 내부 공간과 마케팅 능력을 갖춘 백화점은 고급 판매공간으로 차별화합니다.

백화점의 경쟁력과 위상이 예전보다 하락한 일본과 달리 우리나라는 여전히 백화점이 유통산업의 중심에 있습니다. 일본 백화점은 주로 철도회사가 철도역의 부대시설로서 운영하는 경우가 많습니다.[135] 철도역이라는 입지상 우위가 근본적인 경쟁력인데 인근에 최신 쇼핑몰이 생기거나 입점업체가 독자적인 대형매장(flagship store)을 여는 경우, 비교우위를 상실합니다. 반면 한국은 유통업체가 백화

135 Seibu(西武), Hankyu(阪急) 등.

점을 운영하면서 집객 능력이 있는 핵심 입점업체(패션·식음·영화관)를 자회사 및 관계회사로 가지고 있기 때문에 공간의 컨텐츠를 확보하여 백화점 경쟁력을 유지할 수 있습니다. 중국의 쇼핑몰 개발회사들이 영화관을 운영하는 것도 공간의 그릇과 내용물을 함께 확보하는 전략입니다.[136]

우리나라는 미국과 달리 백화점 운영업체와 입점업체가 분리되어 있습니다. 입점업체가 각자의 재고부담으로 상품을 판매하고, 상품 매출액의 일부를 수수료로 백화점 운영업체에 지불합니다. 입점업체 입장에서 거리상가는 임대인의 건물 관리 능력이 떨어지고, 많은 보증금·권리금·인테리어비를 투자해야 하는 부담이 있습니다. 하지만 백화점은 수수료율이 높다 하더라도 운영과 마케팅 능력이 검증된 백화점 운영업체가 공간을 관리합니다. 권리금과 같은 초기 투자금이 소요되지 않으며 인테리어 투자금액도 상대적으로 적기 때문에 입점업체에게 백화점은 매력적인 유통 채널입니다.

한국과 달리, 미국 백화점, 메이시스(Macy's), JC 페니(JC Penny), 니먼 마커스(Neiman Marcus), 시어스(Sears), 콜(Kohl)은 모든 상품이 아니라 특정 카테고리에 집중합니다. 메이시스는 패션, 시어스는 주방용품·가전제품·패션에 집중합니다. 미국은 백화점 운영

136 중국의 부동산 개발회사 완다(Wanda, 大连万达) 그룹은 완다 시네마 라인(Wanda Cinema Line)이라는 영화관을 운영함. 2012년에는 미국에서 2번째로 큰 영화관 체인인 AMC를 26억불에 매입하였음.

업체가 직접 상품을 구매하고 재고위험을 가집니다.

미국은 매트리스·신발·가정용품·홈 인테리어 용품 등 특정 상품군만 판매하는 '카테고리 킬러(category killer)'가 유통업을 주도합니다. 주택개량 및 건설용품을 판매하는 홈디포(Home Depot), 전자제품만 판매하는 베스트바이(Best Buy), 장난감과 유아용품을 판매하는 토이저러스(Toys "R" us)가 대표적입니다.

미국 교외지역은 우리나라처럼 다양한 음식점과 상점이 있지 않습니다. 몇 개 전국적인 규모의 독과점 브랜드가 상업시설을 장악합니다. 커피숍은 스타벅스(Starbucks)가, 서점은 반스앤노블(Barnes and Noble)이, 침대 매트리스는 슬리피스 매트리스(Sleepy's mattress)가 있습니다.

미국 유통산업에서 이렇게 '독과점'과 '카테고리 킬러'가 선명하게 나타나는 것은, 소비자의 구매력(buying power)[137]은 매우 높은데 땅도 너무 넓기 때문입니다. 이 시장은 누가 먼저 어떻게 판매단가를 낮추느냐의 게임입니다. 엄청난 규모의 시장을 바탕으로 더 많이 파는 사람이 더 싸게 팔게 되는 '규모의 경제'가 가장 중요합니다. 유통업체가 경쟁자를 압도하는 구매력을 가지려면 당연히 모든 물품

137 상품을 구매할 수 있는 능력으로 양적인 개념. 최종 소비자는 유통업체로부터 상품을 구매하고, 유통업체는 제조업체로부터 상품을 구매함. 미국과 같이 소비자의 구매력이 큰 시장에서는 당연히 유통업체의 구매력도 커지게 됨. 유통업체의 경우, 제조업체로부터 대량으로 주문하면 상품을 더 낮은 단가에 구매할 수 있음. 유통업체에게 주문의 양을 늘려 규모의 경제를 달성하는 것은 중요한 경쟁력임.

을 팔기보다는 특정 카테고리에 집중해서 구매력을 늘려야 합니다. 여기서 입지는 동아시아만큼 중요하지는 않습니다. 미대륙에서 교외 지역은 어디나 비슷합니다. 땅은 너무나 많습니다. 자본과 브랜드를 가진 유통업체가 지으면 그게 지역의 중심이 됩니다. 초과이윤은 지대(rent)보다는 규모의 경제를 이룬 유통업체의 영업이익(EBITDA, earning before interest, tax, depreciation and amortization)에 귀속됩니다.

반면 한국을 비롯한 동아시아 도시에서는 입지가 너무나 중요합니다. 강력한 구매력이 없더라도 '목'이 좋으면 장사가 됩니다. 입지의 차별화는 '규모의 경제'의 중요성을 희석시킵니다. 따라서 역설적으로 더 다양한 영업형태가 가능합니다. 미국에서는 경쟁자가 시장에 못 들어오게 하기 위해 특정 카테고리를 장악(Toys "R" us, Best Buy)하는 반면, 한국에서는 해당 판매공간의 물리적 규모를 키워서 다른 유통업체가 그 도시에 못 들어오게 합니다(중소도시의 백화점·마트[138]). 미국에서 유통업의 본질이 '구매력'이라면 동아시아 도시에서는 '부동산업'으로 달라지는 지점이 여기입니다.

한국에서 마트(mart)는 '생산자로부터 물품을 대량으로 구매해 판매하는 방식으로 시중가격보다 낮은 가격으로 판매하는 유통업체인 할인점'[139]입니다. 1993년 이마트 창동점을 시작으로 지금은 백화

138 박정호(2014) 참조.
139 Wikipedia 인용.

점을 뛰어넘는 매출액이 발생하는 유통시설로 자리매김하고 있습니다.[140] 마트는 일상적인 상품을 저렴한 가격에 판매하면서 재래시장에 비해 주차가 편리하고 쾌적한 구매 환경을 제공합니다. 백화점처럼 문화센터가 있어 지역 커뮤니티의 구심점이자 문화 인프라 기능도 수행하는 것이 한국 마트입니다. 백화점과 마트가 각각 고급과 중·저급의 판매공간으로 자리잡은 서울 및 대도시와 달리, 중소도시에서는 마트가 유일한 대형 판매시설이자 문화중심입니다. 중소도시에는 아이들이 자기들끼리 마트에 놀러 오는 경우를 많이 볼 수 있습니다.

쇼핑몰은 냉난방 및 환기 시설이 완비된 공간에 여러 개의 상점이 연결된 대형 판매시설을 의미합니다. 보통 쇼핑몰 안에 백화점·마트·영화관·서점과 같은 정박 임차인(anchor tenant)이 고객을 유인하고, 일반 상점·음식점이 그 집객 효과를 누리는 구조로 구성되어 있습니다. 쇼핑몰이 쇼핑몰로서 기능을 발휘하려면, 전체 쇼핑몰을 하나의 소유자가 소유해야 합니다. 전략적으로 임차인을 구성(tenant mix)하고, 쇼핑몰 전체를 하나의 상품으로 관리하고, 정박 임차인의 낮은 임대료를 다른 상점의 높은 임대료로 회복하여야 하기 때문입니다.

한국에서는 오랫동안 쇼핑몰다운 쇼핑몰이 나타나지 못하였습니다. 쇼핑몰은 그 특성상 대규모로 개발해야 하는데, 유통업체 이외에

140 통계청의 소매업 및 업태별 판매액 자료에 의하면 2011년 백화점의 매출액은 27.1조원(시장점유율 9%)인 반면, 대형마트는 36.8조원(시장점유율 12%)임.

는 자본이 축적된 개발회사가 거의 없었고, 지가가 높은 핵심상권에는 쇼핑몰보다 공간을 집약적으로 사용하는 백화점이 더 적합하였기 때문입니다. 쇼핑몰은 백화점보다는 평효율(즉, 단위면적당 매출액)이 낮습니다. 동일한 입점업체라 하더라도 쇼핑몰이 백화점보다 한 개의 브랜드가 사용하는 공간이 2배 이상 크기 때문입니다. 우리나라는 판매공간도 쪼개서 구분소유권으로 선분양하는 관행이 있는데, 선분양에 성공하였을 경우 개발수익률이 쇼핑몰 운영수익률보다 더 높습니다. 그래서 한국에서 진정한 의미의 쇼핑몰은 대형 공공시설의 부대시설로 시작하게 됩니다. 서울에서 2000년 강남에 무역협회가 소유·관리하는 컨벤션센터인 코엑스(coex)의 지하를 쇼핑몰로 개발합니다. 서초 고속터미널의 센트럴시티(Central City) 쇼핑몰을 개발합니다. 그 후 쇼핑몰 그 자체를 위한 개발이 시작됩니다. 2009년 영등포의 방직공장 부지를 타임스퀘어(Time Square)로 개발합니다. 2011년 구로의 연탄공장 부지를 디큐브시티(D-cube city)로 개발하고, 김포공항 부지 내에 롯데몰을 개발합니다. 2012년 여의도 중소기업 박람회 부지를 IFC 몰로 개발합니다.

쇼핑몰을 구분상가로 쪼개서 선분양하는 개발전략은 분양이 성공하면 수익률이 좋으나, 분양이 실패할 경우 오히려 위험이 큽니다. 구분상가에 투자한 개인 투자자들도 분양 받은 후, 관리품질이 떨어지고 공실이 발생하면서 예상했던 수익률이 발생하지 않는다는 것을 학습해서, 선불리 상가에 투자하지 않게 되었습니다. 분양에 실패해서 상가를 개발업체가 소유하게 되면, 임대수익이 나지도 팔리지도 않는 악성 자산이 될 수 있습니다. 그런데 위에서 언급한 쇼핑몰 개발 부지는 판매공간 연면적이 수만평에 이릅니다. 그 많은 면적을 선분양 구분상가로 개발할 경우, 미분양 위험이 큽니다. 복합개발단지(mixed use development)로 업무·주거·호텔시설도 같이 개발하는데, 구분상가로 쪼개서 팔 경우 상가부분이 슬럼화되어 전체 프로젝트 가치를 훼손할 수 있습니다. 2000년 이후, 시장에서 구분상가의 위험이 인식되면서 대규모 복합쇼핑몰이 서울에 등장하게 됩니다.

쇼핑몰은 양 끝단에 백화점·마트 같은 집객효과가 큰 정박 임차인이 있고, 그 사이를 일반 상점이 채웁니다. 정박 임차인의 집객효과가 일반 상점에 잘 퍼져야 합니다. 상층부에는 영화관과 푸드코트가 있어서 고객을 상층부까지 올렸다가 위에서부터 밑으로 내려 보냅니다(샤워효과). 쇼핑몰의 중앙 동선공간(boulevard)은 상층부가 유리 아트리움(atrium) 구조로 겨울에도 쾌적합니다. 이벤트도 개최하여 쇼핑몰을 활력 있게 만듭니다. 쇼핑몰은 확장된 수평동선을 기반으로 합니다. 백화점이 수직동선을 중심으로 하는 것과 차이가 있습니다.

쇼핑몰은 주변 도시의 맥락과 상관없이 자기완결적인 실내공간을 창조합니다. 최근에는 한국에도 교외형(suburban) 쇼핑몰이 개발되고 있습니다. 쇼핑몰의 성패를 결정하는 데 있어 물론 입지가 중요하지만, 운영업체의 관리능력과 브랜드 파워, 임차인 구성과 집객시설의 매력도가 점점 더 중요해집니다. 능력있는 유통업체라면 지가가 저렴한 교외형 쇼핑몰 개발을 통하여 더 큰 이익을 볼 수 있습니다. 일본 최대 유통업체인 이온그룹(AEON)의 오카다 타쿠야 명예회장이 "도심지에는 작은 매장을 운영해야 하고, 교외지역에서는 대형 매장을 운영해야 한다."고 한 맥락도 이와 같을 것입니다.[141]

미국에서는 교외 쇼핑몰이 장기적으로 침체하는 것에 대한 우려가 많습니다. 수십 년안에 교외 쇼핑몰의 15~50%가 닫거나 다른 용도로 바뀔 것으로 예측하기도 합니다. 삭스 피프스 에비뉴(Saks Fifth Avenue)나 니먼 마커스(Neiman Marcus)와 같은 고급 백화점은 살아남고, 중산층을 타겟으로 하는 쇼핑몰은 큰 타격을 입을 것으로 예측하기도 합니다.[142] 미국은 세계대전 이후 경제호황과 낮은 에너지비용 때문에 급격한 도시확산(urban sprawl)과 교외화(suburbanization)를 겪습니다. 돈이 있는 중산층이 교외로 빠져나가니 당연히 교외형 쇼핑몰이 나타난 것입니다. 미국의 1인당 판매 공간의 면적은 1인당 50ft^{2}로 과잉 공급되어 있다고 합니다.[143] 교외화 현상이 둔화되고 다시 대도시가 주거지역으로 각광을 받으면서 중산층을 타겟으로 하는 교외형 쇼핑몰은 어려움을 겪고 있습니다. 미국은 전세계에서 온라인 쇼핑이 발달한 곳입니다. 현재 전체 소매 매출의 8%가 온라인에서 이루어지고 있지만, 이 비중은 급속하게 증가

---

141 박정호(2014) 에서 재인용.
142 Uberti(2014) 참조.
143 Powell(2014) 참조.

하고 있습니다.

우리나라에는 구좌형 테마상가라는 특이한 판매공간이 있습니다. 구좌형 상가란 벽으로 구분되지 않는 작은 공간[144]이 모여 있는 판매공간입니다. 동대문 의류상가·용산 전자상가·구로 공구상가 등 특정 카테고리를 취급하는 상가에서 볼 수 있는 유형인데, 재래시장의 공간구조를 실내화하고 현대화한 배치입니다. 각 구좌는 구분소유권으로 각각 다른 투자자가 소유합니다. 소유자가 여러 명이기 때문에 건물의 관리품질은 좋지 않으나, 도매(wholesale) 상가에서는 효율적입니다. 동대문 시장은 세계적인 의류 도매시장으로 모든 원단·부자재·완성품을 신속하게 거래할 수 있어 완전시장에 가깝게 효율적입니다. 인근의 창신동에 소규모 공장이 모여있어 디자인·생산·판매가 효과적으로 계열화되었습니다. 동대문 상가에서 2평짜리 구좌에 도매 영업을 하는 상인도 기업형 거래규모를 가지고 있습니다. 동대문 도매상가에는 원 소유자와 계약을 맺은 임차인이 다시 전대차 계약을 체결하여, 임차권과 전차권에 프리미엄을 붙여 거래합니다. 원 소유자의 암묵적인 동의하에 도매시장에서 쌓아온 무형의 영업권과 임차권을 섞어서 권리금으로 거래하는 것입니다.

중국 경제를 이야기할 때, 흔히 '원저우(温州,Wenzhou) 모형'과 '산둥(山东,Shandong) 모형'을 비교합니다. 중국 제지앙성(浙江省)

144 2평 남짓의 작은 구좌부터 20평 정도의 큰 구좌까지 다양함.

에 위치한 원저우시는 소상공인[145]의 네트워크로 구성된 세계적인 경공업 제품 생산·거래 시장입니다. 반면 중국 산둥성은 하이얼(Haier, 海尔), 하이센스(Hisense, 海信)와 같은 세계적인 제조 대기업이 시장을 주도합니다. 원저우는 원저우대로, 산둥은 산둥대로 중국경제를 움직이는 경제의 축입니다. 마찬가지로 한국은 제조 대기업이 세계적으로 유명하지만, 동대문으로 대표되는 소상공인 중심의 생산·거래 시장도 세계적인 경쟁력을 가지고 있습니다. 그 배경에 소상공인끼리 거래하고 경쟁하고 협력하기 효율적인 플랫폼으로서 구좌형 도매상가가 있습니다. 미국에서 베스트바이(Best Buy)나 홈디포(Home Depot)와 같은 기업형 창고 매장(big box retail)이 시장을 독과점하는 것과 달리 수많은 소상공인의 네트워크가 서로 경쟁·분업·협력하는 것입니다.

1990년대부터 의류 소매시장을 구좌형 상가로 분양하는 것이 전국적으로 큰 인기를 끌었습니다. 잘게 구분된 구좌마다 상인들이 상품을 판매하는 데, 가격이 저렴하고 여러 가지 상품을 같은 공간에서 비교할 수 있기 때문에, 소비자가 모였습니다. 하지만 가격을 흥정으로 결정하고, 개성있는 상품이 오히려 부족하였습니다. 그러다 2000년대 중반부터 H&M, 자라(Zara), 유니클로(Uniqlo)와 같은 패스트 패션 업체가 다양한 디자인을 저렴하고 신뢰할 만한 가격으로 공급

---

145 원저우 상인은 뛰어난 상술과 정보력을 가지고 있어, 중국의 유태인으로 불림.

하면서 소비자는 구좌형 소매상가를 선호하지 않게 됩니다. 신뢰를 바탕으로 장기간 거래를 반복하는 도매시장과 달리 소매시장에는 판매자와 일반 소비자 사이에 가격과 품질 '정보의 비대칭성(information asymmetry)'[146]이 존재하기 때문입니다.

상가하면 가장 흔한 것이 근린생활시설(근린상가)입니다. 근린생활시설이란 용어는 건축법 시행령에 의한 법적 용어로 도보로 쉽게 접근이 가능한 보통 일상생활에 필요한 시설입니다. 주민생활에 필수적인 시설인 '1종 근린생활시설'[147]과 1종보다 크거나 취미 및 편의생활과 관련된 시설인 '2종 근린생활시설'[148]로 구분됩니다.[149] 백화점·마트·쇼핑몰·구좌형 상가는 건축법상 판매시설에 해당합니다. 우리나라는 근린생활시설이 매우 많습니다. 대부분 소규모 임차인으로 구성되는 거리 상가를 굳이 판매시설로 인허가 받을 필요가 없기 때문입니다. 더구나 판매시설은 매장면적이 $3000m^2$가 넘을 경우, 유통산업발전법에 의하여 '대규모점포'로 분류되어 여러 가지 규제를 받

146 거래 당사자 중 한 쪽이 반대측 보다 더 많은 정보를 가지고 있음으로 인해 발생하는 힘의 불균형으로 역선택(adverse selection), 도덕적 해이(moral hazard) 등 시장실패를 야기할 수 있음.

147 주요 1종 근린생활시설 : 일용품을 판매하는 소매점($1000m^2$ 미만), 휴게음식점($300m^2$ 미만), 이용원·미용원 등, 의원, 탁구장 등($500m^2$ 미만), 공공업무시설($1000m^2$ 미만), 주민공동시설, 기반시설.

148 주요 2종 근린생활시설 : 공연장($500m^2$ 미만), 종교집회장($500m^2$ 미만), 자동차영업소, 서점, 사진관, 게임제공업소($500m^2$ 미만), 휴게음식점, 일반음식점, 독서실,학원($150m^2$ 미만), 체력단련장, 수리점($500m^2$ 미만), 단란주점($150m^2$ 미만), 안마시술소, 노래연습장.

149 서울시 도시계획용어사전 참조.

습니다. 근린생활시설로 인허가 받는 것이 유리합니다.

우리나라는 유흥문화가 발달하였고 '방'으로 대표되는 독특한 놀이문화를 가지고 있습니다. 한국사람들은 늦게까지 놀기 좋아하고, 도심의 제반 환경이 갖추어진 '방'에 모여서 공통의 여가를 즐기는 것을 좋아합니다. 노래방·PC방·DVD방·게임방·만화방·실내골프연습장·당구장이 많고, 술집·룸살롱·단란주점·안마시술소가 많습니다. 판매시설은 보통 유통기업이 관리하기 때문에 다른 상품의 판매에 지장을 줄 수 있는 업종은 입점하기 어렵습니다. 그런데 근린생활시설은 대부분 호마다 구분소유권으로 따로 개인투자자가 소유하기 때문에 통합적으로 임차인을 관리하지 않아서, 유흥시설과 각종 '방'이 입점하기 쉽습니다. 공간의 공급자와 수요자의 필요가 근린생활시설이라는 공간에서 절묘하게 맞아 떨어집니다.

근린생활시설은 법적으로는 주거 일상생활에 필요한 시설을 의미하지만, 역설적이게도 가장 비일상적이라고 할 수 있는 '놀이'와 '유흥' 행위가 이루어지는 곳이 되었습니다. 이 현상이 극명하게 드러나는 곳이 바로 택지개발촉진법에 의해 만들어진 신도시입니다. 신도시는 대부분 기존 도시의 외곽에 짓습니다. 거의 모든 신도시가 도시계획 단계에서는 주거와 일자리가 공존하는 자족도시를 표방합니다. 그래서 신도시 중심에 대규모 상업용지를 계획합니다. 오피스와 같은 양질의 일자리를 창출하는 시설이 생기면 그 도시는 자족성을 확보한 것과 같기 때문입니다. 택지개발촉진법에 의하면 임대주택용지·60m² 이하 주택용지·공립학교용지는 조성원가 이하, 사립학교용지·협의양도인택지·공공용지는 조성원가에, 주택용지는 감정평가액에 공급해야 합니다. 오직 상업용지만 가격경쟁입찰에 의한 낙찰가격으로 공급합니다. 아무리 공영개발이지만 손실을 보면 안되기 때문에 높은 낙찰가율[150]에 팔리는 상업용지를 필요 이상으로 공급하게 됩니다.

상업용지는 보통 용적률이 600% 이상이기 때문에 고밀도 개발이 이루어집니다. 그런데 막상 신도시 상업지역에 들어올 수 있는 시설이 많지 않습니다. 백화점은 큰 도시에만 들어올 수 있습니다. 상업적으로 오피스 개발이 타당한 월 임대료 마지노선인 평당 3.5만원은 서울과 분당·판교의 주요 업무지구에서만 가능합니다. 대형 쇼핑몰이나 마트는 임대운영상품이기 때문에 감정평가액을 훌쩍 넘기는 낙찰가액이 요구하는 수익률을 맞추기 쉽지 않습니다. 결국 고밀도로 근린생활시설을 개발하여 개인 투자자에게 선분양[151]하는 것이 높은 낙찰가액에 맞는 수익률을 낼 수 있는 거의 유일한 방법입니다. 그래서 전국 신도시의 중심에는 대규모 근린생활시설이 위치하게 됩니다. 그 중 상당부분은 유흥가이고, 현란한 간판과 네온사인이 어지럽게 붙습니다.

---

150 **낙찰가율 = 낙찰가액 ÷ 감정평가액**

151 완공이전에 부동산의 거래계약을 맺고 계약금·중도금을 지불하다 완공시점에 잔금을 납부하고 소유권을 획득하는 거래방식. 선분양은 수분양자의 분양대금으로 개발비용을 조달하기 때문에 개발회사의 자기자본수익률이 올라갈 수 있음. 뒤의 「공간과 자본」편 참조.

수도권에서 분당 신도시의 서현역·수내역·야탑역·정자역·미금역 상권. 평촌 신도시의 평촌역·범계역 상권. 중동·상동 신도시의 송내역·상동역 상권. 일산 신도시의 정발산역 상권. 안산시의 고잔역·중앙역 상권. 수원시의 영통·인계동 상권. 모두 많은 간판이 달린 고밀도 근린생활시설 상권입니다. 자족도시가 되기 위하여 일자리를 창출하기 위한 상업용지에, 표면상 주거의 일상생활을 지원하는 근린생활시설이 지어지지만, 그 속은 어른들을 위한 고밀도 테마파크로 작동하는 모습은 우리 도시가 가진 여러 가지 부조화 중의 하나입니다. 신도시의 대규모 근린생활시설은 주택을 싸고 빠르게 많이 공급하기 위한 정책의 기묘한 대척점에 서 있습니다.

주거·숙박 공간

우리는 하루를 끝마치면 집에 와서 잠을 잡니다. 직장을 다니는 사람은 직장 근처에, 학교를 다니는 사람은 학교 근처에, 여행을 간 사람은 목적지 근처에서 잠을 잡니다. 잠을 자고, 휴식을 취하고, 밥을 먹고, 가족과 이야기를 하는 일상 생활을 오랫동안 정착해서 하면 주거(住居) 공간이고, 짧은 시간만 하면 숙박(宿泊) 공간이니, 주거와 숙박은 서로 크게 차이 나지 않습니다. 주택은 보통 1년 이상 이용하는 것을 전제로 임차하거나 구매하는 공간입니다. 서비스 레지던스(serviced residence)는 짧으면 수 일, 길게는 수 개월 이상까지 이용합니다. 호텔과 여관은 수 일 동안 이용합니다. 러브호텔이라고 불리는 일부 숙박시설은 3~4시간 동안 '대실'할 수 있습니다. 우리나라의 독특한 대실 문화 때문에 100%가 넘는 가동률을 보이는 호텔도 관련 통계에서 종종 볼 수 있습니다. 집을 사용하지 않는 동안 다른 사람에게 빌려주는 에어비앤비(airbnb) 같은 서비스도 존재합니다.

주택을 임차하거나 호텔에 숙박하는 것은 모두 특정 기간을 한정하여 그 기간 동안의 사용권을 구매하는 것입니다. 기간을 한정하지 않고 영원히 사용할 권리를 구매한다면 그것은 소유권을 사는 것과 같습니다. 그런데 1년 중 특정 기간만 그 공간을 사용할 권리를 구매하는 경우도 있습니다. 그 집은 영원히 1년에 1주일은 자기 것이 되는 것이지요. 바로 관광진흥법상 휴양 콘도미니엄[152]입니다. 휴양 콘도미니엄은 공유자나 회원을 모집하여 '시간공유(timeshare)'의 방식으로 다음의 표 7과 같이 자산 또는 사용권을 매각합니다.

	소유권(ownership)	회원권(membership)
개념	자산의 소유권(공유지분) + 사용권 매각	자산의 사용권 매각
거래금액	공유지분 분양대금	반환가능한 회원 입회금 (보통 20년 기한, 연장가능)
공통점	한 세대당 소유자 또는 회원 5인 이상일 것 (단, 법인이나 외국인(특정지역만 허용)일 경우 제외)	
세금	취득세·부가가치세·재산세	취득세
콘도미니엄 운영자 파산시	자산 소유권과 사용권 100% 확보	회원 입회금을 반환받지 못할 수 있음.

표 7. 한국 휴양 콘도미니엄 시간공유 방식

152 관광객의 숙박과 취사에 적합한 시설을 갖추어 이를 그 시설의 회원이나 공유자, 그 밖의 관광객에게 제공하거나 숙박에 딸리는 음식·운동·오락·휴양·공연 또는 연수에 적합한 시설 등을 함께 갖추어 이를 이용하게 하는 업(관광진흥법 제3조 1항).

시간공유[153]는 1960년대 초반에 영국에서 주말주택을 여러 가족이 번갈아 쓰는 것에서 시작되었다고 합니다. 그 후 기업화하면서 1년 52주에서 내부수리 1~2주를 제외한 나머지 기간을 1주일씩 한 세대당 50~51구좌 판매하는 것입니다.[154] 시간공유 구매자는 평생 (또는 일정기간 동안) 1년 중 자기가 소유한 기간은 약간의 관리비만 지불하고, 그 시설을 배타적으로 이용할 수 있습니다. 소유권이 연속적이고 항구적인 사용권이라면, 시간공유권은 불연속적이되 규칙적이고 항구적인 사용권입니다. 미국은 시간공유 사업이 크게 성장하여 2014년 1분기 시간공유 누적판매액(net originated timeshare sales)은 10.7억 달러에 이르고, 2013년 시간공유 리조트 매출이 21억 달러에 달합니다.[155] 실버 리프(Silverleaf), 블루그린(Bluegreen), 윈드햄(Wyndham), 메리엇(Marriott), 스타우드(Starwood)와 같은 큰 기업들이 시장을 주도하고 있습니다. 2011년 기준으로 시장(secondary market)에서 거래되는 한 개의 시간공유권 중위값(median)은 9000달러입니다. 개발업체가 시간공유권 구매자에게 12~16%의 이자율에 구입자금에 대한 대출을 해주고 이를 증권화하여 수익을 창출하고 있습니다.[156] 서구에서는 특정 사용시기를 확정하는 '표준시간할당방식(standard timeshare)'을 사용하기

153 Vacation Ownership이라 부르기도 함.

154 Wikipedia 참조.

155 American Resort Development Association(2014) 참조.

156 Western Reserve(2011) 참조.

때문에 성수기에 수요가 몰리지 않는 반면 이용시기의 조정이 까다롭습니다. 한국을 비롯한 한국·중국·일본의 동북아 3개국은 '부분시간할당방식(fractional timeshare)'을 사용하여 소비자가 원하는 시기에 사용할 수 있는 반면 성수기와 비수기의 가동률 격차가 큰 특징을 가지고 있습니다.[157] 이렇게 서구와 동아시아가 시간공유를 적용하는 방식이 다른 것은 안정적으로 휴가기간을 확보할 수 있는 서구권과 휴가를 쓸 때 회사의 눈치를 봐야 하는 동아시아의 업무환경 차이 때문으로 추정됩니다.

휴양 콘도미니엄은 표 7처럼 소유권(자산)을 소유하는 방식과 회원권(채권)을 소유하는 방식으로 투자할 수 있습니다. 한국에서는 재산세를 지불하고 부가가치세가 발생하는 소유권 방식의 시간공유보다는 세금부담이 적고 나중에 입회금을 반환 받을 수 있는 회원권 방식의 시간공유를 더 선호하고 있습니다. 하지만 제주도와 같이 5억원 이상 부동산 투자시 거주권을 주는 제도가 있는 지역에서는 외국인이 한 개 콘도미니엄 세대 전체를 구입하여 사실상 주택처럼 쓰는 소유권 방식의 시간공유도 선호되고 있습니다.

시간공유 콘도미니엄과 일반 주택 소유권의 가장 큰 차이는 한 세대를 몇 명에게 분양할 수 있느냐 입니다. 시간공유권을 한 세대당 1명에게 분양한다면, 그것은 더 이상 공유가 아니며, 일반 주택의 소

157 김향자(1997) 참조

유권과 차이가 없어집니다. 과거에 시간공유권을 2명에게 분양할 수 있었을 때, 부부가 각각 1개씩 소유하여 실질적으로 주택으로 사용하는 경우가 있었습니다. 주택법의 규제를 회피하는 것입니다.[158] 현재는 관광진흥법에 의하여 외국인과 법인만 1개 세대 전체를 분양 받을 수 있습니다.

공간에서 가장 사적인 영역은 방, 침실입니다. 잠을 자는 것은 공간의 가장 근본적인 목적입니다. 침실에서 화장실·부엌·거실·마당·공원·주차장으로 이어지는 공간의 계열을 누구와 어떻게 어디까지 공유하느냐에 따라 시설의 유형이 나뉘어 집니다. 단독주택은 모든 공간을 사적으로 배타적으로 이용한다면, 아파트는 옥외 조경·주차장·복도와 엘리베이터 홀은 공유합니다. 고시원[159]은 화장실과 부엌도 공유합니다. 최근 늘어나고 있는 공유주택(share house)은 기숙사와 유사하게 한 침실도 2명 이상의 타인이 공유합니다.

미국에서 큰 부동산 시장을 형성하고 있는 '개인창고(self-storage)'는 형식적으로 창고이지만, 실제로는 주거의 수납공간입니다. 집에는 여러 가지 물건이 많습니다. 잘 안 쓰지만 버리기 아까운 물건도 많습니다. 1년에 한번 쓰는 물건을 항상 집에 보관하기 아깝습

158 노인복지법에 의한 노인복지주택도 주택법의 규제를 피하기 위한 수단으로 사용됨.

159 고시원은 법적으로 근린생활시설에 속하면서 실질은 주거시설에 속하는 공간으로 이 역시 주택법의 과도한 규제를 회피하기 위한 유사 주거에 해당함. 원래는 고시공부를 하는 수요자를 위하여 공부하는 공간과 잠을 자는 공간을 결합한 상품이었음. 하지만 실제로 고시원은 저소득 도시 근로자의 주거 공간으로 기능하고 있음.

니다. 자기가 사는 집은 임대료나 대출이자를 많이 내고, 이사비용이 발생하기 때문입니다. 그렇다면 거주자는 주거공간에서 이용빈도가 낮은 부분은 분리해서 더 낮은 임대료와 더 적은 이사비용이 발생하는 공간으로 이전할 것입니다. 미국에서는 주거지역 근처에 개인창고 산업이 발달했습니다. 2013년 48,500개(23억ft^2)가 공급되어 있고, 평균적으로 1.12USD/ft^2(4.3만원/평/월) 수익이 발생합니다. 퍼블릭 스토리지(Public Storage), 엑스트라 스페이스(Extra Space), 소브란(Sovran), 큐브 스마트(Cube Smart)와 같은 부동산투자신탁(REIT)과 유-홀(U-Haul)과 같은 상장회사가 주요 개발·운영업체입니다.[160] 보통 개인창고를 개발할 때, 차량 교통이 좋고 주거지역에서 가까운 곳을 선호하고, 인근 주거의 단위면적당 임대료를 고려하여 사용료를 결정합니다. 최근 한국에도 개인창고가 생기기 시작합니다. 미국은 수납기능을 중심으로 개인창고가 사용되지만, 한국은 미술품·와인 등 비싸거나 보안이 필요한 물품을 보관하는 수요도 있습니다.

160 Self Storage Association(2013) 참조.

공간의 유통

사용자는 공간을 매시간 사용하지 않습니다. 하루 중에 3시간만 사용하고 나머지는 버려둘 수 있습니다. 만약 어떠한 공간을 시간 단위로 빌려준다면, 사용자는 기꺼이 높은 임대료를 지불할 수 있을 것입니다. 즉, 사용자는 공간 사용료가 가변비용(variable cost)일 때 더 높은 단가를 지불할 수 있습니다. 사용자는 앞으로 공간을 얼마나 사용할지 확실히 알기 어렵기 때문에 가변적인 공간 사용료(또는 임대료)는 공간 수요의 불확실성을 경감시킵니다. 그런데 문제는 공간을 이용하는 데에는 거래비용(transaction cost)과 이사비용(moving cost)이 발생한다는 점입니다. 공간을 3시간만 이용하면 되는데, 공간을 알아보는 데 10시간이 걸릴 수 있습니다. 어쩔 수 없이 사용자는 거래비용과 이사비용을 줄이기 위해서는 공간 사용료가 고정비용(fixed cost)이 되도록 장기 임대차 계약을 해야 합니다.

사용자가 어떻게 공간을 사용하느냐는 공간 사용료를 고정비용으로 하느냐, 가변비용으로 하느냐의 문제입니다. 고정비용으로 하면 확정적으로 계속 사용비용이 나가지만 거래비용과 이사비용은 줄어듭니다. 반대로 가변비용으로 하면 필요할 때만 사용비용을 내지만 거래비용과 이사비용은 증가합니다. 1년짜리 오피스 임대차 계약을 맺느냐, 필요할 때 발품 팔더라도 서비스 오피스를 사용하느냐를 결정해야 합니다. 사용자는 공간 서비스의 기대치에서 공간 사용비용을 뺀 이윤[161]이 극대화되는 사용방식을 선택하려 할 것입니다.

사용자가 지불하는 공간 사용료가 공간의 제공자에게는 수입입니다. 따라서 공간의 제공자에게는 공간수입이 가변수입(variable income) 이냐, 고정수입(fixed income)이냐의 문제가 됩니다. 고정수입으로 하면 계약기간 동안에는 가동률 100%로 공간이 활용되면서 안정적인 수입이 발생합니다. 가변수입으로 하면 시간당 단위수입은 올라갈 수 있지만, 공간 가동률이 떨어지는 변동성 위험에 직면합니다. 물론 사용자를 찾기 위한 거래비용도 발생합니다. 공급자는 가동률이 반영된 공간의 사용수입에서 기타 거래비용을 공제한 이윤[162]이 극대화되는 방식으로 공간을 유통하려 할 것 입니다.

공간 사용자와 제공자는 서로의 이윤을 극대화하기 위하여 다양한 업무·판매·주거·숙박 공간의 유형을 만듭니다. 이윤과 위험을 최적화하는 과정에서 다양한 상품이 만들어집니다. 공간의 사용자와 제공자는 다양한 유형으로, 공간을 사용하는 시간을 유통합니다.

161 공간 사용자의 이윤 = 사용시간 × (단위 공간서비스 가치-단위 공간 사용비용) - 거래비용 - 이사비용

162 공간 제공자의 이윤 = 가동률 × 단위 공간 사용비용 - 거래비용

요약

· 업무공간은 입지기준(집적효과·고용·마케팅), 보유목적(본사용·임대용), 사용목적(사무실·거래실·데이터센터), 사용기간(오피스·서비스오피스·소호오피스)에 따라 유형이 달라진다.

· 판매공간은 유통구조, 규모, 포지셔닝에 따라 백화점·마트·쇼핑몰·구좌상가·근린상가·아울렛 등으로 유형이 구분된다.

· 주거 및 숙박공간은 사용기간(주택·서비스레지던스·호텔·러브호텔), 공유방식(시간공유 콘도미니엄·공유주택)에 따라 유형이 달라진다.

· 공간 사용자와 제공자는 각자의 이윤을 극대화하는 방식으로 공간을 유형화하고 그 시간을 유통한다.

수식

· 낙찰가율 = 낙찰가액 ÷ 감정평가액

· 공간 사용자의 이윤 = 사용시간 × (단위 공간서비스 가치 - 단위 공간 사용비용)-거래비용-이사비용

· 공간 제공자의 이윤 = 가동률 × 단위 공간 사용비용-거래비용

2007-8년 금융위기 이후,
부동산 가격상승이 둔화되면서,
전세금·분양권·회원권과 같은
직접금융이 줄어듭니다.

가계가 누려왔던
직접금융의 편익이 감소하면서
주택 임차인의 임차비용 증가,
주택 수분양자의 수익률 감소,
골프장의 회원권 가치하락이
발생하고 있습니다.

資本

6 | 공간과 자본

자본 [capital, 資本]

장사나 사업 따위의 기본이 되는 돈.[163]

163 출처 : 국립 국어원

권리의 분해

보통 이야기할 때, 가격이란 부동산 소유권의 가격입니다. 소유권이란 민법 제211조에 의하면 그 소유물을 '사용', '수익', '처분'할 권리입니다. 따라서 부동산 소유권의 가격은 '사용권', '수익권', '처분권' 가격의 합[164]이 됩니다. 권리를 취득하면 장래에 편익이 발생하므

---

164 부동산 소유권 가치 = 사용·수익권 가치 + 처분권 가치,
사용권 가치 = 공간 서비스 가치,
수익권 가치 = 임대수익,
처분권 가치 = 부동산 재매각액.

로, 권리의 가격은 미래 편익의 현재가치입니다. 사용권은 공간을 직접 사용할 수 있는 권리이고, 공간 서비스라는 편익을 얻습니다. 수익권으로 얻는 편익은 일반적으로 임대수익입니다. 처분권으로 얻는 편익은 부동산 매각대금 유입액입니다.

부동산은 보통 토지와 건물로 구성됩니다. 우리나라는 토지와 건물을 별도 등기[165]하므로 부동산의 소유권은 '토지 소유권'과 '건물 소유권'의 합[166]입니다.

부동산을 소유자가 100% '자기자본(equity)'으로 구입하는 경우는 드뭅니다. 은행 대출과 같은 '타인자본(debt)'을 끼고 사는 경우가 많습니다.[167] 부동산을 담보로 돈을 빌려준 은행, 즉 타인자본 투자자는 부동산에서 발생한 수익 중 원금과 이자를 먼저 받을 수 있는 채권을 가집니다. 돈을 빌린 소유자가 대출계약상 의무를 다하지 않아 기한의 이익[168]을 상실하였을 경우, 그 부동산의 처분권도 가지게 됩니다. 반면, 소유자인 자기자본 투자자는 임대수익 중 대출이자를 지급하고 잔여 이익을 취하고, 부동산을 처분할 때도 대출 원금을 공제한 매각 잔여금을 취합니다.

---

165 다른 나라에서는 건물이 별도로 등기되어 있지 않고, 토지 등기에 부속되어 있는 경우가 많음. 미국에서 건물주를 토지주(landlord)로, 건물을 개량물(improvement)이라고 지칭하는 것은 이러한 법적 특성이 반영된 것으로 추정됨.

166 **부동산 소유권 가치 = 토지 소유권 가치 + 건물 소유권 가치**

167 **부동산 소유권 가치 = 자기자본 가치 + 타인자본 가치**

168 돈을 갚기로 한 날짜까지 대출금을 갚지 않아도 되는 권리.

이렇게 부동산 소유권의 가격은 사용·수익·처분권의 합이자 토지·건물 소유권의 합이자, 자기자본(지분권)·타인자본(채권)의 합입니다. 가격이 10억 원인 실물 자산[169]을 다음의 표 8과 같이 3단으로 분해할 수 있습니다.

편익	물리적 구성	자본구조
사용권/수익권 (3억원)	토지 소유권 (5억원)	자기자본(지분권) (8억원)
처분권 (7억원)	건물 소유권 (5억원)	타인자본(채권) (2억원)

표 8. 실물 부동산 소유권의 3단 분해(예)

부동산 보유 5년간 임대수익의 현재가치가 3억원이고, 5년 후 예

169 토지와 건물이 실제로 존재하고, 현재 임대수익이 창출되고 있는 자산을 실물 자산으로 지칭함.

상되는 매각가의 현재가치가 7억원일 경우, 그 합인 10억원이 소유권 가치입니다. 여기서 토지가치가 5억원이면 건물가치는 5억원입니다. 대출 2억원을 끼고 구매하였다면, 소유권 가치 10억원은 자기자본 8억원과 타인자본 2억원으로 나누어집니다.

이렇게 소유권은 '편익', '물리적 구성', '자본구조'로 분해할 수 있습니다. 지금부터 다양한 부동산의 자본구조와 거래시장을 다룹니다.

실물자산

부동산 시장에서 가장 흔한 것이 실물자산 거래시장입니다. 보통 부동산 거래라고 하면 소유권을 거래하는 것입니다. 부동산의 등기부 등본에 소유자가 바뀝니다. 우리나라에서 실물자산 거래시장은 2013년 거래규모[170]가 주택 시장 98.3백만m^2, 상업·업무용 건물 26.4백만m^2, 공업용 건물 10.2백만m^2, 수도권 오피스 시장(50,000m^2이상 주요 오피스) 4.8조원·1.0백만m^2 이었습니다.

통계청 가계금융조사에 따르면 2013년 한국의 가계자산 중 부동산 비중은 67.8%로 유로존 58.3%, 일본 40.9%, 미국 31.5% 보다 높습니다.[171] 미국 가계는 부동산보다 주식이나 채권과 같은 금융상품을

170 자료 : 통계청, DTZ
171 연합뉴스(2014) 참조.

더 많이 가지고 있는 것으로 볼 수 있습니다. 그런데 데이터를 자세히 보면 조금 다른 결론을 도출할 수 있습니다. 미국은 빈부격차가 한국보다 심하며, 상류층 자산가들은 주식과 채권과 같은 금융상품을 많이 가지고 있습니다. 자산가들이 소유한 금융상품의 크기가 너무 커서 전체 가계가 가진 자산에서 금융상품 비율이 큰 것처럼 보입니다. 하지만 2011년 미국 일반적인 가계의 순자산(median household net worth)[172]은 68,828달러인데, 주택 이외 자산(median value of net worth excluding equity in own home)은 16,942달러에 불과합니다. 미국 중산층도 대부분의 자산은 부동산으로 가지고 있습니다. 미국에서도 가계 순자산의 변동은 주택가격 변동과 밀접한 상관관계를 가지고 있습니다.

대부분의 나라에서 중산층은 부동산 위주로 투자할 수 밖에 없습니다. 평생을 벌어야 자기 집 하나 온전히 살 수 있는 것이 일반적이기 때문입니다. 주식이나 채권과 같은 금융상품에 제대로 투자하기 위해서는 전문적인 분석이 필요한 반면, 부동산은 우리가 사는 공간이기 때문에 그것이 좋은 상품인지 아닌지를 직관적으로 알 수 있습니다. 주택은 임차수요가 없을 경우 자기가 직접 들어가서 살 수 있는 대안이 있어 상대적으로 안전합니다.

실물 부동산 투자는 거래 금액에 따라 시장이 나눠집니다. 10억

172 U.S. Census Bureau, Survey of Income and Program Participation 참조.

원 이하의 자산으로 거리상가와 아파트·소형 단독주택이 있습니다. 일정 수준의 중산층이 자기자본과 은행 대출을 껴서 투자 가능한 수준입니다. 한국은 택지개발촉진법으로 5백만 개에 가까운 10억 이하의 아파트를 공급하였습니다. 2000년까지 높았던 저축률 때문에 주택을 살 여력이 있는 중산층이 만들어졌습니다. 부동산 시장에서 주택의 실물거래시장의 규모가 가장 큽니다. 10억원에서 100억원 정도의 자산은 거리상가·단독주택·임대용 주택이 많습니다. 100억원 이하의 자산은 주로 개인이 소유하고 개인이 임차합니다.

한국에서 기관투자자는 주로 실물자산에 투자합니다. 오피스·쇼핑몰·마트·물류창고에 투자하는데, 그 중 오피스 투자 규모가 가장 큽니다. 오피스는 주로 중심업무지구에 위치하여 입지가 좋고, 여러 명의 우량한 임차인으로 구성되어 임차인 파산위험과 공실위험의 상관관계가 낮습니다. 투자수요도 기관투자자·기업·정부기관 등 다양하고 많아서 재매각시 유동성 위험도 적습니다. 거점도시의 중심업무지구에 위치하는 오피스는 다른 나라 투자자도 투자하는 세계화된 금융상품입니다.

다른 나라는 주택(apartment)도 기관투자자의 중요한 투자상품인 반면, 우리나라에서는 그러하지 못합니다. 앞의 「공간과 신용」편에서 언급하였듯이 임차인 신용도가 낮고, 임차인 디폴트시 명도비용과 위험이 큰 것도 중요한 이유입니다. 하지만 더 중요한 것은 아파트(서울)의 임대수익률이 3% 대로 오히려 오피스와 같은 우량 자산보다 낮기 때문입니다.

우리나라는 가계 순자산이 많은 편입니다. 하지만 가계는 기관투자자만큼 다양한 투자기회를 접하기가 어렵습니다. 가계는 어쩔 수 없이 낮은 기대수익률(즉, 높은 가격)로 주택에 투자합니다. 개발회사가 주택을 기관투자자에게 일괄 매각하면 개인에게 개별 매각하는 것보다 마케팅·판매비용과 매각 위험이 줄어듭니다. 개인에게 파는 것은 소매 상품인 반면, 기관투자자에게 파는 것은 도매 상품이기 때문입니다. 하지만 가계가 비싼 가격에 주택을 매입하므로 기관투자자가 자산매입경쟁에서 가계를 이기기 어렵기 때문에 우리나라는 임대주택 투자시장이 지금까지는 발전하지 못하였습니다.

실물자산에 투자하면 임차인에게 공간의 사용권을 빌려주고 그 대가로 임대료를 받으며, 다시 팔 때 시세차익을 얻습니다. 따라서 임대료 채권과 자본차익 상승에 대한 콜옵션[173]에 투자하는 것과 같습니다.[174] 실물에 투자하므로 인플레이션 위험을 피할 수 있습니다.[175]

173 부동산을 기초자산으로 하고, 행사가격이 0원이고 만료기한이 부동산 보유기간인 유럽형 콜옵션에 투자하는 것과 같음. (Grenadier,1995)

174 실물자산에 대한 투자수익률은 임대수익률 또는 소득수익률(income gain)과 자본수익률(capital gain)으로 구분할 수 있음;

투자수익률 = 소득수익률 + 자본수익률,

소득(임대)수익률 = 순영업소득 ÷ 부동산가치,

자본수익률 = 가격상승액 ÷ 부동산가치.

175 일반 채권은 정해진 액면가로 원금을 돌려받기 때문에 인플레이션(물가상승)이 심할 경우, 실질적으로 손실이 발생할 수 있음. 반면 부동산은 투자원금이 물가상승만큼 매년 상승하므로 인플레이션 위험이 적음.

근린(거리)상가는 주로 개인이 임차인이므로, 임대료와 관리비를 연체하고 미납하는 신용위험이 높습니다. 따라서 임대료 채권의 수익률, 즉 임대수익률은 개인 임차인에 대한 신용대출 채권과 유사한 수익률이 나와야 합니다. 그런데 서울 2013년 매장용 부동산의 소득(임대)수익률은 5.5%, 자본수익률 0.6%, 총 투자수익률은 6.1%이었습니다.[176] 반면 2013년 은행 신용대출금리가 6.28%, 저축은행 일반대출금리와 가계자금대출금리가 각각 13.16%, 18.74%이었습니다.[177] 동일한 사람에 대한 임대료 채권의 이자율이 신용대출 채권보다 더 낮습니다. 이렇게 임대료 채권이 신용대출 채권보다 수익률이 낮은 것(즉, 가격이 높게 형성되는 것[178])은 크게 두 가지 이유 때문입니다.

첫째, 임대차 계약(lease)은 일반 채권보다 임차인이 디폴트를 일으켰을 때, 임대 자산(leased property)을 더 손쉽게 회수할 수 있습니다.[179] 일반 채권은 돈을 빌린 차주(debtor)가 디폴트를 일으키면 원금 회수가 불확실한 반면, 임대차 계약에서는 임차인이 건물에서 떠나기만 한다면 임대 자산을 비교적 적은 손실[180]로 회수할 수 있

176 자료 : 한국감정원 R-One 부동산통계정보시스템

177 자료 : 한국은행 경제통계시스템

178 채권의 수익률이 낮다는 것은 채권의 가격이 높다는 것과 같은 의미임. 왜냐하면, 동일하게 10원의 이자를 지급하는 채권인데 A채권의 가격은 100원이고, B채권의 가격은 50원이라는 것은, A채권의 수익률은 10%, B채권은 20%라는 의미인데, 수익률(이자율)이 높을수록 값이 싼 채권이기 때문임. 원리금을 갚아나가는 차주(debtor)의 신용도가 높을수록 이자율이 싸지고 채권의 가격은 올라가게 됨.

179 Eisfeldt and Rampini(2009) 참조

180 기회비용(임대료 등) 및 원상복구비용이 있음.

습니다.

둘째, 부동산은 자산가격상승에 의한 자본차익이 있습니다. 부동산 투자에 대한 요구수익률이 7%이고 예상되는 가격상승률이 3%라고 한다면, 부동산 임대수익률은 4%만 되어도 임대인은 만족할 것입니다. 부동산의 가격상승이 예상되면 매수자간 매수경쟁이 발생하기 때문에 매입가격이 올라가게 되어 임대수익률은 낮아집니다.[181] 그래서 임대료 채권의 수익률은 신용대출 채권보다 낮게 수익률이 결정됩니다.

그런데 부동산 담보대출(secured loan)의 수익률(2013년 3.86%)은 오히려 부동산 임대료 채권의 수익률보다 낮습니다. 담보대출은 담보가 되는 자산의 처분으로 원금을 회수할 수 있고, 대출액 원금이 자산가치의 60% 이하라서 투자 안정성이 높으며, 자산에서 발생한 임대료에 대해 이자지급액을 선순위로 배당 받을 권리가 있기 때문입니다. 따라서 '담보대출 〈 임대료 채권 〈 신용대출'의 순으로 수익률 차이가 발생합니다.

2013년 서울의 A급 오피스 시장의 임대수익률은 5.6%이었습니다. 대형마트의 임대수익률은 2007년부터 2011년까지 평균

---

181 자본환원율(capitalization rate)은 총투자수익률 또는 할인율(discount rate)에서 영구가격상승률(perpetual growth rate)을 뺀 값으로 형성됨. 자세한 사항은 뒤의 「공간의 가치(부록)」편 참조.
자본환원율 = 순영업소득 ÷ 매입가격 = 할인율 - 가격상승률

6.25~7.15%[182]로 투자되었습니다. 여기서 한가지 이상한 현상이 발견됩니다. A급 오피스나 대형마트의 임대수익률이 거리상가 임대수익률(5.5%) 보다 오히려 높습니다. 임차 신용도나 건물 퀄리티가 뛰어남에도, A급 오피스나 대형마트가 가격이 더 싸게(즉, 임대수익률이 높게) 형성됩니다. 왜 그럴까요?

그 이유는 자금의 수요·공급 때문입니다. A급 오피스와 대형마트는 거래금액이 1000억원이 넘습니다. 반면 거리상가는 거래금액이 10억원 이하입니다. 1000억원 이상의 대규모 자산은 공급이 희소하지만, 1000억원 이상의 자금을 조달할 수 있는 사람(즉, 수요자)은 더 희소합니다. 10억원 이하의 자산은 공급도 많지만, 투자자는 더 많습니다. 매우 비싼 자산은 투자자의 층이 얇기 때문에 매수 경쟁이 적어 오히려 수익률이 높습니다. 자금조달능력이 큰 기관투자자들은 일종의 초과이윤을 누립니다. 1조원의 돈이 있으면 그 돈을 쪼개서 투자할 수도, 한 건에 투자할 수 있어 자유도가 높습니다. 돈이 많으면, 투자 정보가 많이 모이고, 우수한 투자관리(investment management) 인력을 고용할 수 있기 때문에 더 많은 투자기회를 접할 수 있습니다. 뉴욕·런던·도쿄·서울과 같은 세계적인 대도시에서 트로피자산(trophy asset)이라고 불리는 최고 퀄리티의 오피스는 거래금액이 매우 크기 때문에 대규모 자금조달을 할 수 있는 세계적 규모의 국

182 자료 : DTZ

부펀드·연금·보험회사만이 접근할 수 있습니다. 서울에서 2013년 기준으로 '아파트 3~4% 〈 거리상가 5.5% 〈 A급 오피스 5.6%'[183]의 순으로 수익률이 증가합니다. 아파트의 임대수익률이 제일 낮은 이유는 수요자가 많아서 매수 경쟁이 심하기 때문입니다.

보유 자산의 규모가 큰 투자자일수록 신용도가 좋기 때문에 더 낮은 금리로 자금을 조달할 수 있습니다. 따라서 그림 18처럼 자본의 규모가 증가할수록 자본의 기대수익률은 증가하고, 조달비용(즉,차입이자율)은 감소하는 경향이 발생합니다. 기대수익률과 조달비용이 일치하는 '전환점'보다 보유 자본의 규모가 작으면 음(-)의 레버리지 효과[184]가 발생하고, 전환점보다 보유 자본의 규모가 크면 양(+)의 레버리지 효과가 발생합니다. 그래서 전환점보다 자본의 규모가 작은 개인들은 자금이 생기면 부채를 상환하여 수익률을 올리려 하고, 전환점보다 자본의 규모가 큰 자산가나 기업은 적정한 수준의 부채를 유지하여 자기자본 가치를 극대화합니다. 따라서 우리는 돈을 빌려서 수익률을 증대시키는 투자의 선순환이 발생하도록 전환점 이상의 재산

---

183 A급 오피스의 임차인 신용도가 아파트나 거리상가의 임차인 보다 우수함을 고려할 때, 확실성 등가 수익률(certainty equivalent return)은 자산의 거래금액 규모가 커질수록 증가하고 있음;

확실성 등가 수익률 = 명목수익률 - 위험 프리미엄

184 양(+)의 레버리지 효과가 있으면 자금을 차입하면 자기자본 수익률이 증가하고,음(-)의 레버리지 효과가 있으면 자금을 차입할 때 자기자본 수익률이 감소함.

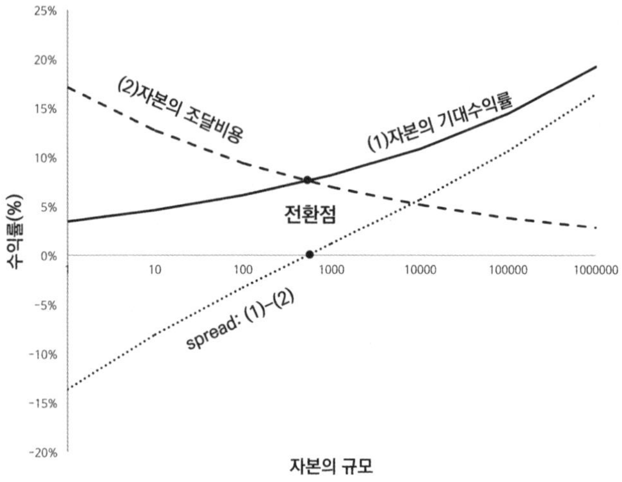

그림 18. 자본의 규모와 수익률

을 축적하여야 합니다.[185]

임대 보증금

한국의 임대 보증금은 독특합니다. 보증금을 에스크로우 계좌

185 한국에서 개인이 전환점을 넘어 양(+)의 레버리지를 일으키려면, 자기점유 주택 이외에 부동산 등에 투자할 수 있는 일정수준 이상의 재산이 있거나, 자영업을 하거나, 의사나 변호사와 같은 전문자격증을 획득하여 독립적인 영업을 하여, 자기자본의 기대수익률을 올려야 함.

(escrow)[186]에 넣고 임차인이 임대료를 미납·연체하거나 대상 부동산을 훼손하였을 때 인출하는 서구와 달리, 한국에서는 보증금을 임대인이 자기의 계좌에 넣고 자유롭게 사용할 수 있습니다. 임대인은 보증금으로 부동산을 구입하거나 담보대출을 상환합니다. 임대 보증금은 임차인이 임대인에게 제공하는 대출과 같습니다.[187] 임대차 계약이 체결된 부동산을 구매할 때, 기존 임대차 계약도 같이 거래하므로, 부동산 가격에서 보증금을 뺀 금액을 현금으로 매도자에게 지급합니다.

보증금이 있는 부동산은 다음의 표 9와 같이 표시할 수 있습니다. 보증금을 재무상태표(balance sheet)에 표시하지 않는 서구와 달리, 우리나라는 우변의 부채항목에 보증금을 잡습니다. 한 기업의 채권자(은행 또는 회사채 투자자)도 그 기업의 투자자인 것처럼, 임차인도 보증금을 통하여 그 부동산의 투자자가 됩니다. 최근처럼 전세가율(=전세보증금/부동산가격)이 50%가 넘는 상황은 집주인보다 임차인이 해당 부동산에 더 많이 투자한 것입니다.

186 계약에서 쌍방의 합의에 의해 자금인출의 조건을 설정한 계좌. 서구에서는 보증금에 대한 이자수취권도 임차인이 가지고 있는 경우가 많음.

187 이창무·정의철·이현석(2002) 참조.

편익	물리적 구성	자본구조
처분권 (4억원,임대인)	토지 소유권 (5억원)	자기자본(지분권) (4억원)
사용·수익권 (6억원,임차인)	건물 소유권 (5억원)	보증금 (임차인 채권) (6억원)

표 9. (전세)보증금이 있는 부동산 소유권의 3단 분해(예)

특히 임대료 없이 보증금만 존재하는 전세 계약은 위의 표와 같이 임대인이 대상 부동산에 대한 사용·수익권[188]을 임대기간 동안 임차인에게 매각한 것과 같습니다. 임대인은 임대차 계약기간 동안 처분권만 가집니다.

보증금을 임대인이 자유롭게 사용함에 따라 보증금은 흥미로운 재무적 속성을 얻게 됩니다. 표 10에서 보는 것처럼 보증금은 '전환된 임대료'이자 '대출'입니다. 임대인이 임차인에게 부동산의 사용권

188 만약 전세 계약에 임차인이 다른 전차인에게 전대(sublease)를 하지 못하게 하는 규정이 있다면, 사용권만 매각한 것과 같음.

을 빌려주는 것(전환 임대료)과 임차인이 임대인에게 보증금[189]을 빌려주는 것(대출)을 동시에 체결하기 때문입니다. 임차인은 부동산에 실제로 살면서 돈을 빌려주었기 때문에 부동산의 점유권을 보증금의 담보권처럼 사용할 수 있습니다. 임차인이 지불하여야 할 임대료와 임대인이 지불하여야 할 보증금에 대한 이자를 서로 상계하여 상호간 계약 이행에 대한 모니터링 비용을 절감합니다.[190]

속성	'전환 임대료'로서	'대출'로서
건물주	임대인(lessor)	차주(borrower)
세입자	임차인(lessee)	대주(lender)
대상	부동산 사용권	무이자 대출
편익	임대인의 자본비용 감소	임차인의 임대료 감소
가격	전환율	전환율

표 10. 전환 임대료이자 대출로서의 보증금[191]

189 보증금은 임차인이 임대인에게 제공하는 무이자 무상각 대출(zero coupon bond without amortization)과 같음.

190 Kim and Shin(2013) 참조.

191 Park and Pyun(2014) 참조.

보증금은 표 11과 같이 '콜옵션'과 '풋옵션'의 성질을 동시에 가지고 있습니다. 콜옵션이라는 것은 특정 자산을 특정 시점에 특정 가격에 매수할 수 있는 권리입니다. 풋옵션이라는 것은 특정 자산을 특정 시점에 특정 가격에 매도할 수 있는 권리입니다. 둘 다 특정 자산의 가격변동에 파생하는 금융 상품입니다.

	'콜옵션'으로서	'풋옵션'으로서
매도자	임대인	임차인
매수자	임차인	임대인
기초자산	임차인 신용손실 배상액	대상 부동산
행사가격	보증금	보증금
유형	유럽형 또는 미국형	유럽형

표 11. 콜옵션이자 풋옵션으로서 보증금[192]

한국에서 보증금은 임차인이 계약기간 동안 임대료와 관리비를 얼마를 내지 않던 간에 원래 지불하였던 보증금으로 임차인이 야기한 신용손실액을 한정한다는 계약과 같습니다. 법적으로는 보증금을 초

192 Grenadier(1996), Ambrose and Kim(2003), Park and Pyun(2014)참조.

과한 손실을 입혔으면, 모든 손실에 대해 손해배상을 하여야 합니다. 하지만 임차인이 채무불이행을 하더라도 그 채무의 이행을 강제할 수 있는 방안이 강력하지 않고, 강제하는 데 법률비용이 많이 소요되기 때문에 대부분의 임대인은 보증금으로 손실을 복구하는 데에서 계약의 강제를 멈춥니다.[193] 따라서 임대 보증금은 임대인이 임차인에게 신용손실배상액을 보증금으로 매입할 수 있는 권리, 즉 콜옵션(call option)을 매각한 것과 같습니다.

반면 임대인이 임대차 계약이 끝나도 임차인이 제공한 보증금을 돌려주지 않으면, 임차인은 법원에 경매를 신청하여 대상 부동산을 매각하여 보증금을 회수하게 되는 데, 경매에 의한 부동산 '청산가치(liquidation value)'는 정상적인 '시장가치(market value)'보다 더 낮게 형성됩니다.[194] 임차인은 청산가치로 보증금을 회수할 수 있으나, 보증금보다 선순위 채권이 있거나, 청산가치가 보증금보다 낮은 경우, 보증금의 일부 또는 전부를 돌려받지 못하게 됩니다.

임대인은 부동산 가격이 보증금보다 낮아지면 차라리 보증금을 돌려주지 않는 것이 유리합니다. 보증금이 10억인데 부동산 가격이

193 법적으로 임대인은 임차인에게 임차인이 소유한 보증금 이외의 자산으로 손해를 회복하도록 요구하는 '소구권(recourse)'을 행사할 수 있음. 하지만 현실적으로 소구권을 행사하는 법적 강제비용이 높기 때문에 소구권을 행사할 수 없는 경우가 대부분임.

194 2011년 기준으로 서울시 공동주택의 0.78%가 임대인 디폴트에 의해 경매가 되었음. 2013년 기준으로 서울의 경매 낙찰가율(= 낙찰가격 ÷ 시장가치)은 아파트가 78.6%, 상가가 48.6%였음. 2013년 서울의 평균 아파트 전세가율(= 전세가격 ÷ 시장가치)은 66.2%임. (자료 : 서울시, 대법원, KB)

7억원으로 떨어지면, 보증금을 돌려주지 않는 것이 3억원을 더 버는 방법이기 때문입니다. 임대인 디폴트에 대한 계약강제비용과 채무회수비용이 크기 때문에, 임차인은 부동산을 팔아서 발생하는 청산가치로 보증금 손실을 한정하는 경우가 많습니다.[195] 보증금이 있는 임대차 계약은 임차인이 임대인에게 계약 만기시점에 대상 부동산을 보증금에 매각할 수 있는 풋옵션(put option)을 매각한 것과 같습니다.

다음의 표 12를 보면 부동산 하위시장마다 다양한 보증금 배율[196]이 형성되어 있습니다. 임차인의 신용도가 떨어질수록(즉, '임차인 신용위험'이 증가할수록) 보증금 배율이 증가하는 것은 당연하므로[197] 서울 A급 오피스보다 대형마트가, 대형마트보다 거리상가가 보증금 배율이 높은 것은 쉽게 이해가 갑니다.

하지만 임차인 신용위험만으로 아파트 시장에서 보증금 배율이 무한대(∞)로 임대료는 없이 보증금만 존재하는 전세계약이 있고, 고시원 시장에서는 보증금 배율이 0으로 보증금은 없이 임대료만 존재하는 완전월세계약이 존재하는 것을 선뜻 이해하기 어렵습니다. 아파트 시장에서 어떻게 임대수입이 없는 계약을 임대인이 용인할 수 있는지와 가장 임차인 신용도가 떨어지는 고시원에서 보증금이 없는 역

195 임대인 디폴트에서도 법적으로 임차인은 임대인에게 임대인이 소유한 다른 자산으로 임차인의 보증금 채무를 상환하도록 요구하는 소구권을 가지고 있음. 하지만 한국 현실에서 그 법적 강제비용이 높기 때문에 소구권을 행사할 수 없는 경우가 많음.

196 **보증금 배율 = 보증금 ÷ 월임대료**

197 Grenadier(1996), Benjamin,Lusht and Shilling(1998) 참조.

설적인 결과가 나타나는지는 일종의 수수께끼 같습니다.

하위시장	보증금 배율 (보증금/월임대료)		주요 시장참가자	
	평균	표준편차	임대인	임차인
서울 A급 오피스	10.0	0.4	기업	기업
대형마트	13.6	6.9	기업	기업
서울 거리상가	28.3	26.5	개인	개인
아파트	∞	-	개인	개인
고시원	0	-	개인	개인
일본 오피스 시장	12	-	-	-
호주 오피스 시장	6~12	-	-	-
중국 오피스 시장	3	-	-	-
인도 오피스 시장	6~12	-	-	-
싱가포르 오피스 시장	3			

표 12. 한국 부동산 하위시장별 보증금 배율[198]

198 아파트와 고시원은 최빈값 기준. 자료 : DTZ, KB, 국토교통부, 이재우·이창무(2005) ; 서울A급 오피스 시장 2011년, 대형마트는 2004~2011년 신규 거래건 평균, 서울 거리상가는 2004년, 아파트, 고시원은 2013년 기준 . 그 외 각국 오피스 시장은 DTZ 2010년 자료.

이렇게 수수께끼 같은 현상이 발생하는 이유는 보증금 배율이 부동산 투자수익률[199]이 높을수록, 임차인의 자본비용 금리가 낮을수록 증가하기 때문입니다.[200] 마치 부동산 투자수익률이 증가하고 대출이자율이 낮아질수록 임대인은 더 많은 대출(LTV)을 하는 것과 같습니다.[201] 아파트 시장은 주택가격 상승률이 높았고, 표 6에서 보는 것처럼 임차인이 순자산을 충분히 축적하여 자본비용 금리가 낮기 때문에, 보증금 배율이 무한대(∞)인 '전세계약'이 주를 이루게 된 것입니다.

'임대인' 입장에서 보증금으로 자금을 조달하면 임대차 계약의 만기일(즉, 보증금 반환일)을 임차인과 협상으로 조절할 수 있습니다. 보증금을 계약만기에 일시 상환하므로 원금을 분할 상환하는 주택담보대출에 비해 더 높은 자기자본수익률 증가(레버리지) 효과가 있습니다. 전세 보증금을 활용하면 임대수입이 없더라도 약간의 가격상승

---

199 **부동산 투자수익률 = 임대수익률 + 가격상승률**

200 박성식·최막중(2013), Park and Pyun(2014) 참조. 부동산 투자수익률이 높으면 임대인은 더 많은 보증금(임차인 대출)으로 자기자본수익률을 증가시키려 함. 반면 임차인은 자신의 자본비용 금리가 낮을수록 더 많은 보증금을 제공하여야 총 임차비용이 감소함. 따라서 부동산 투자수익률이 증가하고 임차인 자본비용 금리가 낮을수록 균형 보증금 배율이 증가함.
자기자본 수익률 = (임대료 - 임대료 손실위험 + 가격상승액) ÷ (부동산가격 - 보증금),
총임차비용 = 보증금 자본비용 + 임대료 지급액 + 보증금 손실위험.

201 Cannaday and Yang(1996), McDonald(1999) 참조.

만 발생하여도 높은 자기자본 수익률을 얻습니다.[202] 아파트 가격 상승이 안정적으로 발생한다면, 신용이 떨어지는 개인 임차인으로부터 불확실한 임대수입을 얻는 것보다 전세계약을 통하여 자산가격상승에 배팅하는 것이 합리적입니다.

'임차인' 입장도 전세 보증금을 제공할 만큼 자본이 있으면 낮은 은행예금 금리로 돈을 굴리는 것보다 전세 보증금을 제공하여 임대료를 감면 받는 것이 낫습니다.[203] 물론 예금은 원금손실 위험이 거의 없고, 보증금은 임대인이 돌려주지 않을 위험이 있지만, 전환율에 임대인 신용위험에 대한 프리미엄이 충분히 반영되어 있다면, 주택보증금에 투자하는 것은 합리적입니다. 게다가 전세계약에서 대주(lender)인 임차인은 부동산을 직접 점유하고 통제하기 때문에 사실상의 담보권을 확보합니다.[204] 한국은 주택임대차보호법 등 임차인의

202 주택가격 상승률이 3%라 하더라도 전세가율이 60%이면 자기자본 수익률은 7.5%가 됨. 부동산 가격이 100원이고 가격상승액이 3원인데 전세금이 60원이면 40원만 자기자본이 필요하므로 7.5%의 자기자본 수익률이 발생함.

자기자본 수익률 7.5% = 주택가격 상승률 3% ÷ (1 - 전세가율 60%)

203 2013년에 예금이자율은 2.71%이었으나, 서울의 주택 보증금 전환율은 7.6%였음. 임차인에게 60원의 여유자금이 있다면, 예금에 투자하여 1.6원(= 60원 × 2.71%) 이자소득을 얻는 것보다 주택 보증금에 투자하여 4.6원(= 60원 × 7.6%) 임대료를 감면 받는 것이 더 현명함(자료 : 한국은행, 서울시).

204 Kim and Shin(2013)참조.

권리를 보호하는 법제도가 있기 때문에 후순위 전세금[205]이 아니라면 보증금 손실 위험이 크지 않습니다.

주택시장에서 전세 보증금 계약이 생긴 것은 다음의 다섯 가지 조건이 맞았기 때문입니다.

첫째, 보증금을 임대인이 자유롭게 쓸 수 있어야 합니다. 미국처럼 보증금을 에스크로우 계좌에 넣고, 임차인 디폴트가 있을 때만 사용하고, 보증금의 이자 수취권도 임차인이 가지고 있다면, 전세 계약과 같은 높은 보증금 배율은 발생할 수 없습니다.

둘째, 임차인의 권리를 강하게 보호하는 법과 관행이 있어야 합니다. 임차인은 부동산을 점유한 그 자체로 사실상의 보증금에 대한 담보권을 행사할 수 있습니다. 거기다 주택임대차보호법 등 임차 보증금의 법적 지위와 효력을 보호하는 규정이 있습니다. 이는 임차인으로 하여금 주택가격의 50%가 넘는 전세 보증금을 임대인에게 투자하고도 안심하게 하는 동력이 됩니다.

셋째, 종전 임차인과 새 임차인의 이사(전입/전출)를 같은 날 하는 시장관행입니다. 전세 계약에서 임차인이 바뀌는 것은 주택의 대출을 재설정(refinancing)하는 것과 같기 때문에 자금 공백이 있어

---

205 은행 담보대출이 보증금보다 먼저 설정되어 있는 경우, 보증금은 후순위가 됨. 예를 들어 부동산 가격이 100원인데, 담보대출이 60원이 있고, 그 다음에 전세 보증금이 60원으로 설정되어 있다면, 임대인이 담보대출의 상환을 거부하여 부동산이 경매에 넘어가서 100원에 낙찰된다면, 선순위인 담보대출 원금 60원을 먼저 상환하고 남은 40원으로 전세 보증금을 상환하므로, 임차인은 20원의 보증금 손실을 입게 됨.

서는 안됩니다. 전입과 전출이 같은 날 이루어져야 공백이 없습니다. 미국처럼 임차인이 변경되면서 집을 수리하는 공실기간이 있으면 전세 계약은 존재하기 어렵습니다. 전세계약과 전입·전출일이 같은 이사 관행 때문에 오래된 주택의 전면적인 수리와 개량이 잘 이루어지지 못합니다.

넷째, 꾸준한 가격상승입니다. 우리나라는 급격한 경제성장과 함께 높은 주택가격 상승을 경험하였습니다. 전세 계약은 임대수입을 포기하고 가격상승에 배팅하기 때문에 가격상승이 중요합니다.

다섯째, 임차인의 자산축적입니다. 충분한 자기자본이 축적되어 있어야 임차인은 전세 보증금을 제공할 수 있습니다. 임차인 자본비용이 전환율보다 낮아야 보증금이 발생할 수 있습니다. 표 6에서 보듯이 한국의 가계는 높은 수준의 순자산을 축적하였는데, 투자기회는 많지 않다 보니 전세 계약을 많이 체결합니다.

게다가 한국은 오랫동안 '계'로 대표되는 상호부조의 직접금융 전통이 있어 왔습니다. 계는 매우 흥미로운 금융 시스템인데, 공동체 구성원이 순번을 정하여 십시일반으로 자금을 한 사람에게 모아주는 것입니다. 순번이 지날수록 원금에 이자를 더하기 때문에, 첫 번째 계원은 순수 차주(debtor)가 되고 마지막 계원은 순수 대주(creditor)가 되며, 그 사이에 있는 사람은 순위에 따라 대주와 차주의 복합적 성격을 가지게 됩니다. 대주와 차주의 지위가 서로 혼합되어 있고, 금융기관을 거치지 않으며, 구성원간 상호 신뢰를 바탕으로 한다는 점에서 전세 계약과 유사합니다.

전세계약의 발생 조건을 살펴보면, 왜 임차인 신용도가 떨어지는 고시원에서 역설적으로 보증금이 존재하지 않는지를 설명할 수 있습니다.

고시원에서는 임차인 권리가 잘 보장되기 어렵습니다. 고시원은 법적으로 근린생활시설이기 때문에 주택임대차 보호법의 보호를 받지 못합니다. 구분소유권이 아니기 때문에 개별 보증금이 개별 호의 선순위 채권이 되기 어렵습니다. 옆 방 임차인의 보증금이 선순위이고 나중에 들어온 나의 보증금은 후순위가 됩니다. 보증금 손실 위험이 큰 상황에서 임차인은 보증금을 지불하고 싶지 않습니다.

고시원은 임차인 회전이 빠르며 불규칙하기 때문에 전입일과 전출일을 맞추기 어렵습니다. 임대인 입장에서 이사일에 맞추어 보증금 반납액을 그때 그때 조달하기 부담스럽습니다. 임대인도 보증금을 적게 설정하고 싶어합니다.

가장 중요한 것은 임차인의 자본축적입니다. 고시원은 소득수준이 낮고 자본이 축적 되지 않은 1인 가구가 살기 때문에 보증금을 지불할 돈이 없습니다. 보증금을 지불하려면 20%가 넘는 신용대출을 통해 자금을 조달하는데, 신용대출이자율이 보증금 전환율보다 높습니다. 임차인은 임대료를 보증금으로 전환하는 것이 합리적이지 않습니다.[206] 고시원에는 보증금이 아예 없는 보증금 배율 0의 임대차 계약이 주를 이루게 됩니다.

오피스·대형마트·거리상가의 임차인은 자본비용이 아파트 임차인보다 높고, 고시원 임차인보다 낮습니다. 오피스나 대형마트에 들어가는 기업은 10%에 가까운 자기자본수익률(return on equity)[207]이 발생하기 때문에 여유자금이 있을 경우, 보증금에 투자하는 것보다는 자기 사업에 투자하는 것이 합리적입니다.[208] 거리상가 임차인은 개인이지만 사업자등록을 하고 기업형 영업을 하기 때문에 아파트 임차인보다 높은 수익률을 기대합니다. 따라서 오피스·대형마트·거리상가는 아파트와 고시원과 달리 표 12처럼 임차인 신용위험을 대비하는 수준(10~28개월치 임대료)의 보증금 배율이 형성되고 있습니다.

한국에는 큰 규모의 전세 보증금 시장이 존재합니다. 부동산써브

---

206 임대인이 요구하는 전환율이 10%라면 10원의 년간 임대료가 보증금 100원으로 전환됨. 하지만 임차인은 자본비용(신용대출이자율)이 20%이기 때문에 임대료 보증금이 50원보다 작아야 함. 완전월세 계약에 비해 총 임차비용이 증가함.

207 한국 상장사 평균 자기자본수익률은 2013년 9.7%임.

208 보증금 전환율은 보증금이라는 채권의 수익률(= 임대료 감소액 ÷ 보증금투자액)이기 때문에 자기자본비용보다 보증금 전환율이 낮으면 임차인은 보증금에 투자하지 않음. 서울 오피스 시장에서 임대인이 고시하는 표면적인 보증금 전환율은 12~18% 수준이나, 실질적으로 10달치 임대료로 보증금 배율이 고정되어있기 때문에 이는 사문화된 조항으로 봐도 무방함. 실질적인 보증금 전환율은 10% 보다 낮은 것으로 추정됨. 실제로 기관투자자는, 오피스 임차인이 전환율 12%로 임대료를 보증금으로 전환해달라고 요청하면, 거부하거나 단기금융상품 금리수준인 1~2%로 전환할 것을 요구함.

[209]에 따르면 2014년 10월 전국 아파트의 전세 시가총액이 1189조 원(1.1조 달러[210])에 이른다고 합니다. 미국의 부동산 저당증권[211] 규모가 2014년 3분기 기준으로[212] 9581조원(8.7조 달러)입니다. 한국 전세금은 한국 국내총생산액의 '83%'인 반면, 미국 저당증권 가치는 미국 국내총생산액의 '52%'입니다. 사금융인 전세 보증금의 규모가, 금융 선진국인 미국의 부동산 저당증권 못지 않게 형성되어 있습니다.

한국의 보증금은 임차인이 임대인에게 제공하는 직접금융으로 금융기관의 예금-대출 마진을 발생하지 않고 임차인의 임대료 납부와 임대인의 이자 납부를 강제하는 비용이 들지 않아 경제 전체의 효율성을 증가시켰습니다.[213] 임대료가 보증금으로 전환됨에 따라 임대인의 '자기자본 수익률'이 증가하고 임차인의 '총 임차비용'이 감소하는 파레토(pareto) 개선효과[214]가 있었습니다. 임대료가 보증금으로

209 헤럴드경제(2014) 참조.

210 환율 1100원/달러 적용.

211 미국에서는 은행이 담보대출(mortgage)을 모아서 제3의 투자자에게 판매하는 저당증권이 활성화 되어 있음. 페니메(Fannie Mae), 프레디맥(Freddie Mac)과 같은 정부투자기관이 주택저당증권을 보증함. 보증부 저당증권은 디폴트 위험이 없으므로 조기상환(prepayment)이 가장 중요한 위험임. 미국의 주택대출은 부동산 가격 대비 30% 이하의 자기자본(down payment)을 투자한 후 장기에 걸쳐 원리금을 상환하는 상품임.

212 자료 : www.sifma.org (US mortgage-related securities, outstanding), agency MBS, agency CMO, CMBS, RMBS를 모두 합친 금액 기준.

213 Kim and Shin(2013)참조.

214 자원배분에 있어 다른 사람에게 손실이 가지 않으면서 한 명 이상의 사람이 이득을 보는 현상. 박성식·최막중(2013) 참조.

바뀌면 임대인은 자기자본 투자규모가 줄어들어 수익률이 증가하고, 임차인은 임대료 지급액보다 보증금의 자본비용이 더 적어서 총 임차비용이 감소합니다.

부동산 가격상승률이 높으면 임대인은 높은 보증금 전환율을 감당할 수 있어, 보증금 전환으로 임차인의 총 임차비용이 감소합니다. 최근 주택가격 상승이 둔화되면서 보증금 배율이 줄어들고 총 임차비용이 증가하여, 소위 렌트푸어(rent poor)가 증가하는 현상[215]이 있습니다. 과거 오랫동안 주택시장의 가격상승이 전세 계약을 통하여 임차인의 임차비용을 낮게 유지시켰으나, 최근 주택시장이 상대적으로 약세에 빠지자 보증금 배율이 줄어들면서 임차인의 총 임차비용을 증가시키는 것으로 해석할 수 있습니다.[216]

부동산 투자구조

한국에서 부동산에 투자하기 위해서는 개인이 직접 부동산을 소유해도 되지만, 주식회사·유한회사 등 부동산을 소유한 법인의 증권을 소유할 수도 있습니다. 부동산을 자산으로 소유하느냐, 증권으로

215 서울특별시(2014)에 따르면 전세계약에서 월세계약으로 바뀜에 따라 임차인의 총 임차비용이 2.4배로 증가할 수 있음.

216 Park and Pyun(2014) 참조.

소유하느냐는 투자의 목적·지배구조·세금효과에 따라 선택합니다. 2001년에 부동산투자회사법, 2003년에는 간접투자자산운용업법[217]이 제정되었습니다. '특수목적기구(special purpose vehicle)'[218]를 도입하여, 자본시장을 성장시키기 위하여 만들어진 법입니다. 2004년에 대규모 개발사업에서 프로젝트금융투자회사(project financing vehicle)라는 특수목적기구를 세울 수 있게 됩니다. 한국에서 부동산 투자구조, 특수목적기구는 다음의 표 13과 같이 정리할 수 있습니다.

217 2009년 자본시장과 금융투자업에 관한 법률(자본시장법)로 통합.

218 자산과 소유자의 재무적 위험과 회계를 분리하기 위하여 해당 자산의 투자만을 위해 설립한 회사나 신탁 같은 법적 실체. 기관투자자들은 대부분 특수목적기구를 통하여 투자함. 자본시장법상 집합투자기구는 통칭 부동산펀드 또는 REF(real estate fund)라 불리고, 부동산투자회사법상 부동산투자회사는 통칭 REIT(real estate investment trust)라고 불림.

<table>
<tr><th colspan="2" rowspan="2">투자기구</th><th rowspan="2">투자
형태</th><th colspan="2">세금</th><th rowspan="2">비고</th></tr>
<tr><th>취득세</th><th>소득세
(법인세)</th></tr>
<tr><td colspan="2">개인</td><td>제한
없음</td><td>4.6%</td><td>41.8%</td><td>·자산 직접 소유</td></tr>
<tr><td colspan="2">주식회사(법인)</td><td>제한
없음</td><td>4.6%
(9.4%)</td><td>24.2%</td><td>·설립후 5년미만 대도시 소재법인 취득세 9.4%</td></tr>
<tr><td colspan="2">프로젝트
금융투자회사
(PFV)</td><td>개발</td><td>4.6%</td><td>감면</td><td>·금융회사 5%이상 지분
·자본금 50억 이상
·자산/자금관리 위탁</td></tr>
<tr><td rowspan="2">집합
투자
기구
(REF)</td><td>신탁</td><td>실물/
개발</td><td>4.6%</td><td>해당
없음</td><td rowspan="2">·집합투자업자 의결권/운용
·부동산/ 대출/파생상품/증권
·순자산 2배까지 차입</td></tr>
<tr><td>회사</td><td>실물/
개발</td><td>4.6%</td><td>감면</td></tr>
<tr><td rowspan="3">부동산
투자
회사
(REIT)</td><td>자기
관리</td><td rowspan="3">실물/
개발</td><td>4.6%</td><td>24.2%</td><td rowspan="3">·최저자본금 50억원(70억)
·1인 최대 40%(30%) 지분
·지분30%이상 공모(기업구조조정 제외)
·자기자본 2배까지 차입
·이사회가 의결권
·자산관리 위탁(자기관리형 제외)</td></tr>
<tr><td>위탁
관리</td><td>4.6%</td><td>감면</td></tr>
<tr><td>기업
구조
조정</td><td>4.6%</td><td>감면</td></tr>
</table>

표 13. 부동산 투자의 특수목적기구 비교

그림 19에서 보는 것과 같이 부동산 집합투자기구(REF) 시장은 2004년부터 10년간 연평균 45%의 빠른 속도로 성장하고 있습니다. 2004년에 전체 펀드 중 0.5%에 불과하던 부동산 집합투자기구(펀드)의 비중은 2013년 12월에 7.3%가 되었습니다. 부동산이 자본시장에서 차지하는 비중은 점점 증가하고 있습니다.

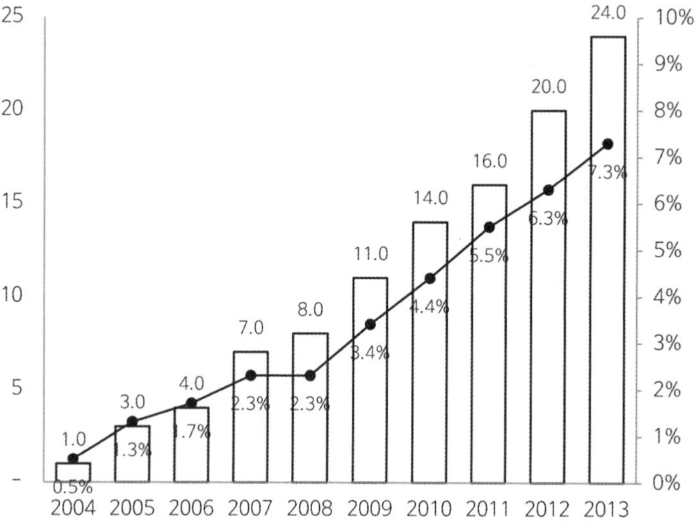

그림 19. 부동산 펀드(REF) 설정원본 및 비중[219]

219 자료 : 금융투자협회(각 년도 12월 3일자 기준, 왼쪽 축은 설정잔액(단위 : 조원), 오른쪽 축은 전체 펀드 중 부동산 펀드 잔액 비중)

다음의 표 14 같이 부동산의 자본구조는 채권(타인자본)과 지분(자기자본)으로 나눕니다. 투자자는 부동산을 소유한 특수목적기구의 지분증권 또는 선·후순위 채권에 투자합니다. 2012년 전세계에서 부동산에 투자된 금액 12.4조 달러를 살펴보면, 공모형 지분증권(public equity)이 0.9조 달러, 사모형 지분증권(private equity)[220]이 4.2조 달러, 공모형 채권(public debt)이 1.5조 달러, 사모형 채권(private debt)이 5.8조 달러에 이릅니다.[221] 채권은 지분증권보다 수익을 우선 배당 받기 때문에 상대적으로 안전합니다.[222] 선순위일수록 위험이 적기 때문에 더 적은 이자율도 받아들일 수 있습니다. 지분증권은 가장 후순위로 수익을 배당받기 때문에 가장 높은 수익률

---

220 공모는 불특정 다수로부터 자금을 모집하는 방식이고, 사모는 특정 투자자 또는 투자자 그룹으로부터 자금을 모집하는 방식임. 기관투자자들은 의사결정을 신속히 할 수 있는 사모방식을 선호함.

221 자료 : DTZ Money Into Property 2013

222 지분증권, 선순위 채권, 후순위 채권의 위험을 살펴보기 위하여 다음과 같은 예시안을 제시함. 10억원인 부동산의 임대 순수익이 8000만원, 즉 임대수익률 8%(= 8000만원 ÷ 10억원)임. 선순위 채권(senior loan) 5억원을 이자율 6%(연 이자지급액 3000만원)에, 후순위 채권(junior loan)으로 3억원을 이자율 10%(연 이자지급액 3000만원)에 모두 만기시 원금 상환하고 소구권(recourse) 이 없는 조건으로 설정함. 2억원을 투자한 지분증권(자기자본)의 소유자는 임대수익에서 선·후순위 채권자에게 지급하고 남은 2000만원, 즉 자기자본수익률 10%(= 2000만원 ÷ 2억원)을 가지게 됨. 만약 임대시장이 안 좋아져서 임대 순수익이 5000만원(임대수익률 5%)이 되면, 선순위 채권자는 원래 약정된 이자를 손실 없이 지급받게 되지만, 후순위 채권자는 선순위 채권자에게 먼저 배당되고 남은 2000만원을 이자(이자율 6.6%)로 취하고, 지분증권 소유자에게는 돈이 돌아가지 못함. 부동산 가치가 7억원으로 하락할 경우, 선순위 채권자는 원금 5억원을 다 상환 받을 수 있지만, 후순위 채권자는 투자액 3억원 중 2억원 만을 회수할 수 있고, 지분증권 소유자는 원금 전체가 손실임.

<table>
<tr><th>편익</th><th>물리적 구성</th><th>자본구조</th></tr>
<tr><td>사용권/수익권
(3억원)</td><td rowspan="2">토지 소유권
(5억원)</td><td rowspan="2">선순위 채권
(5억원)</td></tr>
<tr><td rowspan="3">처분권
(7억원)</td></tr>
<tr><td rowspan="2">건물 소유권
(5억원)</td><td>후순위 채권
(3억원)</td></tr>
<tr><td>지분증권
(2억원)</td></tr>
</table>

표 14. 실물 부동산 소유권의 3단 분해(예)

을 기대합니다.

기관투자자들은 왜 직접 자산을 매입하지 않고, 특수목적기구를 사용하여 증권의 형태로 부동산에 투자할까요? 거기에는 몇 가지 이유가 있습니다.

첫째, 투자자가 직접 자산에서 발생하는 위험에 노출되지 않습니다. 투자자가 직접 자신의 명의로 부동산을 소유하면 사고로 손해배상을 하거나, 막대한 부채가 발생하는 등 자산가치를 넘는 손실이 발생하였을 때, 그 피해를 모두 입게 됩니다. 반면 특수목적기구를 설립하고 그 기구의 명의로 자산을 매입하면 자산에서 발생할 수 있는 위험을 절연할 수 있는 효과가 있습니다. 특수목적기구는 회사의 주주 또는 수익권자(즉,투자자)가 자신이 출자한 금액을 한도로 책임을 지기 때문에(유한책임), 자산이 아무리 큰 위험에 노출이 되었다 하더라도 투자 원금만 날리면 더 이상 손실이 발생하지 않습니다. 하지만 투자자가 직접 소유하면 자산에서 발생하는 모든 손실을 책임져야 합니다(무한책임).

둘째, 특수목적기구를 사용하면 하나의 자산을 여러 명이 공동 투자하여 위험을 분담할 수 있습니다. 규모가 작은 투자자의 경우, 규모가 크고 명망 있는 투자자와 같이 투자하여 투자위험 및 관리비용을 저감시킵니다. 다양한 이해관계자가 전략적으로 특수목적기구에 공동으로 참여할 수 있습니다. 한국에서 대규모 프로젝트의 경우, 프로젝트 금융투자회사(PFV)를 이용하여 투자하는 경우가 많은데, 프로젝트 금융투자회사의 주주는 재무적 이익을 추구하거나 대출을 하기 위하여 지분 투자하는 '재무적 투자자(financial investors)', 프로젝트의 임차인이 되거나 관리권 등을 획득하기 위하여 지분 투자하는 '전략적 투자자(strategic investors)', 프로젝트의 시공권을 얻기 위하여 투자하는 '시공 투자자(construction investors)'로 구분됩니다. 다양한 출자자의 이해관계를 맞추려면 특수목적기구를 사용하여야 합니다.

셋째, 금융구조로 투자자의 이익을 맞출 수 있습니다. 부동산투자회사로 투자한 경우, 회사의 지분증권을 보통주·우선주·전환사채

[223]와 같은 다양한 형태로 구분하여 각 투자자의 입맛에 맞는 상품을 만들 수 있습니다. 우선주 투자자에게는 더 많은 임대수익을 배당하고, 보통주 투자자에게는 더 많은 자본차익을 배당할 수 있습니다. 전환사채로 임대수익이 없는 개발기간 동안 이자수익을 얻다가 준공과 함께 보통주로 전환하여 의결권을 확보하면서 임대수익을 배당 받을 수 있습니다.

넷째, 특수목적기구는 세금 혜택이 있습니다. 특수목적기구가 모든 수익을 주주에게 배당하는 도관체(conduit)가 되면 법인세가 발생하지 않습니다. 우리나라에서 특수목적기구가 도관체가 되기 위하여, 일상적인 자산운용을 집합투자업자(REF) 또는 자산관리회사(REIT)가 하고, 신탁업자가 자산을 보관·관리하고, 사무관리회사가 사무를 보는 복잡한 업무 분담구조를 가지게 됩니다. 표 13에서 보는 것과 같이 프로젝트 금융투자회사, 부동산 집합투자기구, 부동산 투자회사는 배당가능이익의 90% 이상을 배당하면 특수목적기구 단계에서 소득세를 과세하지 않습니다.[224] 한국은 지방세법에 따라 설립된 지 5년이 되지 않은 법인이 대도시에 부동산 투자를 할 경우, 취득세가 4.6%에서 9.4%로 증가합니다. 정상적인 수익이 나기 어려울 정

223 보통주란 특별한 권리내용이 정해지지 않은 일반주식이며, 우선주는 보통주보다 이익이나 잔여재산 배당에 있어 우선권이 주어진 주식이고, 전환사채는 일정한 조건에 따라 보통주로 전환할 수 있는 채권을 의미함.

224 특수목적기구에 투자한 최종 투자자는 소득세(법인세)를 납부함.

도의 징벌적 과세입니다(표 13 참조).[225] 부동산투자회사와 집합투자기구는 취득세와 재산세의 중과적용을 배제하고 종합부동산세를 감면 받는 혜택이 있습니다.

그림 20과 같이 도관체에 대해 소득세를 부과하지 않아 이중과세(double taxation)를 막는 원칙(conduit taxation)은 미국에서는 유한책임파트너십(limited partnership), 유한책임회사(limited liability company), 부동산투자신탁(real estate investment trusts), 부동산 모기지 투자 도관체(real estate mortgage investment conduit)와 같은 법인에 적용됩니다.[226] 한국은 프로젝트 금융투자회사·집합투자기구·부동산투자회사와 같이 특별법에 의하여 설립하고 정부당국의 인가를 받은 법인만 도관체로 인정됩니다. 한국의 특수목적기구는 까다로운 인가절차를 받아야 하기 때문에 투자의 신속성은 떨어집니다.

225 취득세 등의 규제를 피하기 위하여 설립된지 5년이 경과한 법인을 거래하는 시장이 별도로 존재함.

226 서후석·손진수(2007) 참조.

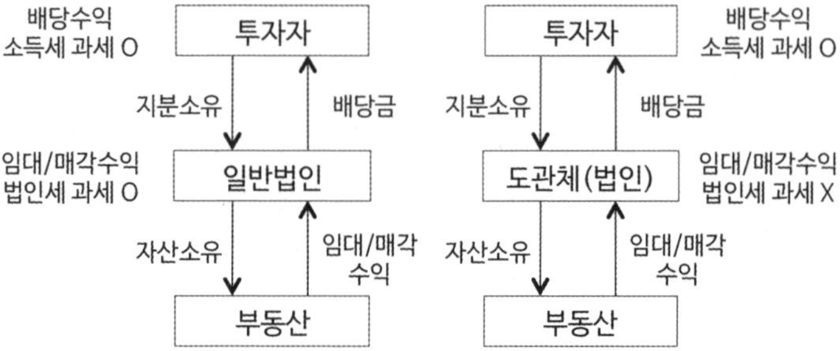

그림 20. 일반법인과 도관체(법인)의 비교

개인이 부동산에 투자할 때, 자신의 이름으로 부동산을 살 수도 있고, 회사에 투자하고 회사의 이름으로 부동산을 살 수도 있습니다. 개인은 표 13처럼 41.8%[227]의 소득세를 내야 합니다. 회사로 부동산을 살 경우, 개인이 회사의 주식을 소유하고, 회사가 부동산을 소유하므로 부동산에서 발생한 수익의 24.2%를 법인세로 내고 회사가 개인주주에게 지급하는 배당금에서 41.8%를 소득세로 내는 이중과세가 발생하게 됩니다.

그럼에도 불구하고 개인이 큰 규모의 부동산을 소유할 때 주식회사를 통해 소유하는 것이 유리합니다. 부동산에서 발생하는 수익이

227 최고 세율구간 기준.

충분히 큰 경우, 배당하지 않고 유보시켜 놓으면 개인 소득세율보다 법인세율이 낮기 때문에 오히려 소득세를 적게 내는 효과가 발생합니다. 개인주주가 그 회사의 피고용자(대표이사 또는 임원)가 되어 필요한 만큼 급여를 받을 수 있습니다. 자동차 리스 등을 회사의 비용으로 처리하여 법인세 절감혜택을 받을 수 있습니다. 개인이 직접 자산을 소유하여 모든 위험에 무한책임을 지는 것보다, 회사의 주주로서 투자금을 한도로 유한책임을 지는 것이 더 안전하기도 합니다. 외부감사를 피할 수 있는 상법상 유한회사로 소유하는 것도 선호합니다.

다음의 표 15를 보면 알 수 있듯이, 부동산에 투자하는 특수목적기구의 지분증권은 비공개로 자금을 조달하는 '사모(private) ' 방식과 공개적으로 일반대중으로부터 자금을 조달하는 '공모(public) ' 방식, 어떤 자산에 투자하는지 계획이 확정된 상태에서 자금을 조달하는 '단일거래(single deal)' 방식과 어떤 자산에 투자하는지 확정되지 않은 상태에서 자금을 조달하는 '블라인드풀(blind pool)' 방식이 있습니다. 부동산 자본시장에서 기관투자자들이 투자할 때, 주로 사모로 단일 거래기반으로 투자합니다. 그 이유는 '대리인비용(agency cost)' 때문입니다.

대리인비용이란 투자자와 투자자의 자금을 운용하는 대리인(즉, 집합투자업자나 자산관리회사)간에 이익이 충돌(conflict of interests)하여 발생하는 내부비용입니다. 투자자의 이익은 자기자본가치를 극대화하는 것이고, 자산을 운용하는 대리인의 이익은 자산운용수수료를 극대화하는 것입니다. 대리인은 설사 수익률이 떨어지거나 위험한 자산도 투자자가 투자하게 하여 자산운용수수료를 취하는 것이 이익입니다. 대리인은 자산실사와 분석의 업무를 수행하고, 투자자보다 거래 정보가 더 많기 때문에 자산의 위험성을 과소평가하여 보고하는 도덕적 해이(moral hazard)를 범할 가능성이 있습니다.

사모(private)	vs.	공모(public)
비공개로 자금조달		공개적으로 일반대중으로부터 자금조달
단일거래(single deal)	**vs.**	**블라인드풀(blind pools)**
어떤 자산에 투자하는지 확정된 상태에서 자금조달		어떤 자산에 투자하는지 확정되지 않은 상태에서 자금조달

표 15. 부동산 투자방식

공모펀드는 일반 대중이 주주로 참여하기 때문에 전문적인 기관투자자가 주주로 참여하는 사모펀드보다 대리인을 감독하는 역량이 떨어집니다. 대리인비용이 높습니다. 자산관리회사가 정보의 비대칭성을 이용하여 주주의 이익보다 대리인의 이익을 우선시 할 수 있습니다. 어떤 자산을 투자하는지 확정된 상태에서 투자자가 자금을 내놓는 단일거래방식보다 어떤 자산에 투자하는지 확정되지 않은 상태에서 자금을 내놓는 블라인드풀 방식이 대리인비용이 더 높습니다. 그리하여 지금까지는 ‘사모’와 ‘단일거래’ 방식으로 자금조달이 많이 이루어졌습니다.

하지만 블라인드풀 방식과 공모 방식도 많은 장점이 존재합니다. 집합투자기구나 부동산투자회사가 자산을 매입할 때, 일반적인 거래보다 시간이 걸리고 복잡합니다. 먼저 대리인이 매입 가능한 자산을 탐색한 후, 매도자와 접촉하여 매수의사를 전합니다. 하지만 대리인은 투자자가 아닙니다. 일단 대리인의 명의로 자산매입에 대한 의향서(letter of intent)을 전하고, 매도자와 자산실사와 매입에 대한 상호양해각서(memorandum of understanding)를 체결합니다. 약 1달 이상 걸리는 자산실사기간 동안 법률·재무·엔지니어링 ·시장분석·감정평가 실사(due diligence)를 하며 투자소개서(information memorandum)를 작성하고 투자자를 모집합니다. 투자자가 모집되면 특수목적기구를 설립하고 자산을 매입합니다. 이를 도식화하면 그림 21과 같습니다.

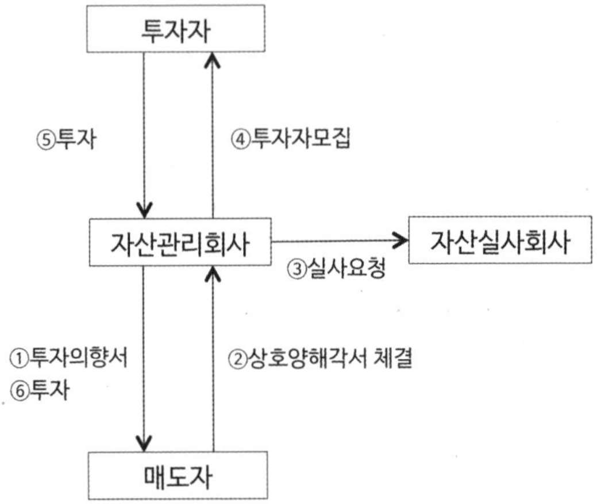

그림 21. 집합투자기구 또는 부동산투자회사의 투자절차

이 거래과정에서 자산관리회사(대리인)와 매도자간 상호양해각서는 체결되었지만, 투자자가 모집되지 않아 거래가 무산될 가능성이 존재합니다. 실제로 그런 경우가 많습니다. 이는 매도자에게 중요한 위험입니다. 매도자는 재무적으로 문제가 있어서 자산을 매각하는데, 자산이 늦게 팔리면 그만큼 재무위험이 증가합니다. 하지만 대리인은 거래 실패에 대한 위약벌금을 설정하지 않으려 합니다. 돈이 없기 때문입니다. 매도자는 거래도 실패했는데 위약벌금을 받지도 못 할 위험에 직면하게 됩니다.

따라서 매도자는 매수자(대리인)가 얼마나 빨리 확실하게 매수할 수 있는 지를 심사합니다. '블라인드풀' 방식으로 이미 자금을 확보한 대리인이 매입을 제안하면 가격이 다소 낮더라도 받아들일 수 있습니다. 이미 자금을 조달했으므로 신속하고 확실하게 거래대금을 낼 수 있기 때문입니다. 매도자에게 블라인드풀 펀드는 매력적인 거래상대방입니다. 우량한 투자물건이 줄어들어 매수자간 경쟁이 치열한 상황에서 블라인드풀은 경쟁력이 있습니다. 블라인드풀 방식의 투자도 증가하고 있습니다.

그림 18처럼 자본이 증가할수록 기대수익률은 증가하고 자금조달비용은 감소합니다. '공모'방식은 개인투자자의 자금을 모아서 운용단위를 증가시켜 자금운용의 효율성과 전문성을 더합니다. 결과적으로 자본접근성(capital accessibility)이 떨어지는 가계를 이롭게 합니다. 부동산투자회사와 집합투자기구도 공모를 장려하여 일반 가계의 편익을 증가시키려고 도입되었습니다. 지금까지는 자금 모집하는데 시간이 많이 걸리고 대리인비용이 존재하는 문제점 때문에 그렇게 활성화되지 못하였습니다. 하지만 우리나라는 가계의 순자산보유량이 높은 데 부동산이 중요하므로, 자본시장의 성장과 함께 공모방식 부동산 투자가 점점 증가할 것으로 기대됩니다.

부동산 집합투자기구나 부동산투자회사는 실물과 개발자산에 모두 투자할 수 있으나, 실제는 실물자산 투자시장에 많습니다. 개발을 할 때에는 프로젝트 금융투자회사나 자본시장법상 신탁[228]을 통하는 경우가 많습니다. 실물투자냐 개발투자냐에 따라 사용하는 특수목적 기구가 다른 데에는 이유가 있습니다.

먼저 집합투자기구와 부동산투자회사로 부동산을 개발하는데, 자본구조에 대한 규제가 있습니다. 부동산투자회사는 개발전문 부동산투자회사로 인가를 받아야 개발사업에 자산의 70% 이상을 투자할 수 있고, 주식의 30% 이상을 공모[229]하여야 하며, 자기자본의 2배까지 차입 할 수 있습니다. 집합투자기구도 순자산의 2배[230]까지 차입할 수 있습니다. 반면 프로젝트 금융투자회사나 신탁은 이러한 규제가 약하거나 없습니다.

우리나라는 정부주도로 토지와 부동산을 공급하고, 법인의 부동산 취득에 대한 징벌적 과세가 있어서 부동산 개발회사를 제대로 육성하지 못하였습니다. 대부분의 부동산 개발회사는 영세하고 영속적이지 못하며, 자기자본 규모가 작습니다. 그래서 개발회사는 토지비의 10%인 계약금만 자기자본으로 지불하고, 나머지는 모두 차입을 하는 경우가 많았습니다. 대부분의 자본을 은행이 타인자본으로 투

---

228 부동산의 소유자가 해당 부동산을 신탁업자에게 위탁하고 그 부동산에서 발생하는 수익을 받는 수익권자가 되는 계약으로 외관상 소유권을 신탁업자가 가지게 됨. 신탁을 이용할 경우, 소득세 이중과세 문제가 발생하지 않음.

229 일반 대중이 주주로 참가하는 공모를 할 경우, 기관투자자보다 의사결정이 비합리적일 가능성이 있는 개인이 참여하고, 의사결정을 취합하는 비용이 커서, 기관투자자들이 선호하지 않음.

230 단, 집합투자자총회 의결에 따라 변경가능.

자하는데, 개발회사가 신용도가 떨어지기 때문에 은행은 그 중 가장 신용도가 높고 건축물을 시공하기 때문에 사실상의 건물 담보권을 가지는 시공회사에게 대출금에 대한 지급보증과 책임준공[231]을 요구합니다. 은행은 개발회사를 믿을 수 없기 때문에 부동산 신탁회사에게 개발사업을 위탁하여 사업관리와 자금관리를 대행하도록 안전장치를 만듭니다. 개발회사는 사실상 토지를 찾고 사업 아이디어를 마련하는 대리인이 되고, 은행·신탁사·시공사가 공동으로 사업을 진행하는 기형적 구조가 만들어집니다. 누가 진정한 사업주체인지 확정하기 힘든 상황이 발생합니다. 개발시장에서 전체 사업비의 3분의 1은 자기자본이 있어야 하는 집합투자기구와 부동산투자회사는 활성화되기 어려웠습니다.

대규모 개발사업은 프로젝트 금융투자회사(PFV)를 통하여 이루어지는 경우가 많습니다. 특히 공공-민간 합동형PF(project financing) 사업[232]에서 많이 사용하였습니다. 우리나라에는 장기적인 안목에서 개발과 운용을 하는 개발자본이 많지 않기 때문에, PFV의 지분투자자는 크게 토지를 판매한 공공기관, 시공에 참여하려는 시공사, PFV에 대출을 하려는 금융기관, PFV가 지은 건물에 들어오려는 임차인으로 구성됩니다. 각 주주들이 토지매각수익, 시공권 확보,

231 지급보증은 개발사업에 문제가 생겨 디폴트 발생시, 시공사가 은행이 빌려준 대출금을 대신 갚겠다는 약속이며, 책임준공은 공사대금 지급에 차질이 발생해도 건물을 다 짓겠다는 약속임.

232 한국토지공사 등이 공공택지를 개발시 중심상업지역을 복합용도로 개발하는 대형 공공·민간 합작 프로젝트.

금융 안정성 확보, 영업권 확보를 위해 PFV 이사회와 자산관리회사의 경영권을 행사하기 때문에 정작 개발사업의 본래 목표인 사업가치 극대화는 뒷전으로 갑니다. 각 주주의 목표가 주주가치 극대화가 아니라 사업에서 파생하는 다른 이익을 극대화하는 것이기 때문에 합리적이고 통일된 의사결정을 하기 어렵습니다. 자기자본비율이 낮고 사업이 파생하는 경제적 효과가 크기 때문에 발생하는 현상입니다.

개발회사의 자기자본이 충분하지 않으면 다음과 같은 결과가 발생합니다. 첫째, 준공시점에 부동산을 매각하여야 합니다. 개발사업에서 전체 프로젝트 가치에 대한 대출금의 비율이 90%인 상황에서 은행은 준공시점에 대출금을 회수하여 그 사업에서 빠져나가야 합니다. 준공시점에 매각하지 않으려면 자기자본투자자인 개발회사가 실물자산에 대한 타인자본비율(LTV)인 50%를 맞추기 위하여 프로젝트 가치의 40%를 자기자본으로 충당하여야 합니다. 개발회사는 그만한 돈이나 자금조달능력이 없습니다. PFV는 준공시점에 무조건 부동산을 매각합니다.

둘째, 주주 구성이 다양하고 이질적이기 때문에 통일되고 창의적인 사업전략이 어렵습니다. 방어적으로 개발하므로 혁신적인 공간개발과 운용이 어렵고 노하우가 축적되지 않습니다.

셋째, 장기적인 안목에서 시장의 수요와 공급을 예측하여 개발할 수 없습니다. 다양한 주주와 이해관계자가 의사결정을 합의하려면 근시안(myopic)적으로 시장에 대처해야 하기 때문입니다. 부동산 시장이 좋아지면 필요 이상으로 개발경기가 과열되고, 시장이 나빠지면 필요 이상으로 개발경기가 침체되어, 개발시장의 변동성과 위험이 증가하게 됩니다. 미국·일본·중국·홍콩·싱가포르 등 선진국에서 개발회사가 개발 후 자산을 보유하면서 프로젝트 가치를 증가시키는 장기 전략을 한국에서는 찾아보기 어렵습니다.

넷째, 품격 있고 창조적인 도시공간을 창출하기 어렵습니다. 우리나라는 그 동안 부동산 정책의 초점이 빠른 주택공급과 수도권의 가격 및 공급통제에 있었습니다. 경제수준에 비해 건축물과 도시공간의 품질은 떨어집니다. 공간의 퀄리티가 떨어지는 것은 너무 돈만 중요하게 여기는 건설자본의 폐혜 때문이라고 생각하는 사람들이 있습니다. 하지만 우리나라는 장기적으로 투자할 수 있는 개발자본이 없어서, 부동산 개발과 운용 노하우가 축적되지 않아 공간의 품질과 품격이 떨어지는 것입니다. 미국의 릴레이티드 컴퍼니(Related Companies), 티시맨 스페이어(Tishman Speyer), 일본의 미쓰비시 에스테이트(Mitsubishi Estate), 미쓰이 푸도산(Mitsui Fudosan), 홍콩의 선흥카이 프로퍼티스(Sun Hung Kai Properties), 헨더슨 랜드 디벨롭먼트(Henderson Land Development), 싱가포르의 캐피타랜드(CapitaLand), 케펠랜드(Keppel Land), 중국의 소호 차이나(SOHO China), 완커(Vanke)와 같은 외국의 대형 부동산 개발회사들은 퀄리티 높은 랜드마크 프로젝트[233]와 주택을 공급하고 운영하면서 공간을 더 좋게 만듭니다.

분양권

한국은 부동산을 선분양(presale)하는 관행이 있습니다.[234] 주택·상가·오피스텔·아파트형공장 등 가계나 중소기업이 투자하는 부동산을 중심으로 선분양 시장이 형성되어 있습니다. 주택을 준공이전에 매각하더라도 계약금을 에스크로우 계좌에 보관하며 준공 후에 거래대금을 지불하는 서구와 달리, 한국에서는 계약시점에 계약금 10%, 공사진행과 함께 중도금 60%를 개발회사의 계좌에 분납하고, 준공하여 부동산의 소유권을 이전 받는 시점에 잔금 30%를 지불하여 자산을 취득합니다. 개발회사는 계약금과 중도금을 시공회사에 지불하는 건설자금으로 사용합니다. 보증금 시장에서 임차인이 제공한 자금을 집주인이 자신의 계좌에서 자유롭게 사용하는 것과 유사하게, 개

233 대형 개발회사들은 뉴욕의 허드슨야드·타임워너센터·록펠러센터, 베를린의 소니센터, 도쿄의 마루노우치빌딩·도쿄미드타운, 홍콩의 IFC·ICC, 싱가포르의 마리나베이 파이낸셜센터 등 세계적인 대도시의 랜드마크 프로젝트를 개발하고 운용하면서 도시의 위상과 경쟁력을 높이고 있음.

234 중국·홍콩·싱가포르·대만 등도 선분양 관행이 있음. 분양대금을 계약금·중도금·잔금으로 분납하는 한국과 달리, 중국은 준공이전 선분양 계약시점에 부동산 가격을 모두 지급함.

발회사는 '수분양자(buyer)'들이 제공한 계약금과 중도금을 건설자금으로 사용합니다.[235] 분양권은 수분양자가 분양계약상 정해진 시기에 맞추어 금액을 지불하면 준공 후 부동산의 소유권을 지급받을 권리입니다.

수분양자와 개발회사가 공사중인 주택에 대하여 선분양계약을 체결하였다고 가정합시다. 분양가는 10억원인데 수분양자는 지금까지 계약금 1억원, 중도금 6억원으로 총 7억원을 납부하였습니다. 준공이 2달 남았는데, 준공시점에 3억원 잔금을 납부하면 주택소유권을 얻게 됩니다. 수분양자는 준공시점 주택 소유권의 가치가 12억원이 될 것으로 예상합니다. 현재시점 분양권 가치는 다음의 표 16과 같이 분해할 수 있습니다. 수분양자는 분양권 가치를 준공 후 예상 부동산 가치 12억원에서 잔금 납부예정액 3억원을 공제한 잔여금액 9억원으로 인식할 것입니다. 분양권 가치 9억원은 계약금 및 중도금의 기납부금 7억원과 수분양자의 이윤인 프리미엄 2억원의 합입니다. 수분양자가 납부한 계약금과 중도금의 기납부금 7억원은 개발회사가 건설자금으로 사용하기 때문에 부채로 인식합니다. 거기에 개발회사가 기투자한 자기자본 1억원을 합한 총 8억원이 개발회사가 조달한 자금의 합이고, 그 자금으로 토지가치 4억원과 공사비 및 운전자금 4억

235 단, 건축물의 분양에 관한 법률(건축물분양법)에 의하여 분양의 보증·시기·공고 등에 대한 규정이 있어 개발회사가 계약금과 중도금을 받고 건축물을 분양하지 않을 계약불이행 위험에서 수분양자를 보호함.

원을 사용하였습니다.[236]

<table>
<tr><th colspan="4">수분양자</th><th colspan="2">개발회사</th></tr>
<tr><th colspan="2">준공후 소유권 가치</th><th>분양권 가치</th><th>자본구조</th><th>자본구조</th><th>물리적 구성</th></tr>
<tr><td rowspan="6">준공후
예상
부동산
가치
(12억)</td><td rowspan="4">분양가
(10억)</td><td rowspan="4">현재시점
분양권
가치
(9억)</td><td rowspan="2">기납부금
(7억)</td><td rowspan="2">분양대금
유입액
(7억)</td><td>토지
(4억)</td></tr>
<tr><td rowspan="2">건설중자산
+운전자금
(4억)</td></tr>
<tr><td rowspan="2">프리미엄
(2억)</td><td>자기자본(1억)</td></tr>
<tr><td rowspan="3"></td><td rowspan="3"></td></tr>
<tr><td></td><td rowspan="2">추가납부
예정액
(3억)</td><td rowspan="2"></td></tr>
<tr><td>프리미엄
(2억)</td></tr>
</table>

표 16. 분양권 가치의 분해(예)[237]

236 분양권 가치(수분양자) = 준공후 예상 부동산 가치 - 추가납부 예정액 = 기납부금 + 프리미엄,
개발자산(개발회사) = 토지 가치 + 건설중 자산 가치 + 운전자금 = 분양대금 유입액 + 자기자본.

237 단순화를 위하여 한 세대만을 분양하는 건물의 해당 수분양자가 계약금과 중도금을 납부한 이후의 상태를 도식화함.

수분양자가 분양받았는데 공사가 중지되거나 부도날 수 있습니다. 준공후 주택가격이 분양가보다 낮아질 수 있습니다. 수분양자는 프리미엄 2억원을 얻기 위하여 이러한 위험을 무릅쓰고 분양권에 투자한 것입니다.

개발회사는 후분양을 하면 주택가격이 상승하여 개발이윤이 더 커질 수 있습니다. 하지만 준공시점에 그 많은 세대가 동시에 다 팔릴지 알 수 없습니다. 세대가 팔리지 않은 시점에서 대출받아서 착공하기는 부담스럽습니다. 그런데 선분양을 하면 개발회사는 수분양자가 지급한 계약금과 중도금을 마음대로 쓸 수 있습니다. 선분양금이 개발회사의 재무적 부담을 대폭 덜기 때문에 분양권을 준공이전에 수분양자에게 매각한 것입니다.

한국에서 선분양금은 수분양자가 개발회사에게 제공하는 무이자 대출(zero coupon bond)입니다. 수분양자는 공사의 진척도에 따라 개발회사에 자금을 대여하고 준공시점에 실물(부동산)로 원금과 이자를 상환 받는 것입니다. 준공 후 예상 부동산가치 12억원이 채권의 액면가이고, 분양가인 10억원이 할인된 가격이라 이를 분할 납부하면, 준공시점에 개발회사가 실물로 액면가 12억원을 상환합니다. 선분양 투자는 개발회사와 수분양자 각각에게 채무불이행 옵션[238]이 있습니다. 준공 후 예상 부동산가치가 현저히 떨어질 경우, 수분양자는

238 Chan, Wang and Yang(2012) 참조.

지금까지 납부한 금액을 포기하고 추가 납부를 하지 않을(수분양자 디폴트) 옵션이 있습니다. 반대로 개발회사는 개발 손실이 예상될 경우, 개발사업을 포기하고 수분양자가 이미 납부한 계약금과 중도금을 반환하지 않을(개발회사 디폴트) 옵션이 있습니다. 선분양계약은 여러 가지 역학관계가 반영된 수분양자와 개발회사의 직접금융(direct financing)입니다.

수분양자는 프리미엄이 선분양 계약에서 발생하는 위험과 미리 납부하는 선분양금의 자본비용을 보상해야 합니다. 프리미엄을 보고 선분양 투자를 하기 때문입니다. 개발회사는 수분양자에게 제공하는 프리미엄이, 수분양자가 선분양금을 납부하여 발생하는 개발회사의 자본비용 감소분보다 작아야 합니다. 만약에 개발회사가 매우 낮은 금리로 자금을 차입할 수 있다면, 선분양 하지 않고 후분양으로 높은 가격에 파는 것이 더 이익이기 때문입니다. 우리나라 개발회사들은 자금조달능력이 낮기 때문에 은행보다 수분양자들에게 선분양 대금으로 차입하는 것을 선호합니다.

선분양 계약은 수분양자와 개발회사, 양자의 이익이 맞아 자생적으로 발생하였습니다. 수분양자의 선분양 투자 수익률은 다음의 식이 성립하는 수익률로 계산할 수 있습니다.

$$\frac{\text{준공시점 예상 부동산 가치}}{(1+\text{수익률})^{(\text{준공시점-계약시점})}} = \sum_{t=1}^{(\text{준공시점-계약시점})} \frac{t\ \text{기의 납부금}}{(1+\text{수익률})^{t}}$$

분양계약시 인식하는 준공시점 예상 부동산 가치의 현재가치와 계약금·중도금·잔금 등 총납부금의 현재가치를 일치시키는 수익률이 수분양자의 선분양 투자 수익률입니다. 부동산 가치와 납부금의 차이인 프리미엄이 커질수록 수익률은 증가합니다. 반대로 이 수익률이 개발회사에게는 선분양금을 차입하는 이자율이 됩니다.

선분양은 금융기관을 거치지 않는 직접금융으로 수분양자에게 프리미엄(시세차익)을 주고, 개발회사의 금융비용을 절감하여 부동산 개발시장의 효율성을 증가시켰습니다. 금융기관에게 귀속되었을 예금-대출 마진[239]을 수분양자와 개발회사가 나누어 가지기 때문입니다. 결과적으로 선분양은 수분양자인 가계의 투자기회를 넓히고 자산 증가에 기여하였습니다.

주택이나 아파트형공장과 같은 경우, 비교적 부동산 가격정보의 접근이 쉬워 수분양자가 준공후 부동산 가치를 큰 오차 없이 예측할 수 있습니다. 하지만 상가는 입지·면적·위치·층에 따라 임대료 격차가 크기 때문에 준공후 부동산 가치를 정확하게 예측하기 어렵습니다. 개발회사와 수분양자 사이에 가격 정보의 비대칭성이 큽니다. 분양 후 예상보다 낮게 임대료와 가격이 형성되어 수분양자가 손실을 보기도 합니다. 준공 후 일정기간 개발회사가 수익률을 보장하는 경우도 있으나, 보장기간이 지나면 수익이 하락하는 경우가 있어 수분

239 예금 대출 마진 = 대출이자율 - 예금이자율

양자는 주의해야 합니다.

주택법에 의하여 신규 분양주택에는 '분양가상한제'[240]가 적용됩니다. 택지비와 건축비의 합으로 분양가를 규제합니다. 주택가격규제는 1960년대부터 한국 주택시장의 자원배분에 큰 영향을 주었고, 여러 가지 문제를 만들었습니다.

첫째, 가격억제 효과가 미미합니다. 부동산은 일반 재화처럼 공급을 무한정 늘릴 수 없습니다. 일반 재화는 낮은 가격으로 많이 공급하면 그것이 시장가격이 되지만, 부동산은 시장에 공급되는 가격이 낮아도 수분양자가 다시 다른 사람한테 매각하면서 가격이 높아집니다. 분양가상한제 때문에 개발회사가 첫 번째 수분양자에게 낮은 분양가로 공급하여도, 금새 적정한 시장가치로 중고주택의 거래가격이 회복합니다.

둘째, 주택의 품질을 저하시킵니다. 가격을 인위적으로 낮게 책정하기 때문에 주택 공사비를 많이 쓰기 어려워 낮은 품질의 주택이 양산됩니다. 한국이 경제수준에 비하여 도시와 건축 공간의 품질이 떨어지게 된 이유입니다. 저렴한 공사비의 표준화된 주택을 대량생산하니, 한국 아파트에서 고질적인 문제인 결로·곰팡이·층간소음·획일성을 해결하기 어렵습니다.

셋째, 주택 분양시장을 투기시장으로 만듭니다. 분양가상한제는

---

240 2015년 4월 1일부터 민간택지에 대한 분양가상한제 폐지.

주택을 처음 분양 받은 사람에게 인위적인 이윤을 만들어주는 정책입니다. 분양가가 시장가치보다 낮기 때문에 분양을 받는 순간, 시세차익이 발생합니다. 신규주택은 일종의 복권과 같습니다. 사람들은 순간의 시세차익을 위해 주택 청약을 하고 분양시장에 초과수요가 발생합니다. 주택을 주거서비스가 아니라 일확천금을 위해 투자합니다.

회원권

한국은 골프장이나 (호텔)피트니스센터 '회원권'이 있습니다. 회원권은 그 공간에 대한 배타적·독점적 이용권을 얻는 계약인데, 배타성과 독점성은 계약 조건에 따라 달라집니다. 보통 운영업체에 사전에 예치금을 주고, 사용하면서 일정 수준의 이용료를 지급하는 데, 비회원이 아예 이용이 불가능한 경우도 있고, 비회원은 이용은 할 수 있지만 회원보다 더 높은 이용료를 지불하는 경우도 있습니다.

한국은 인구밀도가 높고 산지가 많아 골프장 공급이 제한적이어서 골프치기가 쉽지 않았습니다. 예약을 수월하게 할 수 있는 골프장 회원이 되는 것은 투자할 가치가 있었습니다. 골프장 회원이 되면 인적 네트워크를 구축할 수 있습니다. (호텔)피트니스센터 회원권도 좋은 입지에 위치한 우수한 시설의 피트니스센터를 이용하면서 배타적인 커뮤니티에 들어갈 수 있는 가치가 있습니다.

회원권 거래시장(secondary market)이 있습니다. 처음에 골프장 운영업체에 1억원을 주고 산 회원권이 시간이 지날수록 가격이 오르면 회원권 거래시장에서 제3자에게 1.5억원에 팔 수 있습니다. 회원권 거래가격이 1.5억원이라 하더라도 운영업체에 다시 회원권을 반환하고 예치금을 받을 때에는 장부가 1억원으로 돌려받습니다. 따라서 회원들은 회원권을 매각할 때, 운영업체에게 반납하지 않고 회원권 거래 시장에서 제3자에게 매각합니다. 2012년 기준으로 한국의 회원제 골프장은 총 227개로 2.3조원의 년간 매출액을 발생하고 있으며, 골프장 회원권의 시가총액은 21조4000억원입니다.[241]

회원권은 흥미로운 재무적 속성이 있습니다. 회원권은 운영업체에게는 '예치금 청구권'인데, 회원에게는 '배타적 이용권'입니다. 다음의 표17은 회원권 가치를 분해하여 도식화한 예입니다. 골프장 운영업체는 토지를 사서 토목공사와 조경공사를 하여 골프코스를 만드는데 총 5.5억원을 쓰고, 클럽하우스와 그늘집을 짓는데 0.5억원을 썼습니다. 그래서 골프장의 총 부동산 가치는 6억원입니다. 운영회사는 자기자본 1억원과 회원권 분양(예치)금 5억원을 조달하였습니다. 예치금은 회원이 운영회사에 제공한 대출(member's loan)이기 때문에 운영회사는 회원계약이 종료되면 원금 5억원을 반환합니다. 하지만 회원은 이 공간을 배타적으로 사용하여 편익을 얻는데, 그 현

241 자료 : 레저백서 2013, 에이스회원권거래소 '2012 골프회원권 가이드북'

재가치가 10억원입니다. 회원은 5억원의 시세차익(프리미엄)을 얻습니다.[242]

회원권은 배타적 사용권이라는 소유권(지분)의 속성과 예치금 청구권이라는 채권의 속성을 동시에 가지게 됩니다. '회원'은 회원권 투자를 통하여 골프장을 수월히 이용할 수 있고 이용료 감면을 받으며 회원권 시세차익(프리미엄)을 얻습니다. '운영회사'는 이용료 단가는 적어지지만 회원이라는 안정적인 수요층을 얻고 동시에 골프장 개발에 소요되는 자본비용을 대폭 줄입니다. 회원권 분양은 서로에게 이익이 됩니다. 시간이 지날수록 예치금 원금과 회원권 가치의 차이가 커지기 때문에, 오래된 골프장의 경우, 회원권 가치의 총액이 골프장 자산가치를 초과하는 경우도 있습니다.[243]

---

242 골프장 가치(운영회사) = 토지 가치 + 건물 가치 = 회원권 예치금 + 자기자본,
골프장 회원권 가치(회원) = 예치금 + 프리미엄.

243 회원제 골프장의 가치를 평가할 때, 두 가지 방식이 존재함. 첫 번째는 골프장 재무상태표상 자산(asset)을 평가하는 방법임. 토지와 건물이라는 물리적 구성의 합으로 평가함 : 자산접근법 골프장 가치 = 토지가치 + 건물가치.
두 번째는 골프장 재무상태표상 청구권(liabilities)으로 평가하는 방법임. 예치금 원금과 자기자본의 합으로 평가함 : 청구권접근법 골프장 가치 = 예치금 장부가 + 자기자본.
자기자본 가치는 운영권 가치이기 때문에 순영업소득을 자본환원율로 환원하여 평가함 : 청구권접근법 골프장 가치 = 예치금 장부가 + 순영업소득 ÷ 자본환원율.
오래된 골프장의 경우 예치금 장부가가 매우 작기 때문에 '자산'접근법과 '청구권'접근법의 가치 차이가 크게 발생함.

<table>
<tr><th colspan="2">회원</th><th colspan="2">운영회사</th></tr>
<tr><th>회원권 가치
(거래시장)</th><th>자본구조</th><th>자본구조</th><th>물리적 구성</th></tr>
<tr><td rowspan="4">배타적
공간사용권
(10억)</td><td>예치금
(5억)</td><td>예치금
유입액
(5억)</td><td rowspan="2">토지 소유권
(구조물·
조경포함)
(5.5억)</td></tr>
<tr><td rowspan="3">프리미엄
(5억)</td><td rowspan="2">자기자본
(1억)</td></tr>
<tr><td>건물 소유권(0.5억)</td></tr>
<tr><td></td><td></td></tr>
</table>

표 17. 회원권 가치의 분해(예)[244]

244 단순화를 위하여 한 세대만을 분양하는 건물의 해당 수분양자가 계약금과 중도금을 납부한 이후의 상태를 도식화함.

회원모집시점에 골프장 운영회사가 인식하는 회원권 예치금의 자본비용은 다음의 식을 성립시키는 수익률입니다.

$$\text{예치금 가치} = \sum_{t=1}^{\infty} \frac{t\text{ 기의 이용료 감면액}}{(1 + \text{수익률})^{t}}$$

반면 회원이 인식하는 회원권의 가치는 다음의 식과 같습니다.

$$\text{회원권 가치} = \sum_{t=1}^{\infty} \frac{t\text{ 기의 이용료 감면액} + \text{골프장 예약비용 감소효과}}{(1 + \text{할인률})^{t}}$$

운영회사보다 회원(개인)의 자본비용이 낮고, 골프장의 초과수요 때문에 골프장 예약이 수월한 것에 프리미엄이 발생하면서 거래시장의 회원권 가치가 개발시장의 예치금 가치보다 커지는 현상이 발생합니다.

최근 골프장의 공급이 증가하면서 회원권 가치가 하락하는 현상이 발생하고 있습니다. 골프장의 희소성이 감소하면, 골프장 예약이 쉬워지고 회원의 이용료 감면효과가 사라집니다. 만약 거래시장에서 회원권 가치가 하락하여 예치금 원금보다 낮아지면, 회원은 운영회사에 예치금 반환을 청구하게 됩니다. 하지만 골프장 운영회사는 현금이 없기 때문에 부채를 상환하지 못합니다. 골프장이 경매로 매각되어야 예치금을 상환할 수 있습니다.

우리나라 부동산 시장에서 임대 보증금은 임차인이 집주인에게, 분양권은 수분양자가 개발회사에게, 회원권은 회원이 운영회사에게 제공하는 '직접금융'입니다. 시장참가자끼리 직접금융을 제공하는 것은 한국 부동산 시장에만 존재하는 것은 아닙니다. 외국에도 부동산의 매도자가 매수자에게 제공하는 대출(seller's loan)[245]이 있으며, 선박을 구매할 때 매수자가 매도자(조선업체)에 제공하는 선급금도 있습니다. 하지만 이렇게 다양하게 직접금융이 활성화된 나라는 거의 없습니다.

우리나라에서 공급자(임대인·개발회사·골프장운영회사)와 소비자(임차인·수분양자·회원)간 직접금융이 발달하게 된 것은 앞에서 언급한 것처럼 (1)공급자가 소비자가 지불한 보증금 등을 에스크로우 계좌가 아니라 자신의 계좌에서 자유롭게 사용하는 것, (2)소비자에 대한 법적 보호가 잘 되어 있는 것, (3)'계'와 같이 공동체 내에서 상호 부조의 직접금융 전통이 있는 것과 함께, (4)금융위기 전까지 높았던 부동산 자본가치 상승, (5)가계의 높은 순자산 보유량과 풍부한 유동성, (6)성숙하지 못했던 부동산 금융시장 때문이었습니다.

한국의 직접금융은 자금의 수요자(debtor)와 공급자(creditor)간에 직접 자금이 전달되기 때문에 금융기관(financial intermediary)

245 건물의 소유자가 부동산 매도와 함께 해당 부동산의 채권을 인수하면서, 해당 부동산의 자기자본 투자자에서 타인자본 투자자로 지위를 변경하는 것임.

의 수수료·예금-대출마진·도덕적 해이[246]가 발생하지 않아, 경제의 효율성을 증가시켰습니다. 전세계약이나 회원권계약은 자금의 공급자인 임차인이나 회원이 담보 부동산을 직접 사용하기 때문에 개별 투자자가 개별 자산을 사실상 모니터링하고 통제하는 효과가 있습니다.[247]

임대 보증금은 향후 발생할 공간 서비스를, 분양권은 향후 발생할 주택가격 상승을, 회원권은 향후 발생할 이용료 할인혜택을 현재가치로 자본화(capitalization)합니다. 자본의 공급자(lender)인 임차인·수분양자·회원과 자본의 수요자(borrower)인 임대인·개발회사·운영회사간의 자본비용 간극(즉, 가계의 풍부한 유동성과 기업의 높은 자금수요)을 줄입니다.

임차인·수분양자·회원은 각각 보증금·분양권·회원권이라는 직접금융을 통하여 사실상 해당 부동산에 (채권)투자합니다.[248] 투자의 대가로 임차인의 임차비용이 감소하고, 수분양자는 분양권 프리미엄을, 회원은 회원권 프리미엄을 얻습니다. 부동산 시장의 자본이득을 직접금융으로 시장 참가자 사이에 공유하는 것입니다. 따라서 직접금

246 예금자와 금융기관 사이에, 또 금융기관과 대출자 사이에 도덕적 해이가 발생함. 금융기관이 금융 모니터링을 소홀히 하고, 자금을 예방적으로 축적하여, 우량한 차주에게만 대출하고, 예대마진이 너무 커지는 문제로 발생함. 한국 정부는 오랫동안 기업금융에 집중하고 소비자 금융을 소홀히 하여 전세보증금이 소비자금융을 대신하는 역할을 수행함. Kim and Shin(2013) 참조.

247 Kim and Shin(2013)참조.

248 임차인·수분양자·회원은 각각 집주인·개발회사·운영회사가 발행하는 부동산에 대한 채권(각각 보증금 청구권, 실물자산 청구권, 예치금 청구권)에 투자하는 것임.

융은 부동산 가격상승률이 높을수록 활발합니다.

2007-8년 금융위기 이후, 부동산 가격상승이 둔화되면서, 전세금·분양권·회원권과 같은 직접금융이 줄어듭니다. 가계가 누려왔던 직접금융의 편익이 감소하면서 주택 임차인의 임차비용 증가,[249] 주택 수분양자의 수익률 감소, 골프장의 회원권 가치하락이 발생하고 있습니다.

249 부동산 수익률 저하로 균형 보증금 배율(= 보증금 ÷ 월세)이 낮아지면서 발생하는 임차인의 임차비용 증가현상. 박성식·최막중(2013), Park and Pyun(2014)참조.

요약

· 돈이 많을수록 더 많은 투자기회를 접하고, 더 좋은 투자관리 서비스를 받기 때문에 기대수익률이 올라간다. 돈이 많을수록 신용이 좋기 때문에 자금조달비용이 낮아진다. 돈이 많을수록 초과이윤이 발생한다.

· 임대료가 전세 보증금으로 전환되면서 임차인의 임차비용이 감소하고, 임대인의 자기자본 수익률이 증가한다.

· 한국은 개발자본이 축적되지 않아 은행 대출과 건설회사의 신용보강으로 개발사업이 이루어진다. 그 결과, 근시안적인 단기 개발이 많고 노하우가 축적되기 어렵다.

· 아파트 선분양을 통해 수분양자는 주택 시세차익을 얻고, 개발회사는 자본비용을 절감한다.

· 골프장 회원권 선분양을 통해 회원은 회원권 시세차익을 얻고, 개발회사는 자본비용을 절감하고 운영수익의 안정성을 확보한다.

수식

· 부동산 소유권 가치 = 사용·수익권 가치 + 처분권 가치
· 사용권 가치 = 공간 서비스 가치
· 수익권 가치 = 임대수익
· 처분권 가치 = 부동산 재매각액
· 부동산 소유권 가치 = 토지 소유권 가치 + 건물 소유권 가치
· 부동산 소유권 가치 = 자기자본 가치 + 타인자본 가치
· 투자수익률 = 소득수익률 + 자본수익률
· 소득수익률 = 순영업소득 ÷ 부동산가치
· 자본수익률 = 가격상승액 ÷ 부동산가치
· 자본환원율 = 순영업소득 ÷ 매입가격
· 자본환원율 = 할인율 - 가격상승률
· 확실성 등가 수익률 = 명목수익률 - 위험 프리미엄
· 보증금 전환율 = 임대료 감소분 ÷ 보증금 증가분
· 보증금 배율 = 보증금 ÷ 월임대료
· 부동산 투자수익률 = 임대수익률 + 가격상승률
· 자기자본 수익률 = (임대료 - 임대료 손실위험 + 가격상승액) ÷ (부동산가격 - 보증금)
· 총임차비용 = 보증금 자본비용 + 임대료 지급액 + 보증금 손실위험
· 자기자본 수익률 7.5% = 주택가격 상승률 3% ÷ (1 - 전세가율 60%)

· 분양권 가치 = 준공후 예상 부동산 가치-추가납부 예정액 = 기납부금 + 프리미엄

· 개발자산 = 토지 가치 + 건설중 자산 가치 + 운전자금 = 분양대금 유입액 + 자기자본

· $$\frac{\text{준공시점 예상 부동산 가치}}{(1+\text{수익률})^{(\text{준공시점-계약시점})}} = \sum_{t=1}^{(\text{준공시점-계약시점})} \frac{t\text{ 기의 납부금}}{(1+\text{수익률})^{t}}$$

· 예금 대출 마진 = 대출이자율-예금이자율

· 골프장 가치(운영회사) = 토지 가치 + 건물 가치 = 회원권 예치금 + 자기자본

· 골프장 회원권 가치(회원) = 예치금 + 프리미엄

· 자산접근법 골프장 가치 = 토지가치 + 건물가치

· 청구권접근법 골프장 가치 = 예치금 장부가 + 자기자본

· 청구권접근법 골프장 가치 = 예치금 장부가 + 순영업소득 ÷ 자본환원율

· 예치금 가치 = $$\sum_{t=1}^{\infty} \frac{t\text{ 기의 이용료 감면액}}{(1+\text{수익률})^{t}}$$

· 회원권 가치 = $$\sum_{t=1}^{\infty} \frac{t\text{ 기의 이용료 감면액} + \text{골프장 예약비용 감소효과}}{(1+\text{할인률})^{t}}$$

오피스 가격상승률이 높은 경우,
매각을 지연할수록
개발 수익률이 올라갑니다.

개발사업의 매각전략은
가격변동과 개발원가의 관계에서
결정됩니다.

價値

7 | 공간의 가치

가치 [value, 價値]

사물이 지니고 있는 쓸모.[250] 재화나 용역으로부터 얻는 편익의 양.[251]

가격 [price, 價格]

물건이 지니고 있는 가치를 돈으로 나타낸 것.[252] 재화나 용역의 대가로 지불 받는 금액의 양.[253]

---

250 출처 : 국립 국어원
251 출처 : Wikipedia
252 출처 : 국립 국어원
253 출처 : Wikipedia

공간의 가치

처음에 사람들은 수렵으로 먹고 살다가 농사를 짓게 됩니다. 농사를 짓고 토지를 배타적으로 이용하면서 공간은 거래의 대상이 됩니다. 공간에 가치가 발생합니다. 공간을 이용할 권리가 공간의 가치를 만들기 때문에 공간의 가치를 측정하는 것은, 공간을 이용할 때 어떠한 편익이 있고, 어떻게 부동산 시장에서 작동하는지를 이해하는 것입니다. 본 편은 한국 부동산 시장에서 공간의 가치를 측정하는 방법을 다룹니다.

임차인은 공간 서비스에 대한 대가로 임대료를 지급합니다. 부동산의 가치를 평가할 때, 공간의 시장 임대료(market rent)가 얼마이고, 그로 인해 임대인에게 귀속하는 잉여현금흐름(free cash flow)

이 얼마인지를 추정합니다. 부동산의 가치는 미래 발생할 현금흐름의 현재가치이기 때문입니다. 그 중 임대료를 통해 발생하는 현금흐름이 '순영업소득(NOI, net operating income)'입니다.

순영업소득

순영업소득은 다음의 표 18과 같이 공간에서 창출될 수 있는 '(가)가능조소득(potential gross income)'에서 '(나)공실 및 신용손실(vacancy and credit loss)', '(마)영업비용(operating expense)'을 공제하고 '(다)기타수입(other income)'을 더한 값입니다. 순영업소득은 기업회계에서 법인세·이자·감가상각비 차감전 영업이익(EBITDA, earning before interest, taxes, depreciation and amortization)[254]과 같은 개념입니다. 기업가치평가에서 EBITDA를 그 기업의 현금창출력으로 중요하게 사용하는 것처럼 부동산의 가치 평가에서도 부동산이 창출하는 순영업소득(NOI)을 중요하게 취급합니다.

254 EBITDA = 영업이익 + 감가상각비 등 비현금성 지출

가능조소득 (PGI)	임대료·보증금·관리비 등을 통하여 공간 전체에서 창출 가능한 최대 매출액	(가)
공실 및 신용손실 (V&CL)	공실 및 임대료 미납 등 신용위험에 의한 손실	(나)
기타수입 (OI)	주차장·자판기 수입 등 잡이익	(다)
유효조소득 (EGI)	해당 부동산의 매출액	(라) = (가)-(나)+(다)
영업비용 (OE)	관리비용·수도광열비·공조공과·시설관리비 등 부동산의 운영에 필요한 비용	(마)
순영업소득 (NOI)	부동산이 창출하는 현금흐름	(바) = (라)-(마)

표 18. 순영업소득

순영업소득을 산정할 때, 소득세·이자·감가상각비를 고려하지 않는 이유는 각각 누가 소유자이냐, 얼마를 대출받았느냐, 감가상각정책을 어떻게 하느냐에 따라 달라지는 비용이기 때문입니다. 부동산을 운영하는데 필요한 본질적 비용이 아닙니다.

영업비용(OE)[255]은 오피스를 기준으로 표 19와 같이 정리할 수

255 영업비용은 관리비로 지칭되기도 함.

있습니다. (a)부동산 관리수수료는 부동산 관리업체에 지급하는 수수료입니다. 부동산 관리업체는 건물주를 대신하여 부동산의 일반관리를 수행하는 업체로 임대료 징수와 재화와 용역의 발주, 부동산 회계와 같은 업무를 수행합니다. (b)시설관리수수료는 전기·기계·냉난방 설비 등 전체 건물을 운용하고 관리하는 시설관리업체에 지급하는 수수료입니다. (c)유지수선비는 손상된 부분의 보수 등 일상적인 유지수선에 소요되는 비용입니다. (d)수도광열비는 수도·전기·냉난방·환기 등 건물을 운영하는데 드는 유틸리티 비용입니다. (e)제세공과금은 재산세 등 부동산 보유에 드는 세금이며, (f)보험료는 화재보험 등 건물에 대한 보험입니다. (g)간주임대료 부가가치세[256]는 임대 보증금에 대한 부가가치세입니다. (h)임대 마케팅 수수료는 신규 임차인을 모집하거나 기존 임차인의 계약을 갱신할 때, 임대차 대행업체에 지급하는 수수료입니다.

256 간주임대료 부가가치세 = 보증금 × 고시이율 × 부가가치세율 10%

부동산관리수수료 (property management)	부동산 관리업체(일반관리·임대료징수·회계 등)에 지급하는 수수료	(a)
시설관리수수료 (facility management)	시설관리업체(전기·기계 등 시설과 설비 관리)에 지급하는 수수료	(b)
유지수선비 (maintenance)	일상적 유지수선에 소요되는 비용	(c)
수도광열비 (utility)	수도·전기·냉난방 등에 소요되는 비용	(d)
제세공과금 (tax and charge)	재산세·종합부동산세·환경개선부담금 ·교통유발부담금·도로점용료 등 부동산 보유에 소요되는 세금	(e)
보험료 (insurance)	화재보험료 등	(f)
간주임대료 부가가치세 (value added tax)	임대 보증금에 대한 부가가치세	(g)
임대 마케팅 수수료 (leasing fee)	임대 마케팅 업체에 지불하는 비용	(h)

표 19. 영업비용(오피스 기준)

관리비 분담구조

임차인이 임대인에게 지불하는 관리비는 원칙적으로 임차인이 사용한 영업비용을 정산하기 위함입니다. 한국에서 임차인이 어느 범위까지 관리비를 내는지에 대한 법적 기준은 없습니다.[257] 관리비 부담은 임대인과 임차인의 자유계약에 의해 결정합니다. 임차인이 모든 영업비용을 부담할 수도 있고, 어떤 비용도 부담하지 않을 수도 있습니다.

미국 상업용 부동산 시장에서는 임차인이 모든 비용(재산세·보험료·공용 관리비)을 부담하는 계약을 '3중 순 임대차(triple net lease)', 재산세와 보험료만 임차인이 부담하는 계약을 '2중 순 임대차(double net lease)', 재산세만 임차인이 부담하는 계약을 '단식 순 임대차(single net lease)'라고 합니다. 3중 순 임대차에 더하여 부동산에서 발생하는 모든 위험을 임차인이 책임지는 계약은 '절대 순 임대차(absolute net lease)'입니다. 임차인이 인식하는 총 임차비용(occupancy cost)은 임대료, 보증금에 대한 자본비용, 관리비의 합입니다.[258] 관리비가 비싼 건물은 임대료가 싸야 하고, 관리비가 싸면 임대료를 더 낼 수 있는 균형 원리도 작동합니다.

우리나라에서 부동산 하위시장마다 관리비 분담기준이 다릅니다.

---

257 단, 주택법 적용 공동주택은 관리비 분담에 대한 법적 기준이 존재함.

258 총 임차비용 = 임대료 + 보증금 × 이자율 + 관리비

아파트는 법적 기준이 있습니다. '서울시 공동주택 관리규약 준칙'에 의하면 전용부분에서 발생한 비용은 각 세대가 각자 부담하고, 공용부분의 관리비용을 주택공급면적의 비율로 나누어 부담합니다. 임차인은 '관리기구운영비', '공동주택관리비', '개별세대 사용료'을 부담합니다.[259] 재산세·종합부동산세·장기수선충당금은 임대인이 부담합니다. 일반 거리상가도 구분소유권으로 여러 명이 소유하므로, 아파트와 같은 비용 분담구조를 가지고 있습니다.

서울 A급 오피스 시장에서는 실제 산출되는 영업비용과 상관없이 임차인이 정액(fixed) 관리비를 지불합니다.[260] 임대인은 임차인에게 영업비용을 공개할 의무가 없습니다. 정액 관리비는 실비정산이 없기 때문에 사실상 임대료나 마찬가지입니다. (입지나 접근성과 같은 위치 경쟁력에 의한 대가가 아닌) 순수하게 건물이 제공하는 공간 서비스의 가치로 임차인이 지불하는 금액으로 볼 수 있습니다. 오피스 시장에서 관리비를 정액으로 계약하는 것은 임차인에 따라 수도광열비의 사용량 차이가 적기 때문입니다. 전체 건물을 한 사람이 소유하고 관리하여서 영업비용을 공개하고 실비 정산할 인센티브가 적기도 합니다.

재미있게도 한국 오피스 시장에서 그림 22에서 보는 것처럼 임

259 표 19의 오피스 영업비용과 비교하면, 공동주택의 '관리기구 운영비'는 (a)부동산관리수수료와 (b)시설관리수수료, '공동주택관리비'는 (c)유지수선비와 (f)보험료, '개별세대사용료'는 (d)수도광열비에 해당함.

260 주택법에 적용받지 않는 원룸 건물도 공용 관리비 금액을 정액으로 계약하는 경우가 많음.

대료가 비쌀수록 관리비 마진[261]이 커집니다. 대략적으로 월 관리비가 평당 20,000원 이상이면 관리비에 마진이 있습니다. 임차인이 지불하는 관리비가 실제 영업비용보다 많은 것입니다. 평당 20,000원 이하면 오히려 관리비 손실이 발생합니다. 임차인이 지불하는 관리비가 실제 영업비용보다 작은 것입니다.

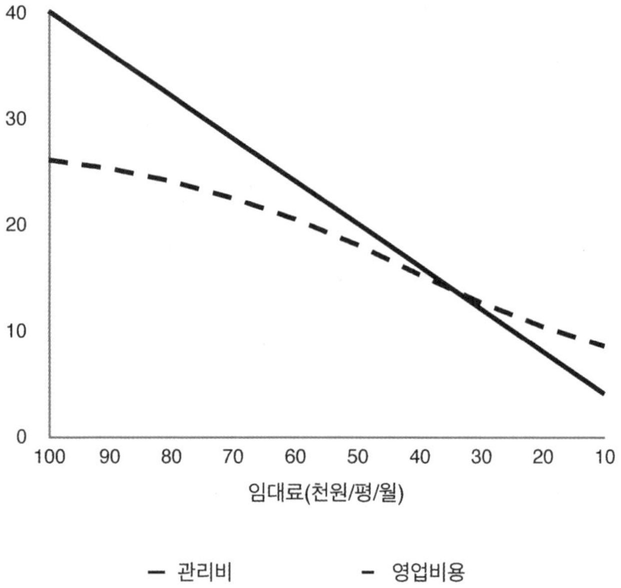

그림 22. 한국 오피스시장의 임대료·관리비·영업비용[262]

261 관리비 마진(이윤) = 관리비 수입 - 영업비용

262 단위 : 천원/평/월, 실제 자료에 근거하지 않은 대략적인 다이어그램.

임대료가 높은 부동산은 좋은 관리 서비스를 제공하므로, 관리비가 비쌉니다. 영업비용도 더 발생할 것입니다. 그런데 관리비가 비싸다고 그에 비례하여 영업비용이 증가하는 것은 아닙니다. 영업비용에서 인건비·유지보수비용만 증가하기 때문입니다. 규모의 경제 때문에 건물이 클수록 영업비용 절감효과가 발생합니다. 따라서 크고 임대료가 높은 오피스일수록 관리비 마진이 증가합니다. 서울의 A급 오피스는 대부분 관리비 마진이 존재합니다. 임차인에게 받은 관리비로 재산세·보험료·수도광열비 등 모든 부동산에 대한 비용을 내고도 돈이 남는다는 것입니다. 반면, 전국에 산재한 많은 지방도시의 오피스는 관리비 손실이 발생합니다.

대형마트는 단일 임차인이 건물 전체를 마스터리스(master lease) 계약에 의하여 사용합니다. 마스터리스 임차인은 건물을 직접 유지관리하면서 전대차도 할 수 있습니다. 마스터리스 임차인은 (a)부동산 관리수수료, (e)제세공과금, (f)보험료를 제외한 나머지 영업비용을 부담하거나, 모든 영업비용을 부담하기도(triple net lease) 합니다. 하위시장별 관리비 분담구조를 정리하면 표 20과 같습니다.

표 20에서 보듯이 한국에서는 재산세를 주로 임대인이 부담합니다. 그런데 미국에서는 주로 임차인이 재산세를 부담합니다. 재산세를 지역의 공공서비스에 대한 대가로 보는 미국과, 부동산을 소유하는 대가로 보는 한국의 인식 차이 때문인 것으로 추정합니다.

<table>
<tr><th>항목</th><th>오피스</th><th>대형마트
(마스터리스)</th><th>공동주택,
구분상가</th><th>원룸</th></tr>
<tr><td>(a) 부동산관리수수료</td><td rowspan="9">임차인
(정액)</td><td>임대인</td><td rowspan="4">임차인
(직접관리)</td><td rowspan="4">임차인
(정액)</td></tr>
<tr><td>(b) 시설관리수수료</td><td rowspan="4">임차인</td></tr>
<tr><td>(c) 유지수선비</td></tr>
<tr><td>(d) 수도광열비(공용)</td></tr>
<tr><td>(d) 수도광열비(전용)</td><td>임차인
(실비정산)</td><td>임차인
(실비정산)</td></tr>
<tr><td>(e) 제세공과금</td><td rowspan="4">임대인</td><td>임대인</td><td rowspan="4">임대인</td></tr>
<tr><td>(f) 보험료</td><td>임차인
(실비정산)</td></tr>
<tr><td>(g) 간주임대료부가가치세</td><td>미발생</td></tr>
<tr><td>(h) 임대마케팅비용</td><td>임대인</td></tr>
</table>

표 20. 한국 부동산 하위시장별 영업(관리)비용 분담구조[263]

263 주택법이 적용되는 공동주택을 제외하고는 임대인과 임차인의 자유계약에 따름.

보증금 편익의 인식방법

한국에서 임대 보증금은 임차인 신용손실을 줄이고 임대인의 자금조달액과 자본비용을 줄입니다. 부동산 가치를 평가할 때, 보증금에 대한 편익을 어떻게 인식할 것인가의 문제가 발생합니다. 그 방법은 보증금을 (i)은행 계좌에 넣어서 그 '운용이익'을 얻는 것으로 인식할 것인가, 아니면 (ii)임차인으로부터 제공받는 '차입금'으로 인식할 것인가로 나눕니다.[264]

(i)운용이익 방식으로 처리할 경우, 유효조소득(EGI)에 보증금 운용이익[265]을 추가합니다. 이 방법은 부동산 감정평가를 할 때, 부동산 수익률 통계를 작성할 때 주로 사용됩니다. 여기서 운용이율로 어떤 이자율을 넣어야 하는지의 문제가 발생합니다. 실무적으로 국공채 이자율과 같은 '무위험 이자율(risk free rate)'을 적용하는 경우가 많습니다. 하지만 대부분의 투자자는 보증금을 해당 부동산의 투자비나 담보대출 상환금으로 씁니다. 대출이자율(lending rate)이 무위험 이자율보다 높은데 보증금으로 부채를 상환하지 않고, 국공채 등 안전자산에 투자하는 것은 합리적이지 않습니다. 따라서 운용이율로 부동산 투자 '기대수익률(expected rate of return)'이나 '대출이자율'이

264 학계에서는 이창무·정의철·이현석(2002) 이후로 보증금을 특수한 차입금으로 보는 연구가 우세함.

265 보증금 운용이익 = 보증금 × 운용이율

더 합리적일 수 있습니다. 그런데 임대인과 임차인은 '보증금 전환율(conversion rate)'을 이용하여 임대료를 보증금으로 전환합니다. 보증금 전환율은 임대차 시장에서 임대인과 임차인이 합의한 보증금의 자본비용(cost of capital)이기 때문에 이론적으로 가장 적합합니다.

(ii)차입금 방식은 보증금 자체의 현금흐름을 따로 인식하는 방법입니다. 보증금은 임차인으로부터 받는 무이자 무상각 채권(zero coupon bond without amortization)이기 때문에 보증금의 유입과 유출을 그대로 인식하는 것입니다. 주로 정확한 현금흐름과 수익률을 산정할 때, 쓰입니다.[266] 이를 표로 정리하면 다음과 같습니다.

266 (i)운용이익 방식은 시장에서 수익률 통계를 내는 방법이므로 시장 사례수익률을 직접 적용할 수 있어 가치를 평가할 때 비교 가능성이 좋고, 다수의 임차인이 있어 보증금 잔액의 변동성이 큰 부동산에서 비교적 수월하게 현금흐름을 시뮬레이션 할 수 있음. 반면 (ii)차입금 방식은 정확하게 현금흐름과 수익률을 시뮬레이션 할 수 있으나, 분석이 복잡해지고 시장의 수익률 통계를 직접 적용하기 어려움.

종류	인식 방법	성격	특징
(i)운용이익 방식	보증금 x 무위험 이자율	영업현금흐름	보증금의 이자 인식
	보증금 x 대출 이자율		
	보증금 x 기대 수익률		
	보증금 x 전환율		
(ii차입금 방식	보증금 유입 (계약 시작) 보증금 유출 (계약 종료)	재무현금흐름	보증금의 원금 인식

표 21. 보증금의 인식 방법

레버리지와 특수목적기구 비용

투자자는 매입하는 부동산의 자기자본 수익률을 극대화하기 위하여 금융기관으로부터 돈을 빌립니다. 차입을 하게 되면 대출계약을 맺으면서 차입금 원금이 들어오고 계약기간 동안 이자와 원금을 갚아 나갑니다.

주택 담보대출은 거치기간 동안 원금을 상환하지 않고 변동 금리(adjustable rate)로 이자만 지급하다가, 거치기간이 지나면 이자와 같이 원금을 분할 상환하는 방식이 많습니다. 돈을 빌린 투자자는 거치기간이 지나면 대출 원금 상환에 부담을 느낍니다. 담보대출의 경쟁상품인 전세 보증금은 중도에 원금 분할상환이 없는 대출이므로, 차주는 거치기간 후 전세계약을 체결하거나, 다른 대출로 갈아탑니다.

기관투자자가 투자하는 상업용 부동산은 자산 매입시점에 대출을 받고, 투자기간 동안 고정 금리(fixed rate)로 이자만 내다가 자산을 매각하면서 대출원금 전액을 상환(no amortization loan)합니다. 지분투자자의 배당수익을 극대화하려면 중간에 원금을 상환하지 않아야 하며, 급격한 금리변동 위험을 제거해야 하기 때문입니다.

기관 투자자는 관리의 효율성을 증가시키고 위험을 줄이기 위하여 부동산투자회사나 집합투자기구와 같은 특수목적기구를 활용합니다. 특수목적기구는 유지비용이 발생합니다. 자산관리회사, 자산보관회사, 사무수탁회사에 각각 수수료를 지불합니다.

현금흐름과 투자의사결정 구조

순영업소득(net operating income)과 투자현금흐름(investment cash flow), 보증금 현금흐름(deposit cash flow)을 더하면 '

레버리지전 현금흐름(gross unlevered cash flow)'이 됩니다.[267] 이는 부동산 투자에 필요한 자금을 100% 자기자본(equity)으로 조달하였을 때의 현금흐름입니다. 레버리지전 현금흐름에 '부채서비스(debt service)[268] 현금흐름'을 공제하면 '레버리지후 현금흐름(gross levered cash flow)'[269]가 됩니다. 그 후, '특수목적기구 비용'을 공제하면 '레버리지·특수목적기구 비용후 현금흐름(net levered cash flow)'[270]이 됩니다.

부동산 투자에 대한 최종 수익률을 분석할 때, 최종 투자자가 투자하고 배당받는 현금흐름인 '레버리지·특수목적기구 비용후 현금흐름'을 기준으로 합니다. 최종 투자자가 지출하여야 할 법인세 또는 소득세는 고려하지 않습니다. 소득세는 최종 투자자가 개인이냐 법인이냐 공공기관이냐에 따라 달라지기 때문입니다. 모든 투자 상품이 고시하는 수익률은 최종 투자자가 지출하여야 할 소득세 효과는 고려하지 않는 세전 수익률이기 때문에 동일한 선상에서 비교하려면 최종 투자자의 소득세를 고려하기 전 현금흐름을 기준으로 하여야 합니다.

---

267 투자 현금흐름은 자산을 사고 팔고 개발하는 현금흐름으로 부동산의 매입비용, 취득세, 자본적 지출, 재매각수입 등으로 인식함. 보증금 현금흐름은 보증금을 (ii)차입금 방식으로 인식할 경우 적용되는데, 임대계약이 시작할 때 보증금이 유입되고, 임대계약이 종료할 때 보증금이 유출되는 현금흐름을 의미함.

레버리지전 현금흐름 = 순영업소득 + 투자현금흐름 + 보증금 현금흐름

268 부채의 이자와 원금에 대한 현금흐름.

269 **레버리지후 현금흐름 = 레버리지전 현금흐름 + 부채서비스 현금흐름**

270 **레버리지·특수목적기구 비용 후 현금흐름 = 레버리지후 현금흐름 + 특수목적기구 비용 현금흐름**

반면, 부동산의 시장가치(market value)를 평가할 때에는 '순영업소득' 또는 '레버리지전 현금흐름'과 같이 100% 자기자본으로 투자하는 현금흐름을 시장에서 검증된 '자본환원율' 또는 '레버리지전 내부수익률'로 환원하거나 할인하는 방법을 적용합니다.[271] 그 이유는 자산의 시장가치는 개별 투자자의 자본구조나 투자구조에 영향을 받지 않기 때문입니다.[272] 동일한 자산이 LTV 50%로 대출을 일으켜 투자하는 투자자와 100% 자기자본으로 투자하는 투자자에게 다른 가격이 될 수 없습니다. 자본구조와 투자구조와 상관없이 부동산 그 자체가 발생하는 현금흐름을 기준으로 부동산의 시장가치를 평가합니다. 레버리지후 현금흐름이나 특수목적기구 비용이 공제된 현금흐름은 특수한 자본구조와 투자구조가 반영되어 있기 때문에 일반적인 시장가치를 추정하기에는 적합하지 않습니다.

부동산 투자의 현금흐름을 구성할 때, 그림 23과 같이 크게 4단계의 의사결정구조가 있습니다.

첫 번째 단계(①)는 '총투자예산'을 결정하는 것입니다. 자산의 매입가격(acquisition price)·취득세(acquisition tax)·취득수수료와 자산실사(due diligence)[273] 비용을 확정하고, 리모델링이나 증

---

271 자세한 내용은 「공간의 가치(부록)」편 참조.

272 Modigliani and Miller(1958) 참조.

273 부동산 투자가 적정한지를 판단하고 잠재적인 위험을 조사하기 위한 비용으로 임대차 계약·투자구조·거래구조의 법률적 문제를 조사하는 법률실사, 재무적 현황을 파악하고 추정재무제표를 작성하는 재무실사, 건물의 물리적 노후화 현황·추가 비용지출항목 등을 조사하는 물리적(엔지니어링) 실사, 부동산 시장을 분석하고 투자전략 수립의 기초가 되는 시장조사, 매입가격의 적정성을 판단하는 감정평가가 있음.

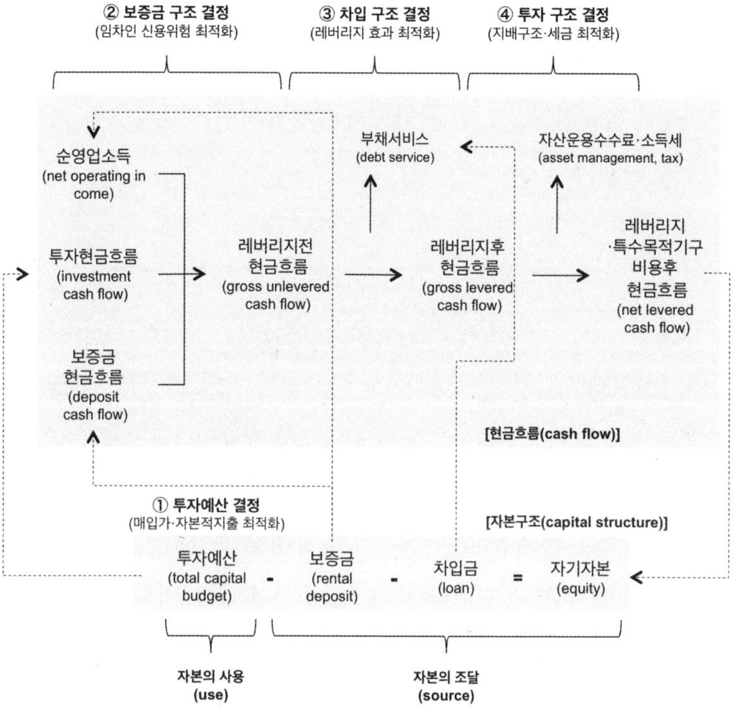

그림 23. 한국 부동산 투자 의사결정구조

축으로 얼마의 자본적 지출(capital expenditure)을 할지 결정합니다. 로비·주출입구·화장실과 같이 물리적·기능적 노후화가 빠른 부분을 리모델링하면 최소한의 투자로 가치를 상승시킬 수 있습니다. 리모델링 비용이 총 예산의 3%가 안되지만 그로 인한 임대료 상승률은 3%가 넘기 때문입니다. 잔여 용적률이 남아 있는 경우, 다른 용도로 전환하는 것이 타당할 경우, 건물의 증축 또는 용도전환을 위한 자본적 지출 투자를 할 수 있습니다. 상가 건물은 임대료가 비싼[274] 1층의 바닥면적을 건폐율 한도까지 증축하여 임대수익을 증가시킬 수 있습니다.

두 번째 단계(②)는 '임대차 계약과 그에 따른 보증금 구조'를 확정하는 것입니다. 투자자가 자산만 인수하고 임대차 계약을 인수하지 않으면, 기존 임대차 계약은 무효[275]가 됩니다. 따라서 투자자는 자산을 인수할 때 임차인 구성(tenant mix)과 계약 조건을 변경할 기회를 가지게 됩니다. 물론 오피스는 임대차 계약이 표준화되어 있고, 임차인의 질적 차이가 거의 없기 때문에 임차인을 일부러 변경할 필요가 없습니다. 하지만 쇼핑몰은 기존 임대차 계약의 보증금 배율이 너무 높거나, 시장 포지셔닝(positioning)에 맞게 임차인을 바꿔야 하는 경우도 있습니다. 임대 보증금이 많을수록 임대료 수입은 줄어드는 반면, 임차인의 신용위험은 줄어들고, 임대인의 자본조달 규모가 감소합니다. 임대차 계약을 확정하는 단계에서 투자자는 순영업소득과 보증금과 자기자본 조달규모를 최적화하는 의사결정을 합니다.

세 번째 단계(③)는 '차입구조'를 결정하는 것입니다. 대부분의 투

---

274 일반적으로 상가의 도로에 접하는 1층 임대료는 상층부(4층 이상) 임대료의 3배가 넘음. 명동은 1층이 상층부의 10배가 넘는 경우도 많음. 에스컬레이터와 같이 상층부의 접근성을 향상시키는 장치가 있는 쇼핑몰의 경우, 1층과 상층부의 임대료 격차가 줄어듦.

275 단, 전세권, 임차권 등기, 상가임대차보호법, 주택임대차보호법의 보호를 받을 경우, 임대차 계약을 승계해야 함.

자자는 자금을 차입합니다. 기대수익률보다 낮은 금리로 차입하면 자기자본 수익률이 상승하는 레버리지 효과를 얻을 수 있기 때문입니다. 하지만 대출금비율(LTV)이 올라갈수록 대출금리가 올라가게 됩니다. 투자목적과 요구수익률(required rate of return), 자신의 신용도와 차입금리를 고려하여 자기자본수익률(rate of return on equity)을 최적화할 수 있는 차입구조를 결정합니다. 일반적으로 부동산 투자수익률이 높을수록, 차입이자율이 낮을수록 최적 LTV가 증가합니다.[276] 안정적인 현금흐름을 창출하는 자산은 100% 자기자본으로 매입하기도 합니다. 자기자본에도 투자하고 타인자본에도 융자하는 투자자의 경우, 자기가 매입하는 자산의 융자기회를 다른 투자자에게 양보할 필요가 없기 때문입니다. 동일한 자산에 대하여 자기자본에도 타인자본에도 투자하는 것은, 그 자산을 100% 자기자본으로 투자하는 것과 같습니다.

네 번째 단계(④)는 어떤 특수목적기구를 사용하여 투자하고 관리하고 자금을 회수할 것인가, '투자구조'를 확정하는 것입니다. 투자자가 직접 자신의 명의로 투자하면 중간에 특수목적기구를 거치지 않는 간단한 투자구조가 만들어집니다. 하지만 자산의 모든 위험에 대하여 투자자가 무한책임을 져야 합니다. 별도의 주식회사를 설립하거나 인수하여 투자할 경우, 투자자는 자기가 출자한 투자금까지만 위

276 Modigliani and Miller(1958), McDonald(1999) 참조.

험을 부담하지만, 중간에 주식회사 단계에서 법인세를 내므로 소득세 이중부담의 문제가 발생합니다. 특수목적기구 도관체를 사용할 경우, 중간에 법인세가 발생하지 않으면서, 전문 자산운용팀이 관리하므로 투자자 내부비용이 절약되는 반면, 투자인가를 받아야 하고 지분한도와 지배구조 등 자산운용의 제약이 있습니다. 투자자는 투자목적에 따라 금융구조를 수립하여 지배·위험·세금 구조를 최적화하는 의사결정을 합니다. 해외 부동산 투자의 경우, 각국간에 상이한 제도와 세금 구조 때문에 여러 단계(자산소재국가-중간국가-투자자소재국가)의 특수목적기구를 설립해야 합니다.[277]

* 실물 투자에 대한 '현금흐름 사례', '자본환원', '개발사업의 현금흐름', '부동산 시장의 구조와 평가체계'를 뒤의 「공간의 가치(부록)」 편에 자세하게 기술하였습니다.

부동산 재무분석과 가치평가, 보증금의 처리문제, 개발 선분양과 후분양의 재무구조, 국제적인 자본환원율 비교, 부가가치세의 처리문제를 다루었습니다.

---

277 중국에 소재한 부동산에 투자할 경우, 중국 내에서는 자산의 거래에 대해 영업세·토지증치세·소득세 등 매우 높은 세금이 발생하여 정상적인 투자가 어려움. 따라서 홍콩과 같은 역외지역에 중국내 자산을 소유한 회사의 지분을 소유한 회사를 설립하여 그 지분을 거래하는 방식으로 투자가 이루어짐.

요약

· 순영업소득은 부동산의 현금창출능력이다.

· 자유계약에 의하므로 임차인과 임대인 중 누가 관리비를 어느 만큼 부담하는지는 하위시장마다 다양하다.

· 부동산 투자에서 임대차구조, 자본구조, 투자구조를 최적화해야 한다.

· 보증금을 운용이익으로 인식할지, 아니면 차입금으로 인식할지에 따라 수익률 왜곡이 발생할 수 있다. (부록)

· 개발원가가 낮을수록 개발회사의 자기자본이 적을수록 선분양이 유리하고, 부동산 가격상승률이 높을수록 개발회사의 자기자본이 많을수록 준공 후 매각이 유리하다. (부록)

수식

· EBITDA = 영업이익 + 감가상각비 등 비현금성 지출

· 총 임차비용 = 임대료 + 보증금 × 이자율 + 관리비

· 간주임대료 부가가치세 = 보증금 × 고시이율 × 부가가치세율 10%

· 관리비 이윤 = 관리비 수입-영업비용

· 보증금 운용이익 = 보증금 × 운용이율

· 레버리지전 현금흐름 = 순영업소득 + 투자현금흐름 + 보증금 현금흐름

· 레버리지후 현금흐름 = 레버리지전 현금흐름 + 부채서비스 현금흐름

· 레버리지·특수목적기구 비용 후 현금흐름 = 레버리지후 현금흐름 + 특수목적기구 비용 현금흐름

· 보증금 배율 = 계약 보증금 ÷ 계약 월임대료

· 임차인 회전율 = 신규 임대면적 ÷ 전체 임대면적

· 영업비용 감당률 = 관리비 수입 ÷ 영업비용

· 수익률(yield) = (순영업소득 + 자본차익) ÷ 취득원가

· 부채감당률 = 순영업소득 ÷ 부채서비스액

· 요구수익률 = 명목 무위험 이자율 + 위험 프리미엄,

· 명목 무위험 이자율 = 실질 무위험 이자율 + 물가상승률,

· 위험 프리미엄 = 디폴트 프리미엄 + 변동성 프리미엄 + 유동성 등 기타 위험 프리미엄

· 시장가치(직접환원법) = 첫 해의 NOI / 시장 자본환원율

· 시장가치(직접환원법, 보증금 운용방식)

$$= \frac{\text{계약임대료} + \text{계약보증금} \times \text{운용이율}}{\text{자본환원률}}$$

· 시장가치(직접환원법, 보증금 차용방식) = $\frac{\text{계약임대료}}{\text{자본환원률}}$ + 계약보증금

· 시장가치(할인현금수지분석법) = $\sum_{t=1}^{\text{보유기간}} \frac{t\ \text{기의 레버리지전 현금흐름}}{(1 + \text{레버리지전 할인률})^{t}}$

· 계약 보증금 = $\frac{\text{전환임대료}}{\text{보증금 전환율}}$

· 계약 임대료 = 보증금 0 일 때의 임대료 - 전환 임대료

· 자기자본 투자액 = 부동산 가치 - 임대 보증금

· 보증금 비중 = 전환 임대료 ÷ 보증금 0일 때의 임대료

· 보증금 배율 = 계약 보증금 ÷ 계약 월 임대료

· 임대료 = 순수연세 × (1-보증금 비중)

· 보증금 = 순수연세 × 보증금 비중 ÷ 전환율

· 직접환원법 자산평가액 = (년임대료 + 보증금 × 운용이율) ÷ 자본환원율

· 무차별 자본환원율 = (년임대료 + 보증금 × 운용이율) ÷ 부동산가치

· 원가법 시장가치 = 토지가치 + 재조달원가 - 감가상각 + 개발이윤

· 부가가치세 목적의 건물가치 안분액 = 부동산 총 거래가액 × (건물 기준시가 ÷ (건물 기준시가 + 토지 공시지가))

공간을 구축하는데 많은 돈을 투자하면서
공간은 상품이 됩니다.

팔아야 하기 때문입니다.

商品

8 | 공간 상품

상품 [product, 商品]

사고파는 물품.[278]

---

278 출처 : 국립 국어원

공간 상품

공간이 가격, 그것도 높은 가격으로 거래되는 것은 경이롭습니다. 서울의 중심업무지구나 상권에 위치한 대형 오피스와 쇼핑몰, 강남의 아파트 단지는 하나의 프로젝트 가치가 1조원이 넘는 경우도 있습니다. 2014년 11월 기준 한국 거래소(KOSPI)에 상장된 기업의 평균 시가총액이 약 1.6조원이니 우량한 부동산의 가치는 우량한 상장기업의 가치와 맞먹습니다. 불과 몇 백년 전만해도 공간은 작물을 키우고 비를 피하고 겨우 체온을 유지할 수 있는 곳에 불과했는데 말입니다. 19세기와 20세기에 걸쳐 철근 콘크리트[279]와 철골구조로 높고 큰 건물의 건축이 가능해지고, 엘리베이터로 빠른 수직이동이 가능해지고, 커튼월(curtain wall) 과 프리캐스트(precast) 구조[280]로 효율적인 생산과 건물 관리가 가능해집니다. 새로운 기술을 적용하여 높은 생산성을 발휘하는 국제양식(international style)[281]이 개발되고 전세계에 퍼져 나갑니다. 20세기 중반 이후 부동산 시장은 급격히 성장합니다. 공간은 집약화되고 고도화되고 다양해졌습니다. 공간을 구축하는데 많은 돈을 투자하면서 공간은 상품이 됩니다. 팔아야 하기 때문입니다.

---

279 철근 콘크리트 구조는 인장력이 약한 콘크리트를 보완하기 위하여 콘크리트 내부에 인장력이 강한 철근을 삽입하여 보완하는 구조로, 현장에서 거푸집으로 기둥·벽 등 다양한 형상의 구조를 만들 수 있음. 철골 구조는 공장에서 생산된 철골 부재를 이용하여 용접 및 볼트 등으로 접합하는 구조로 구조의 무게가 가볍고 강도가 높아 고층 건물을 건축하는 데 유리함.

280 커튼월은 공장에서 미리 만든 외벽을 건물의 외면에 붙이는 방식으로 가벼운 재료를 사용할 수 있어서 건축비용을 줄일 수 있음. 프리캐스트는 공장에서 제조된 콘크리트를 현장에서 조립하는 구조로 공사기간을 단축하고 공사비를 줄일 수 있음. 렘 콜하스라는 건축가/학자는 엘리베이터와 커튼월이라는 새로운 기술 때문에 대도시에서 복합적인 프로그램의 건물이 발전하였다고 주장함. Koolhaas(1978) 참조.

281 1920년대에 새로운 건축기술을 반영하여 만들어진 양식으로 직선을 많이 사용하고, 장식이 배제된 가볍고 편평한 표면을 사용하며, 개방적인 내부공간을 가지고, 철과 유리를 사용하여 가벼운 인상을 줌.

시장 세분화

경제가 발전하는 초창기에는 오피스면 오피스, 주택이면 주택, 공장이면 공장, 그 자체가 부족하기 때문에 공간에 대한 수요가 분화되지 않았습니다. 하지만 경제활동이 복잡해지면서 시장에는 다양한 수요가 발생합니다. 공간시장은 세분화됩니다. 부동산 시장은 다양한 스펙트럼을 가진 하위시장의 집합체입니다. 시장에서 고객과 수요를 세분하여 정밀하게 공략하는 것이 시장 세분화(market segmentation)입니다. 전체 부동산 시장이 공급 초과인 상황에서도 특정 하위시장은 수요 초과일 수 있으므로 하위 시장에 맞게 상품을 최적화하고 마케팅하고 공급합니다.

시장을 세분화하는 기준으로 가장 일반적인 것은 '공간의 질(quality)'입니다. 사람들은 모두 품질 좋은 공간을 원합니다. 좋은 공간은 비쌉니다. 가장 공간의 질이 다양한 상품은 주택입니다. 한국에는 고급 단독주택·아파트·다세대주택·원룸·고시원 등 다양한 주택상품이 존재합니다. 좋은 품질의 공간일수록 임차인이나 매수자의 신용도가 좋습니다. 공실과 미분양도 적습니다. 가격만 조금 낮추면 팔리기 때문입니다. 그래서 큰 개발회사나 기관투자자는 고품질 하이엔드(high end) 시장을 주로 공략합니다.

서울의 고액자산가(HNWI, high net worth individual) 중에서

도 전통적인 부자들은 사생활이 보장되며 쾌적한 단독주택을 선호[282] 합니다. 고급 단독주택 시장으로 서울의 한남동·성북동·평창동이 있습니다. 이 곳은 구릉이나 산에 위치하여 접근성이 좋지 않지만, 운전기사가 있는 차로 이동하는 이들에게 장애가 아닙니다. 오히려 경사를 이용하여 외부의 시선을 차단하고 용적률에 산정되지 않는 주거면적[283]을 확보할 수 있으며, 공기와 전망이 좋습니다. 재미있는 것은 한남동과 성북동은 서민들의 주거지이기도 하다는 것입니다. 고급 단독주택지역에 붙어서 다세대 주택 서민 주거지가 펼쳐집니다. 최고급 단독주택과 다세대 주택 부지의 토지면적당 단가가 유사합니다.[284] 접근성이 안 좋고 경사가 있는 것이 서민에게는 단점인데 부자에게는 장점이 됩니다. 물론 서민들의 주택은 한 세대가 평균 30평 이하이고, 고급 단독주택은 한 필지에 100평이 훌쩍 넘습니다.

고급 단독주택은 주변이 모두 고급 주택지면 오히려 문제가 발생합니다. 바로 인력 수급의 문제입니다. 고급 단독주택은 그 자체로 고용을 창출합니다. 가사 도우미·정원사·기사님을 고용하기 편해야 합니다. 일례로 분당·판교·용인북부의 고급 주택지역은 서울의 고급

---

282 기업 소유주나 부동산 임대업자 및 연예인 등 사생활 보호가 중요하지만 대중교통으로 출퇴근할 필요는 없는 사람들이 많음.

283 건물 외벽의 50% 이상이 땅에 묻히면 지하로 인정을 받기 때문에 경사지는 한 쪽은 외기에 면하는 지하 공간을 만들 수 있음. 지하면적은 용적률에 산정되지 않기 때문에, 경사지는 평지보다 더 많은 주거 공간을 확보할 수 있음.

284 예를 들어 고급 주택부지나 다세대 주택부지나 모두 평당 1500만원임. 아파트 시장은 고급일수록 비싼 땅에 위치하는 것과 비교됨.

주택지역보다 사람을 고용하기가 어렵다고 합니다. 인근에 중산층 거주지역이 광범위하게 퍼져 있기 때문입니다. 고급 단독주택은 대부분 자가사용을 목적으로 거래되며, 자산가들이 많다 보니 풍수지리가 중요합니다. 한남동의 경우 외국계 기업의 임원·연예인·전문직을 대상으로 하는 단독주택 임대시장[285]도 광범위하게 형성되어 있습니다.

주상복합 아파트의 시장규모는 2000년대부터 폭발적으로 성장하였습니다. 주상복합 아파트는 주거와 주거 이외의 시설이 하나의 이어진 건물로 지어진 상품입니다. 상업지역[286]에 아파트를 짓되 오히려 고급 품질의 건축공간과 브랜드로 포장하였습니다. 주상복합 아파트는 용적률이 높기 때문에 일반 아파트보다 높은 층수로 조망을 확보할 수 있고, 통제되고 품질 높은 관리 서비스를 제공합니다. 주상복합 아파트는 주거환경이 떨어지는 상업지역에 위치한다는 것이 본질적인 한계입니다. 그래서 대부분의 비싼 주상복합 아파트는 서울

---

285 한남동에서 고급 단독주택 임대시장이 존재하는 것은 기대수익률이 높은 임차인 군이 형성되어 있기 때문임. 전문직이나 연예인은 일반인보다 다양한 투자기회를 가지기 때문에 자기자본을 자기의 사업에 투자하면 주택 투자수익률(매입 옵션)이나 보증금 전환율(전세 옵션) 보다 높은 수익률을 얻을 수 있음. 그에 따라 자가나 전세보다 월세 계약을 체결함. 게다가 법인의 명의로 계약하면 법인세율(24.2%)만큼 세금절감효과가 발생함. 외국인은 한국의 보증금 관행이 낯설기 때문에 소위 '깔세'라고 부르는 보증금이 없는 임대료 선불 계약을 선호함.

286 지방자치단체마다 조례로 상업지역 등에 소재하는 주상복합 아파트에서 주거면적 비율의 상한선을 정하는 데, 그 비율이 높을수록 쾌적하고 품질이 좋은 주거가 가능함. 분양상가의 면적 비율이 높을 경우, 전체 건물의 주거 쾌적성을 떨어뜨리기 때문임. 분양상가는 각자 소유하며 통일된 임대 관리 주체가 없기 때문에 질이 좋지 않은 임차인이 영업을 하여도 아파트 거주자가 법적으로 제재할 방법이 없음. 그에 따라 주거 면적 비율이 주상복합 아파트의 상품성을 결정짓는 중요한 요인이 됨.

의 도곡동·목동·여의도동·한강변, 성남의 정자동, 부산의 해운대처럼 인근이 우수한 주거지역이고, 한강·양재천·탄천·안양천·바다에 접하여 여유로운 녹지공간을 확보하고 있습니다. 기업 임원·전문직 종사자 등 접근성과 자녀 교육환경 및 사생활 보호를 중요하게 여기는 사람들이 많이 거주합니다.

다가구·원룸·도시형생활주택·오피스텔·고시원[287] 등 임대를 목적으로 지어지는 주택은 아파트와는 또 다른 주거상품입니다. 한국에서 주거 임대료는 2평짜리 방 한 칸 고시원부터 100평짜리 고급 단독주택 한 채까지 월 20~1000만원으로 폭 넓게 형성되어 있습니다. 흥미로운 것은 주거는 사람이 사는 곳이라서 사람이 살기 위한 기본 기능은 고시원이나 고급 단독주택이나 유사하고, 따라서 주택 임대료는 면적에 대하여 체감적으로 증가한다는 것입니다. 즉, 단위면적당 임대료를 따지면 2평짜리 고시원이 100평짜리 고급 단독주택보다 비쌉니다.[288] 사람들이 주택 면적 또는 품질에 대하여 느끼는 한계효용(marginal utility)이 체감하기 때문입니다. 사람은 음식을 먹고 잠을 자고 자신의 소중한 재산을 보관할 최소한의 방 한 칸에 대해서 지불하려는 금액이 가장 클 것입니다. 그 다음에 방의 면적을 늘리고, 방 하나를 추가하고, 내장재를 더 좋게 만들고, 정원을 만드는 것은 최초

287 법적으로 오피스텔은 업무시설이고 고시원은 근린생활시설이나, 실질적으로는 둘 다 주거로 기능함.

288 1명이 거주하는 2평 고시원이 월 20만원이면 평당 10만원/명인데, 4명이 거주하는 100평짜리 단독주택의 임대료가 월 1000만원이면 평당 2.5만원/명임.

의 방 한 칸보다 필요한 것은 아닙니다. 서울에서 주거 임대료는 고시원과 소형 오피스텔이 월 20만원에서 100만원의 범위에 있고, 아파트가 월 100만원에서 250만원[289]입니다. 고시원이나 오피스텔이 1인당 월 임대단가는 오히려 더 비쌉니다. 원룸·도시형생활주택·오피스텔·고시원 등 1인 주거가 임대수익률은 더 높습니다. 그런데 1인 주거 상품은 관리하는데 품이 많이 듭니다. 단위면적당 임대료가 높은 것은 좋은 일이나 단위면적당 임차인도 많기 때문에 임대 마케팅, 전출입관리, 월세 징수 등 신경 쓸 일이 많습니다. 주택상품을 전문적으로 관리하는 회사가 거의 없기 때문에 집주인이 다 맡아서 해야 합니다. 이러한 임대 상품 중 상당수는 해당 건물에 건물주가 거주하면서 밀착 관리합니다. 주거 상품의 관리를 편하게 하기 위하여 맨 상층부는 방 3개 정도의 건물주 거주 주택이 있고 밑은 임대 상품으로 근린상가나 원룸주택이 있는 주상용 건물을 건축하는 경우가 많습니다.

주택시장에서 공간과 서비스를 공유하는 방식도 시장을 세분화하는 기준이 될 수 있습니다. 단독주택은 단독으로 사용하므로 다른 사람과 어떠한 공간과 서비스도 공유하지 않습니다. 모든 것을 거주자가 배타적으로 사용하고 알아서 해결합니다. 아파트는 로비·복도·엘리베이터·기계실·전기실·주차장·옥외공간을 다른 사람과 공유하고, 공용공간을 관리하는 서비스를 제공받습니다. 고시원은 부엌이나

---

289 2014년 $85m^2$ 아파트를 기준으로 서울 금천구와 강남구의 평균 전세가격을 각각 월세로 전환하였을 때 각각 100만원, 250만원임.

화장실을 공유합니다. 최근 증가하는 공유주택(share house)은 커뮤니티 공간을 공유하며 기숙사처럼 방조차 공유하는 경우도 있습니다. 공유를 하면 사용비용을 분담하여 효율적으로 사용하므로 주거 및 관리비용이 감소합니다.

결국 시장 세분화에서 중요한 것은 수요자가 필요한 것이 무엇인가입니다. 수요자에게 중요한 부분은 차별화하고 중요하지 않은 부분은 과감히 축소하는 선택과 집중이 필요합니다. 부동산 시장은 수많은 하위시장의 집합이고, 그 안에는 수많은 가격형성요인이 얽혀 있습니다. 상품의 수요자가 어떤 기준으로 의사결정을 하는지를 토대로 하위시장의 수요에 최적화된 상품을 결정하는 것이 바로 시장 세분화입니다.

상품 차별화

경제학에서 완전경쟁시장(perfect market)[290]의 개념이 있지만

290 시장의 수요자와 공급자가 시장가격에 아무런 영향을 미칠 수 없는 시장. 가격 순응자인 다수의 생산자와 소비자가 존재하고, 거래되는 재화는 생산자에 따른 차이가 없이 동질적이며, 생산요소의 이동이 자유롭기 때문에 생산자의 자유로운 시장 진출입이 가능하며, 각 시장참가자가 완전한 정보를 가지고 있음.

실제 시장에서 모든 공급자들은 시장을 독점(monopoly)[291]하기 위해 치열하게 노력합니다.[292] 특화되지 않은 상품을 시장에 공급하는 생산자는 이윤을 얻기 어렵고 시장에 충격이 왔을 때 살아남기 어렵기 때문입니다. 생산자는 생존을 위하여 상품을 차별화(product differentiation)하려 합니다. 시장에서 남들과 같은 상품을 내놓는 공급자는 도태됩니다. 상품의 생산과 유통에 규모의 경제가 존재합니다. 많이 생산할수록 많이 팔수록 생산과 유통단가가 낮아지기 때문에 시장에서 1등은 돈을 벌고 2등은 현상을 유지하지만, 3등부터는 살아남기 어렵습니다. 상품 차별화란 그 상품이 속한 범주(category) 내에서 최고 또는 최대 또는 최초 또는 유일한 상품으로 입지를 선점(positioning)하는 것입니다.

공간도 다른 상품과 마찬가지로 가장 크고, 좋고, 유일하면 차별화됩니다. 인근이 모두 주거지역인데 나홀로 상가가 있으면 자연스럽게 그 지역 상권을 독점합니다. 접근성이 좋고 희소한 공간은 소비자의 통근비용과 시간비용을 줄여주기 때문에 경쟁력이 있습니다. 백화점·쇼핑몰·백화점과 같은 대규모 점포는 규모 자체가 경쟁력입니다. 클수록 더 많은 점포가 집적하여 소비자의 탐색비용을 줄이기 때문입니다. 소비자는 어디로 쇼핑을 하러 갈까를 결정할 때, 가장 중요

---

291 오직 한 명의 생산자가 재화나 서비스를 제공하는 시장.

292 이와 관련한 개념으로 독점적 경쟁시장(monopolistic competition)이 있음. 독점적 경쟁시장의 기업은 질적으로 차별화된 상품을 만드는 데 노력을 기울임.

하게 고려하는 것이 있습니다. 그것은 바로 쇼핑을 하러 갔는데, 원하는 상품을 구매하지 못할 위험입니다. 쇼핑을 하러 가는 것은 없는 시간을 내서 하루를 투자하는 것인데 그 시간 안에 원하는 물건을 구매하지 못하는 것은 손실입니다. 공간 상품에서도 규모의 경제는 중요합니다.

'최고 품질'의 공간도 차별화합니다. 최고 품질의 공간은 시장을 장악합니다. 최상급을 정의하는 기준이 되기 때문입니다. 공간의 수요자들이 자신의 상품을 판단할 때, 최상급의 상품과 비교합니다. 좋은 품질의 공간을 찾는 소비자에게 시장에서 가장 높은 등급의 상품은 탐색비용과 위험을 줄여 줍니다. 이보다 더 좋은 상품이 없으므로 더 상품을 찾을 필요가 없기 때문입니다. 소비자들은 가장 좋은 상품을 구매할 때 상품 선택에 실패할 위험이 가장 적다고 판단합니다. 그래서 소비자들은 시장을 잘 모르거나 상품 정보가 비대칭적일수록 최고의 상품을 추구하는 경향이 있습니다. 이렇게 공간 상품은 소비자의 탐색비용과 거래비용을 최소화할 때 시장을 장악하고 다른 상품과 차별화됩니다.

그렇다면 희소하지도 않고, 크지도 않은 부동산은 차별화하지 못하는 것일까요? 그렇지 않습니다. 부동산 시장은 수많은 하위시장의 집합입니다. 하위시장을 세분화하는 기준은 여러 가지입니다. 상업시설이면 예컨대 '판교 유일의 거리형 쇼핑몰', '서울 최대규모 창고형 패션몰', '마포 최초의 광장형 커뮤니티몰'처럼 새로운 범주를 만들어 그 범주 안의 유일한 상품이 되도록 상품화 할 수 있습니다. 주거시설이면 '저층부 테라스 하우스[293] 아파트', '커뮤니티 센터가 특화된 도시형 주거', '살면서 인근 대학교 학생에게 세를 놓을 수 있는 부분임대주택'[294]과 같이 약간의 구성 변화로 상품을 '재범주화(re-categorization)' 할 수 있습니다. 물론 어떻게 재범주화 할 것인가는 면밀한 시장조사를 통해서 도출해야 하며, 건축설계부터 마케팅과 유통전략에 합목적적으로 적용해야 합니다.

'명소화' 전략도 상품을 차별화하는 좋은 방법입니다. 명소(attraction)는 널리 알려진 곳이란 의미로 사람들이 와보고 싶어하는 장소입니다. 명소가 되기 위해서는 첫째, 공간의 '컨셉과 포지셔닝'이 명확해야 합니다. 해당 시장 내에서 가장 좋거나 크거나 최초이거나 유일하여야 합니다.

둘째, 광고·잡지·인터넷 등 '미디어'에 잘 포장될 수 있는 구성을 가지고 있어야 합니다. 미디어에 잘 포장되려면 먼저 사진이 잘 찍히는 공간이어야 합니다. 사람들은 사진을 먼저 보고 그 공간을 찾아가는 것을 결정합니다. 다른 공간 상품과의 첫 번째 경쟁은 실제 공간이 아니라 사진 속에서 이루어집니다. 사진이 잘 찍히려면 멋진 조망을 볼 수 있는 지점이 있거나, 매우 멋지게 꾸며진 로비나 정원이 있어야

---

293 계단식으로 건물이 구성되어 1층의 옥상이 2층 주거의 테라스가 되는 주거 형태.

294 아파트의 방 하나에 별도의 출입구를 달아, 독립된 원룸 임대 상품으로 운용할 수 있는 상품. 가변형 벽체를 이용하여 일반 아파트로도 사용가능.

합니다. 이렇게 몇 개의 사진점(photo point)을 상품기획 및 설계 단계에서 의도적으로 계획하면 명소가 될 가능성이 높아집니다. 사람들은 전체적으로 공간이 다소 실망스럽더라도 사진에서 본 공간이 그대로 있으면 만족하는 경향이 있습니다.

셋째, 공간에 '이야기'가 있어야(storytelling) 명소가 됩니다. 이야기는 사람들이 미디어에서 공간을 접할 때, 그 공간에 가야 하는 이유가 됩니다. 공간을 상품으로 만드는데 필요한 이야기라는 것이 거창한 것이 아닙니다. '그 곳에 가면 멋진 자작나무 정원이 있다더라.', '그 곳에 가면 한류스타가 공연을 한다더라.', '그 곳에 가면 숲에서 책을 읽을 수 있다더라.'와 같이 단편적이지만 사람들이 매력을 느낄 수 있는 프로그램이 체험적으로 서술될 수 있으면 족합니다.

공간은 실제로 몸으로 걸으면서 오감을 이용하여 체험하는 상품입니다. 하지만 공간은 체험하기전에 미디어에서 먼저 언어로 정의되고 이미지로 연출됩니다. 미디어에서 어떻게 소비할 것인가를 먼저 전략적으로 결정하여야 공간 상품은 명소가 될 수 있습니다.

공간 상품을 차별화하는 또 다른 방법으로 '브랜드(brand)' 전략[295]이 있습니다. 2000년대 들어서 '래미안'을 시작으로 많은 건설회사들이 주택 브랜드를 만듭니다. 개발회사나 호텔 운영업체가 주택 브랜드를 가지는 외국과 달리 우리나라는 건설회사가 주택 브랜드를 가

---

295 브랜드란 한 생산자가 자신의 상품을 다른 생산자의 상품과 구분하기 위하여 사용하는 명칭, 상징, 디자인 등을 의미함.(출처: American Marketing Association Dictionary)

지고 있습니다. 건설회사가 개발시장의 주도권을 가지고 있기 때문입니다. 브랜드를 만들고 유지하는 것은 단순히 명칭을 붙이고 광고비를 많이 쓰는 것만이 아닙니다. 브랜드의 평판을 유지하기 위하여는 우수한 설계와 시공 품질 및 표준화된 유통이 필요합니다. 한국 소비자는 상품의 정보 교환에 능하기 때문에 겉만 좋고 속 빈 강정 같은 상품은 금방 시장에서 도태됩니다. 실제로 국내 건설회사 중에서 좋은 평판의 주택 브랜드를 가진 곳은 세대와 단지의 평면 및 디테일 개발[296]을 잘하고, 주택문화관[297]과 같은 유통채널을 확보하고 있습니다. 한국에서 주택 개발사업을 할 때, 개발회사가 건설회사를 선택한다는 것은 주택 브랜드와 디자인과 유통채널과 신용[298]을 선택하는 것과 같습니다. 한국에서 건설회사는 주택 프로젝트를 진행하는데 필요한 대부분의 핵심 기능을 가지고 있습니다. 어떤 브랜드냐에 따라 아파트의 가격이 10% 이상 차이 나는 경우도 있습니다. 2007~8년의 금융위기 이후 국내에서 주택 개발 프로젝트가 줄어들면서 A급 브랜

---

296 평면과 디테일을 만드는 것은 건축사가 수행하는 일임. 그런데 한국에서는 건설회사에서 주택 평면과 단지의 설계안에 대한 연구개발기능을 수행하고 있음. 따라서 건축사가 개발초기에는 건축설계초안을 먼저 작성한 후, 나중에 건설회사가 선정되면, 건설회사와 건축사가 브랜드에 맞는 설계로 조정하는 경우가 많음.

297 건설회사 주택문화관은 상설 주택 모델하우스임.

298 한국은 개발회사의 자기자본과 신용이 부족하기 때문에 프로젝트 대출을 제공하는 은행이 건설회사의 신용을 보고 대출을 해주는 경우가 많았음. 건설회사는 필요에 따라 프로젝트 대출의 지급보증과 책임준공을 보장함. 또 분양불(분양대금으로 시공비용을 지급하는 조건)로 시공계약을 체결하기도 함.

드를 가진 몇 개의 1군[299] 건설회사와 그 이외의 건설회사로 차별화가 이루어지고 있습니다.

해외의 경우, 호텔 운영회사가 호텔에서 파생된 주택 브랜드를 가지고 있습니다. 호텔 운영회사는 주택 개발회사에게 수수료를 받고 디자인 기준을 제시하고 설계품질을 관리한 후, 브랜드를 사용할 권리를 제공합니다. 주택에 대해 호텔식 관리 서비스를 제공하기도 합니다. 테마파크 운영회사도 수수료를 받고 만화나 영화 컨텐츠를 기반으로 테마파크 디자인을 제공하고 브랜드를 사용하여 운영할 권리를 제공합니다. 브랜드 역시 상품의 정보와 신뢰를 높여서 소비자의 공간 상품 탐색과 거래비용을 낮춥니다.

공간은 하위시장에서 위치(positioning)가 명확하고, 미디어와 브랜드로 소비자에게 분명한 메시지를 전달할 수 있어야, 소비자의 거래와 탐색비용을 낮추고, 경쟁력을 가질 수 있습니다. 공간은 다양한 사람들의 행위가 발생하는 그릇이기 때문에 어떻게 만드냐에 따라 다양한 상품이 나올 수 있습니다.

299 대한건설협회가 평가하는 시공능력평가금액 1등급의 건설회사를 시장에서 관행적으로 1군 건설회사로 지칭함.

상품의 변화

공간은 시장을 세분화하고 다른 공간과 차별화하면서 상품화되었습니다. 시장은 끊임없이 변하기 때문에 어제의 유망했던 상품이 내일도 그러리라는 보장은 없습니다. 한국의 부동산 시장도 계속 변해왔고 변해갈 것입니다. 그렇다면 가까운 미래에는 어떠한 공간 상품이 각광을 받을까요? 이를 예측하는 것은 쉽지 않지만 부동산 시장의 흐름을 파악하면 그 실마리를 찾을 수 있습니다.

첫 번째 흐름은 '경제성장률의 둔화'입니다. 한국은 2007년까지 경제성장률이 높은 나라였지만, 선진국이 되고 경제규모가 커지면서 과거와 같은 고도성장은 앞으로 경험하기 어려울 것입니다. 그림 24에서 보듯이 한국 경제성장률은 금융위기 이후 세계 평균에 수렴하고 있습니다.

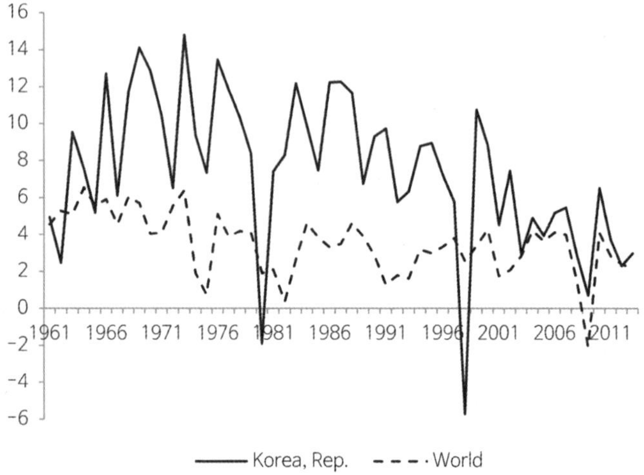

그림 24. 한국의 GDP성장률 비교[300]

「공간과 자본」편에서 다루었듯이 한국은 전세금·분양권·회원권과 같이 자금의 수요자와 공급자간의 직접금융을 통하여 부동산 가격 성장의 과실을 서로 나누어 가졌습니다. 하지만 성장률이 둔화되면서 주택 전세가 월세로 전환하고 있습니다. 그에 따라 임대수익을 목적으로 하는 임대주택의 저변은 점점 증가할 것입니다. 미국의 아파트먼트(apartment) 시장을 보면 여러 가지 시사점이 있습니다. 미국의 임대전용 주택인 아파트먼트는 콘도미니엄(condominium)이나

300 자료 : 세계은행(The World Bank), 단위: 실질 성장률 %

단독주택(single family detached home)과는 다른 몇 가지 특징이 있습니다. 먼저 공용공간의 관리비용[301]이 임대료에 포함되어 있습니다. 그리고 임대인이 독점 임대센터에서 임대차를 진행하며, 임차인이 별도의 임대차 수수료를 지불하지 않습니다. 대량으로 임대차를 진행하여 규모의 경제가 발생하기 때문에 임대인이 지불하는 수수료만으로 임대센터가 운영되기 때문입니다. 임차인의 신용도가 중요하기 때문에 임차인이 소득[302]을 증빙하거나 제3자의 보증이 필요합니다. 대신 보증금은 1달 내외의 임대료로 에스크로우 계좌에 예치하며 낮은 이율이지만 임차인이 보증금에 대한 이자수취권을 가지고 있습니다. 그리고 임차인을 위한 다양한 커뮤니티 서비스와 행사를 제공합니다. 아파트먼트내 상업시설도 주거편의성을 우선 순위로 구성됩니다. 소비자의 상품 탐색비용과 거래비용을 줄이고, 규모 효과로 효율적인 관리 서비스를 제공합니다. 우리나라도 전세가 월세로 바뀌면서 점점 주택이 돈을 내고 주거 서비스를 제공하는 상품으로 자리잡게 될 것입니다. 골프장도 회원제 골프장에서 수수료를 매번 지불하고 서비스를 이용하는 공용(public) 골프장으로 무게 중심이 이동하고 있습니다. 이제는 공간 서비스의 품질을 보고 상품을 선택할 것입니다. 서비스업이 부동산업의 본질이 되는 것입니다.

두 번째 흐름은 '커다란 경제규모와 높은 소득'입니다. 그림 25

301 지역마다 편차가 있지만 개별 세대에서 사용하는 상하수도와 가스비도 포함된 경우도 있음.
302 보통 소득이 임대료의 3배 이상이어야 임차인이 될 수 있음.

에서 보듯이 2013년 한국의 1인당 명목 GDP[303]는 2.6만 USD로 세계 평균1.1만 USD의 2배가 넘습니다.[304] 1인당 가계 가처분소득도 GDP만큼은 아니지만 꾸준히 성장하였습니다. 그림 26에서 보듯이 세계 최고 수준이었던 한국의 가계 저축률은 2000년대를 들어서면서 OECD 평균과 비슷하거나 더 낮은 수준으로 하회하게 되었습니다. 그럼에도 불구하고 한국의 국가 저축률은 여전히 높습니다.

이렇게 경제가 성장하고 고도화되고 소득은 증가하였는데, 사실 우리의 도시와 건축과 공간은 그에 맞는 품질을 제공하지는 못하였습니다. 지금까지 우리 사회는 보다 저렴하게 빨리 많이 짓는 것을 목표로 하였기 때문입니다. 2000년 이후 서울과 부산 등 대도시권에서 개발된 퀄리티 좋은 공간 상품들은 대부분 성공적으로 공급되었습니다. 우수한 품질의 프로젝트가 부족하기 때문입니다. 높은 퀄리티의 주택·오피스·쇼핑몰에 대한 공간 수요는 점점 증가할 것으로 보입니다. 부동산·공간 시장의 패러다임이 '양적 팽창'에서 '질적 전환'으로 변화하고 있습니다.

303 국내총생산(GDP, gross domestic product)은 국가의 지리적 경계 내에서 생산된 상품의 총가치를 의미하며, 국민총소득(GNI, gross national income)은 해당 국가의 시민이 생산한 상품의 총가치를 의미함. 최근에는 GNI를 기준으로 비교하는 경우가 많지만, 세계은행 자료에 1990년 이전 GNI가 없기 때문에 GDP를 이용하여 그림28의 그래프를 작성하였음.

304 LG 경제연구원은 2014년 1인당 GNI는 2.9만 USD로 예상하며 2015년에는 3만USD를 넘어설 것으로 예상함.

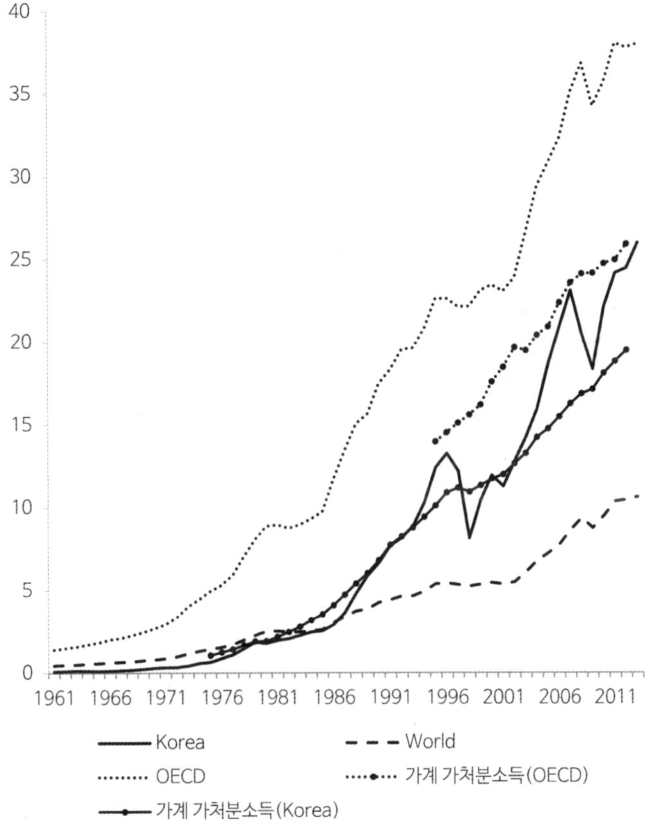

그림 25. 1인당 명목GDP 비교[305]

---

305 자료 : 세계은행(The World Bank),OECD. 단위 : 명목 1인당 GDP 1천 USD, 명목 1인당 가계 조정 가처분소득1천 USD(gross household adjusted disposable income per capita, current prices and current PPPs).

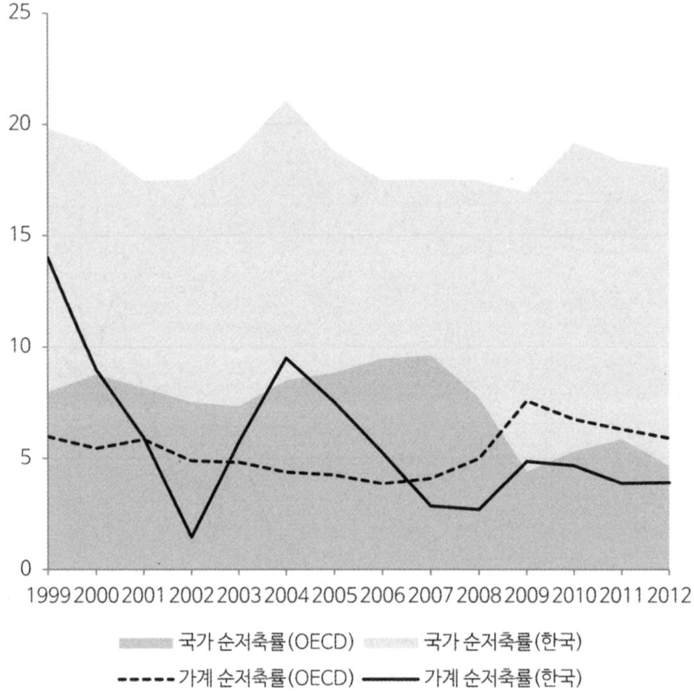

그림 26. 한국의 국가와 가계 저축률 비교[306]

---

306 자료 : OECD, 단위 : %. 국가 순저축률(national net saving rate)은 국내총생산(GDP) 대비 순저축액. 가계 순저축률은 가계 가처분소득 대비 순저축액 (단, 가계 순저축률 산정에 기준 불일치로 프랑스·포르투갈·영국은 제외). 국가 순저축액은 가처분소득에서 최종 소비액을 제한 후, 가계의 연금 순자산 증가액을 더한 값임. 따라서 순저축액은 금융 또는 비금융 자산을 구입하는 데 사용한 잔여 소득을 의미함.

세 번째 흐름은 '인구와 가구 구조의 변화'입니다. 그림 27에서 보듯이 한국의 인구는 2030년 까지 증가하다가 5216만명을 정점으로 감소할 것으로 예상됩니다. 그런데 1인 가구의 비율이 1990년의 9.0%에서 2035년에는 34.3%까지 증가함에 따라 총 가구수는 증가하는 것으로 추계합니다. 가장 경제활동이 활발한 30·40대의 인구 비율이 2005년에 35%로 가장 높았다가 점점 감소하여 2019년부터 30%이하로 떨어질 것으로 예상됩니다. 주택시장에 전형적인 4인 가구의 비중이 줄어들면서 1인 가구[307]가 늘어나는 큰 전환이 발생하고 있다는 것을 의미합니다. 소형주택에 대한 선호도가 증가하는 최근 주택시장의 변화와 상통하는 부분입니다.

가구당 인원수가 적을수록 주택에 머무는 시간보다 외부 공간에 머무는 경우가 많고, 일자리를 찾고 통근하기 쉬워야 하므로, 도심에 위치한 작고 효율적으로 구성된 주택에 살 확률이 높아집니다. 반대로 가족의 구성원이 많고 아이가 있으면, 교육과 주거환경이 좋으면서 더 넓은 주거면적을 확보할 수 있는 외곽의 신도시를 선호합니다.

공간을 비롯한 대부분의 재화와 서비스는 자주 사용하면 직접 구매하여 전용으로 사용하는 것이 경제적이지만, 자주 사용하지 않으면 임차하여 사용하거나 다른 사람과 공용으로 사용하는 것이 경제적입니다. 언제라도 그 상품이 불필요해지면 비용 지출을 중지할 수

307 통계청 자료에 의하면 2014년 1인 가구(총489만 세대)의 연령별 비중은 29세 이하 18%, 30~54세 41%, 55세 이상 41%로 전 연령에 걸쳐 고르게 발생함.

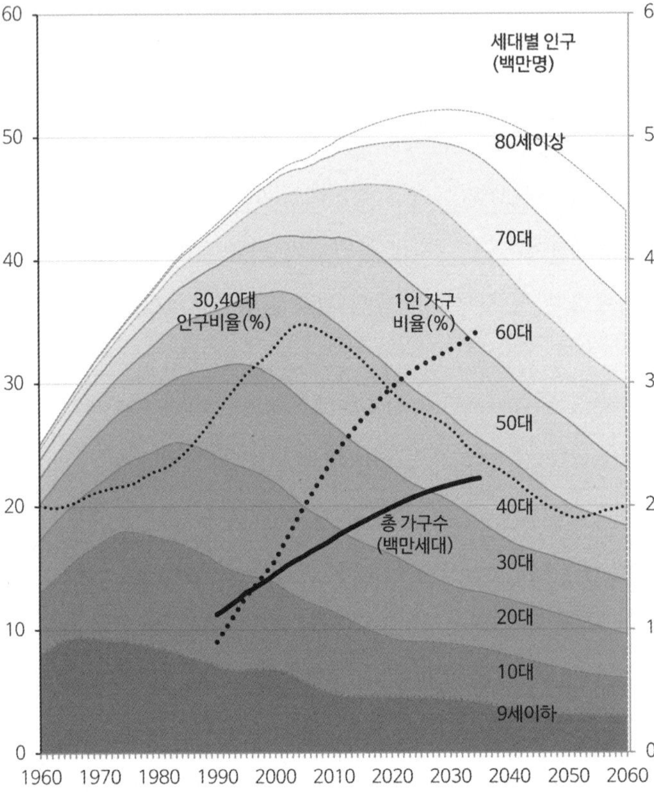

그림 27. 한국 인구 및 가구 구조 추계치[308]

308 자료 : 통계청, 좌축은 인구(백만명), 우축은 비율(%)임.

있는 옵션이 필요하기 때문입니다. 최근 증가하는 공유주택(share house)나 공유서비스는 한국 사회에서 일어나는 인구와 가구 구조 변화와 닿아 있습니다. 예전에는 공간을 가족끼리 공유하였다면, 이제는 타인과 공유하는 것입니다. 대가족에서 개인으로 가족의 단위가 쪼개지면서 바뀌는 삶의 변화에 부응하는 서비스를 제공하는 공간 상품에 대한 수요는 계속 증가할 것으로 예상됩니다.

네 번째 흐름은 우리의 이웃인 '중국의 성장'입니다. 중국은 세계에서 제일 많은 인구를 가진 부동산의 수요처입니다. 2013년 중국의 1인당 명목 GDP는 6,807달러였습니다. 하지만 수십 개의 도시가 2011년 1인당 명목 GRDP가 1만 달러를 넘으며, 심지어 2만 달러가 넘는 곳도 존재합니다.[309] 중국은 돈이 많습니다. 그림 28에서 보듯이 2013년 중국과 한국의 명목 GDP는 각각 9.2조 달러, 1.3조 달러였습니다. 중국의 저축률(gross saving)은 2006년부터 계속 50%를 넘었으며, 2012년 51%로 세계 평균인 23%의 2배에 이르며, 한국의 35%를 훨씬 넘어섭니다.[310]

---

309 자료 : Wikipedia. 2011년에 구매력(PPP)기준 1인당 명목 GRDP(지역총생산, gross regional domestic product)로는 소주·무석을 비롯한 14개의 지급(地級, prefecture level)시와 천진·상해와 같은 직할시가 2만 달러를 넘어섬.

310 자료 : The World Bank. 반면 2012년에 OECD국가와 한국의 저축률은 각각 20%, 35%였음.

저축률gross saving = (**국민총소득**gross national income - **총소비액** total consumption + **순이전**net transfer) ÷ **국내총생산**gross domestic product

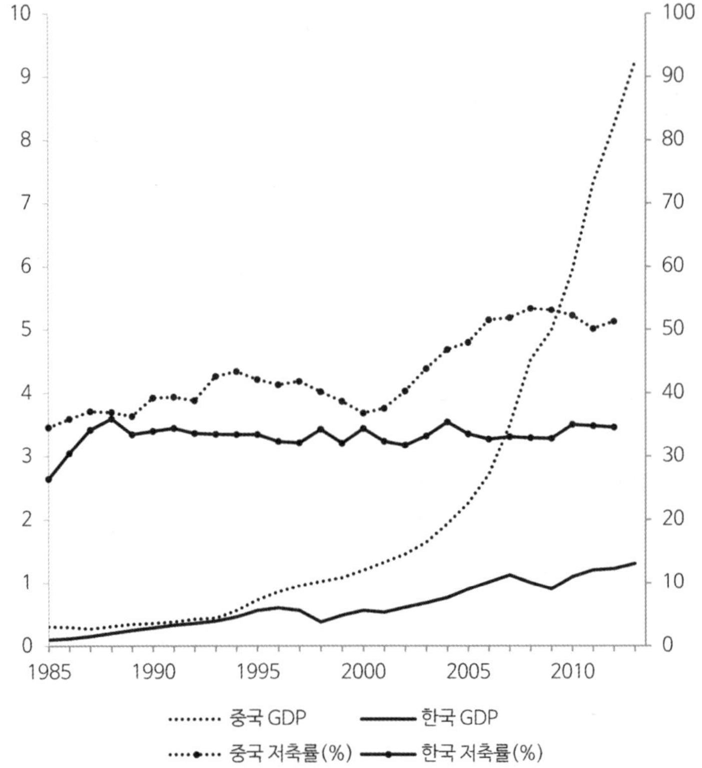

그림 28. 한국과 중국의 명목 GDP와 저축률 비교[311]

311 자료 : The World Bank. 좌축은 명목GDP 1조 달러(USD)이고 우축은 저축률(%)임.

2014년에 중국은 자본 순유입국에서 순유출국으로 전환할 것으로 예상됩니다.[312] 중국의 해외 투자시대가 열린 것입니다. 실제로 2013년부터 중국 기업은 물론이고, 중국 가계의 해외 부동산 투자가 활발해졌습니다. 해외에서 일정 금액이상 투자시 거주권을 부여하는 나라가 있어서 그렇기도 하지만 중국 부동산 시장의 급격한 가격상승으로 위험이 증가하면서 포트폴리오 다변화를 위해서라는 분석도 있습니다. 이러한 흐름에서 주의할 점은 중국 개발회사가 직접 해외에 개발하여 중국 가계에 주택을 공급한다는 것입니다. 중국기업과 가계는 자국인끼리 거래하는 폐쇄적인 특성이 있습니다.

한국은 중국에서 지리적으로 가장 가까운 나라(특히 베이징·상하이 등 핵심 도시에서)입니다. 중국의 한국에 대한 관광·쇼핑·투자활동은 계속 증가할 것입니다. 특히 한국은 중국보다 사치품의 가격이 저렴합니다. 음식·의류·화장품의 품질이 뛰어납니다. 명동을 비롯한 외국인의 쇼핑 선호지역은 기존 내국인 상권보다 점점 더 우위를 가질 것입니다. 마치 홍콩의 구룡반도(Kowloon) 지역이 중국 관광객의 증가로 홍콩 최고의 임대료를 발생하는 상권이 된 것과 마찬가지입니다. 최근 제주도에 중국 관광객이 크게 증가하였습니다. 제주도는 세계적인 관광자원인데, 중국에서 가깝기 때문입니다. 영종도는 중국 동북지역과 가깝고 세계적인 물류중심인 인천국제공항이 위

312 헤럴드경제(2014) 참조.

치하기 때문에 대규모 카지노 개발과 함께 관광지로 변모할 가능성이 높습니다. 중국에서는 카지노가 금지되어 있기 때문에 영종도에 외국인을 대상으로 하는 카지노가 개발되면 중국 관광객의 유입이 많아질 것으로 예상됩니다.[313]

313 한 국내 외국인 대상 카지노 기업에 따르면 2011년 중국인 VIP관광객의 카지노 드랍액은 34백만원으로 일본 VIP관광객의 16백만원의 2배를 상회하였음. (배석준, 2013)

요약

· 부동산 공간 상품을 만들기 위해서는 시장의 수요를 세분화하여 타겟을 명확히 정의해야 한다.

· 상품을 차별화하는 방법은 어떻게 소비자의 탐색비용, 거래비용, 위험을 줄일 수 있는지를 찾는 것이다.

· 경제성장이 둔화되면서 부동산업이 서비스업으로 변화할 것이다.

· 경제규모와 소득이 증가하면서 사람들은 고품질 공간을 더 원할 것이다.

· 1인 가구가 증가하면서 공유 서비스가 중요해질 것이다.

· 중국 관광객과 투자자를 위한 공간 상품의 규모가 커질 것이다.

수식

· 저축률gross saving = (국민총소득gross national income - 총소비액total consumption + 순이전net transfer) ÷ 국내총생산gross domestic product

모든 부동산/공간 시장은 고유한 특성이 있습니다. 공간 상품은 특정한 장소에 위치하고, 다양한 삶과 행위를 담기 때문입니다. 한국 부동산 시장은 다음과 같은 특이한 배경을 가지고 있습니다.

1. 세계 최고 수준의 인구밀도
2. 세계에서 가장 급격했던 경제성장과 도시화
3. 높은 가계 순자산 보유량
4. 높은 자영업자 비율
5. 파편화·집약화된 토지이용
6. 정부의 토지 공급과 부동산 가격통제
7. 신용체계의 사각지대에 있는 임대차 계약
8. 금융기관을 통하지 않는 사금융 관행

한국 부동산 시장은 빨리 성장하였습니다. 그런데 정부가 금융·토지·개발시장을 강하게 통제하였고, 내실을 기하기보다는 외형의 확장에 치중하였습니다. 주택 분양가격을 직접적으로 통제하였기 때문에 품질 좋은 공간을 공급하는데 한계가 있었습니다. 빠른 공급을 위하여 정부가 토지를 개발하고 건설회사가 주택을 생산하면서, 장기적인 안목으로 상품을 개발하고 운영하는 부동산 개발회사를 육성하지 못하였습니다. 단기 개발 위주의 시장에서 공간 품질이 저하되는 현상이 발생합니다.

한국은 2000년까지 높은 경제성장과 높은 가계저축률을 가진 나라였습니다. 가계에 유동성은 높았으나 정부가 주도하는 수출기업 위주의 금융정책에 의하여 자금이 부동산 개발과 투자 부문에 제대로 흘러가지 못하였습니다. 전세보증금·분양권·회원권은 각각 임차인·수분양자·회원이 투자자나 개발회사에 제공하는 직접금융입니다. 가계의 유동성을 제도권 금융시장에서 소외된 부동산 기업부문에 공급하는 역할을 수행하였습니다. 임차인·수분양자·회원은 그 대가로 각각 임차비용 감소와 자본차익을 얻었습니다. 그리하여 부동산 시장의 가격상승이 직접금융을 통하여 가계에도 배분되는 효율적인 메커니즘이 탄생합니다. 직접금융은 높은 경제성장률과 부동산 가격상승률을 전제로 성립하기 때문에 앞으로는 점점 그 규모가 축소될 것입니다.

한국에서는 계약과 법을 지키는 것을 가볍게 여기는 경향이 있습니다. 가계의 부동산 거래에서 더 심합니다. 수억원이 넘는 부동산을 거래하고 임대하는데 1쪽짜리 계약서에 의존합니다. 거래에 필요한 수많은 계약조건을 '시장관행'에 따른다는 모호한 문구로 대신합니다. 임차인이 임대료를 지불하지 않거나 공간을 훼손하는 일이 있어도 바로 퇴거시키기 어렵습니다. 임대인이 보증금을 돌려주지 않는 경우도 많습니다. 계약 불이행에 대한 법적 제재와 강제수단이 약하기 때문입니다. 상가 임대인은 임차인을 믿지 못하니까 임대차 계약 기간을 1년으로 하고, 임차인은 1년 안에 인테리어 비용도 회수하기 어려우나 계약갱신이 안 될 경우, 최후의 수단으로 다른 임차인에게 권리금을 받거나 불법 점유하는 방법을 고려합니다. 그 결과 장사를 시작하는데 고액의 보증금과 권리금을 마련해야 하는 진입장벽이 생깁니다. 보증금과 권리금이 적은 곳에 창업해야 하므로 상권의 흥망성쇠가 가속화됩니다. 사회 전반적으로 법을 지키지 않는 것이 경제적 이익이 되니 이렇게 특이한 시장관행이 탄생합니다.

이러한 한국 부동산 시장의 구조를 그림 29와 같이 표현할 수 있습니다. 우리 사회는 빠른 경제성장과 도시화를 경험하였습니다. 과거에 정부 주도의 개발정책이 선택과 집중을 통하여 경제성장을 이끌었다는 점은 인정할 수 있습니다. 빨리 토지를 수용하고 빨리 건설해서 빨리 공급하였습니다. 하지만 결과적으로 건전한 자본의 형성을 억제하고 공간의 품질을 저하시킨 부작용도 발생하였습니다. 특히 부동산 가격규제는 가격을 낮추는 본래의 기능을 제대로 수행하지는 못하면서 공간의 다양성과 창의성을 제약하는 결과를 만들었습니다. 정부 주도의 개발모델은 2000년대 이후는 부작용이 더 큰 실정입니다.

공간은 삶이 발생하는 장소입니다. 삶이 공간을 형성하고 공간이 삶을 형성합니다. 부동산 시장이 정상적인 기능을 회복하여야, 공간은 한국 사회와 경제를 뒷받침할 수 있는 그릇이 됩니다. 분양가·임대료에 대한 가격규제나 권리금 법제화, 수도권에 집중된 징벌적 세

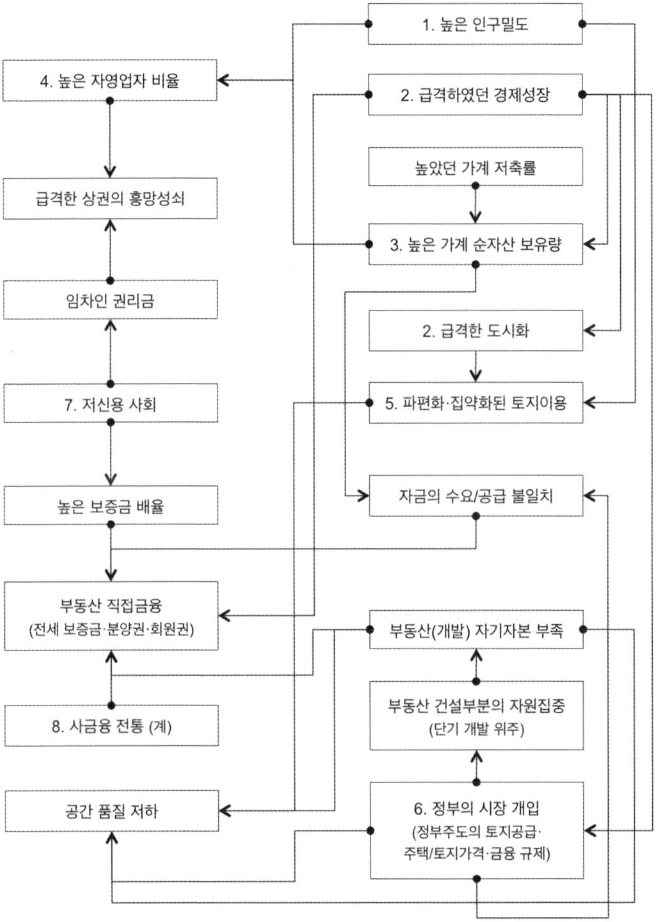

그림 29. 한국 부동산시장의 구조

금 등 정부가 모든 것을 다 하려는 계획경제모델은 이제 버려야 할 때가 왔습니다.

부동산, 그 자체는 죄가 없습니다. 사람들이 돈을 잘 벌면 가격이 올라가고, 돈이 없으면 가격이 내려가는 것뿐입니다. 경제가 좋을 때 가격이 올라야 생산성 높은 사람이 공간을 사용하게 되고, 경제가 안 좋을 때 가격이 내려야 모험적인 사업가가 공간을 사용합니다. 하지만 우리나라에서 사람들은 모든 죄를 부동산에 지웁니다. 가격이 오르고 내릴 때마다 규제가 생기면서 부동산 시장의 비효율성이 증가하였습니다. 부동산 가격이 비싸서 살기 어려운 사람에게는 주거복지정책을 제공해야지, 시장의 가격체계를 교란시킬 필요는 없습니다. 신용체계의 사각지대에 존재하는 임대차 계약의 신용도를 높여야 합니다. 법과 계약을 지키는 것이 이익이 되어야 시장이 정상적으로 작동합니다. 우리나라는 기업도 가계도 법과 계약을 쉽게 어깁니다. 임차인도 임차인의 의무를 지키고 임대인도 임대인의 의무를 지켜야 합니다. 미국은 임대차 계약의 의무를 이행하지 않을 경우, 디폴트 정보가 신용정보회사(credit bureau)에 공개되어 당사자의 공식적인 신용도를 떨어뜨립니다. 기업형 주택임대업자의 경우 임차인의 디폴트 이력을 직접 신용정보회사에 제공하며, 개인 임대인의 경우 임차인 디폴트를 직접 신용정보회사에 제공하지 못하더라도 관련 소송에 이기면 법원에서 디폴트 이력을 신용정보회사에 제공합니다. 반면 한국은 법원이나 행정기관이 의무불이행에 대한 내용을 신용정보회사에 제공하지 않습니다. 한국에서는 법과 계약을 어기는 것이 경제적으로 이익인 상황이 발생합니다.

계약 불이행에 대한 정보를 공식적인 신용정보체계에 보고하면, 시장 전체에서 계약의 중요성이 증가하면서 신용수준이 올라가게 될 것 입니다. 상가 보증금과 권리금이 줄어들고, 자연스럽게 임대차 계약기간이 늘어나게 될 것입니다. 그렇게 되면 상가 임차인의 초기 투자금이 줄어들어 진입장벽이 낮아질 뿐 아니라 임대인이 보증금을 돌려주지 않거나 권리금을 회수하지 못할 위험도 줄어들게 됩니다.

추정 현금흐름 사례

한국 오피스 시장을 기준으로 현금흐름을 추정해봅시다. 연면적(임대면적) 2만평인 오피스를 5000억원(평당 25백만원)에 구입한다고 가정합니다.[314] 부동산을 취득하는 시점에 총 5316억원이 필요합니다. 표 22는 이를 100% 자기자본으로 조달하는 경우('레버리지전'), 50%는 은행으로부터 차입하여 조달하는 경우('레버리지후'), 보증금도 자금조달액으로 사용하는 경우('(i)운용방식', '(ii)차입금 방식')[315] 자본 조달과 사용액을 각각 표기한 것입니다.[316]

314 취득세와 자산실사·구입비용으로 각각 부동산 매입액의 4.6%, 0.6%를 사용하고, 공실을 줄이기 위하여 로비 및 화장실 리모델링에 55억을 사용한다고 가정함. 자산구입비용은 매입대행 대리인 또는 자산관리회사에 지불하는 수수료임.

315 보증금을 계좌에 넣고 이자수익을 얻는 방식((i)운용방식)과 보증금을 차입금처럼 이용하는 방식((ii)차입방식).

316 실제 투자에는 운전자금(working capital)도 조달할 수 있으나, 여기서는 고려하지 않음. 영업비용을 선지출하고 관리비 수입을 나중에 받을 때, 건물분 부가가치세를 지급하고 부가가치세를 환급 받을 때, 자금공백을 메우기 위한 운전자금을 조달할 수 있음.

자금의 사용(use)			자금의 조달(source)		
레버리지 전, (i)운용방식 기준					
구입가격	500.0	94%	자기자본	531.6	100%
취득세	23.0	4%			
자산실사·구입비용	3.1	1%			
자본적지출	5.5	1%			
합계	531.6	100%	합계	531.6	100%
레버리지 전, (ii)차입금방식 기준					
구입가격	500.0	94%	자기자본	515.6	97%
취득세	23.0	4%	보증금	16.0	3%
자산실사·구입비용	3.1	1%			
자본적지출	5.5	1%			
합계	531.6	100%	합계	531.6	100%
레버리지 후,(i)운용방식 기준					
구입가격	500.0	94%	자기자본	265.8	50%
취득세	23.0	4%	대출	265.8	50%
자산실사·구입비용	3.1	1%			
자본적지출	5.5	1%			
합계	531.6	100%	합계	531.6	100%
레버리지 후, (ii)차입금방식 기준					
구입가격	500.0	94%	자기자본	249.8	47%
취득세	23.0	4%	보증금	16.0	3%
자산실사·구입비용	3.1	1%	대출	265.8	50%
자본적지출	5.5	1%			
합계	531.6	100%	합계	531.6	100%

단위 : 십억원

표 22. 자금의 조달과 사용

'유효조소득(EGI)'[317]는 다음의 표 23처럼 산출됩니다. 첫 해 (i)운용이익 방식 324억원, (ii)차입금 방식 319억원입니다. 방식(i)이 약간 더 높은 것은 보증금 이자수익을 이 단계에서 인식하기 때문입니다.[318] 보증금은 160억원에서 5년 후 218억원으로 증가합니다.

317 현재 시장 월 임대료가 10만원/평, 관리비 3.5만원/평에 보증금 배율은 10.0임. 임대차 계약은 시장 임대료로 결정됨. 되며, 임대료·보증금·관리비·영업비용은 매년 3% 상승함. 현재 20%인 공실률은 차차 줄어들어 5년 후에는 3%가 됨.

318 반면, 방식(ii)는 나중에 보증금 현금흐름으로 반영함. 방식 (i)과 (ii)의 유효조소득 차이는 보증금 운용익 5억원(첫해 기준)임.

년도	0	+1	+2	+3	+4	+5
임대면적(천평)	20	20	20	20	20	20
단위 월 임대료(천원)	100	103	106	109	113	116
단위 월 관리비(천원)	35	36	37	38	39	41
보증금 배율	10.0	10.0	10.0	10.0	10.0	10.0
상승률		3%	3%	3%	3%	3%
공실률						
기초		20%	10%	7%	5%	3%
기말	20%	10%	7%	5%	3%	3%
임차인 회전율		15%	8%	7%	7%	5%
보증금 잔액						
기초	0.0	16.0	18.5	19.7	20.8	21.8
증감	16.0	2.5	1.2	1.0	1.1	-21.8
기말	16.0	18.5	19.7	20.8	21.8	0.0
유효조소득 (i)		**32.4**	**34.5**	**36.3**	**38.1**	**38.9**
유효조소득 (ii)		**31.9**	**33.9**	**35.7**	**37.5**	**38.6**
임대료 수입		22.2	23.7	24.9	26.2	27.0
관리비 수입		7.8	8.3	8.7	9.2	9.4
영업비용 감당률		120%	126%	129%	132%	134%
보증금 운용익 (i)		0.5	0.6	0.6	0.6	0.3
기타수입		0.7	0.7	0.7	0.8	0.8

단위 : 십억원

표 23. 오피스 현금흐름 사례(유효조소득)[319]

319 보증금 운용이율은 3%, 기타수입은 임대료 수입의 3% 가정.
보증금 배율 = 계약 보증금 ÷ 계약 월임대료
임차인 회전율 = 변경 임대면적 ÷ 전체 임대면적
영업비용 감당률 = 관리비 수입 ÷ 영업비용

첫 해 영업비용 65억원을 사용하면, 표 24와 같이 '순영업소득(NOI)'이 나옵니다. (i)운용방식을 기준으로 할 때, 첫 해 순영업소득 259억이 발생하고, 순영업소득 수익률(NOI yield)은 4.9%[320], 자본환원율(going-in capitalization rate)은 5.2%[321]입니다. 공실이 줄어들고 임대료가 상승하므로 5년 후 순영업소득 수익률은 6.0%[322]로 증가하게 됩니다.

320 1년차 순영업소득 수익률 4.9% = 순영업소득 259억원 ÷ 총 투자예산 5316억원

321 자본환원율 5.2% = 순영업소득 259억원 ÷ 부동산 매입가 5000억원

322 5년차 순영업소득 수익률 6.0% = 순영업소득 319억원 ÷ 총 투자예산 5316억원

년도	0	+1	+2	+3	+4	+5
유효조소득 (i)		**32.4**	**34.5**	**36.3**	**38.1**	**38.9**
유효조소득 (ii)		**31.9**	**33.9**	**35.7**	**37.5**	**38.6**
영업비용		**−6.5**	**−6.6**	**−6.7**	**−7.0**	**−7.1**
부동산관리		−0.4	−0.4	−0.4	−0.4	−0.4
시설관리		−1.8	−1.9	−1.9	−2.0	−2.0
유지수선비		−0.5	−0.5	−0.5	−0.5	−0.5
수도광열비		−1.7	−1.7	−1.8	−1.8	−1.9
공조공과		−1.7	−1.7	−1.8	−1.8	−1.9
보험료		−0.1	−0.1	−0.1	−0.1	−0.1
간주임대료 VAT		−0.1	−0.1	−0.1	−0.1	−0.1
임대마케팅		−0.3	−0.2	−0.2	−0.2	−0.1
순영업소득 (i)		**25.9**	**27.9**	**29.5**	**31.2**	**31.9**
수익률(Yield)		4.9%	5.3%	5.6%	5.9%	6.0%
순영업소득 (ii)		**25.4**	**27.4**	**28.9**	**30.5**	**31.5**
수익률(Yield)		4.9%	5.3%	5.7%	6.0%	6.2%

단위 : 십억원

표 24. 오피스 현금흐름 사례(순영업소득)[323]

323 평당 월 영업비용은 부동산관리 1.5천원, 시설관리 7.5천원, 유지수선비 2.0천원, 수도광열비 7.0천원, 공조공과 7.0천원, 보험료 0.5천원, 간주임대료 부가가치세는 보증금에 5%의 간주이율과 10%의 세율을 적용, 임대마케팅수수료는 신규 임차인의 1달치 임대료 적용. 기존 임대차 계약 갱신에 대해서는 별도로 임대 마케팅 수수료가 발생하지 않는 것으로 가정.

순영업소득과 투자현금흐름, 그리고 보증금 현금흐름(방식(ii)일 경우)[324]을 합하면 표 25와 같이 '레버리지전 현금흐름(gross unlevered cash flow)'이 됩니다. 투자 후 5년 말에 자산을 5965억원[325]에 재매각합니다. (i)운용방식 기준으로 레버리지전 단순 5년 평균 수익률(gross unlevered yield) 7.7%, 내부수익률(gross unlevered IRR) 7.4%[326]이 도출됩니다.

내부수익률은 최근에 발생할 수익에 더 높은 가중치를 부여하기 때문에 단순 평균 수익률보다 낮게 산정됩니다. 자본차익을 고려하지 않을 때, 5년 단순 평균 수익률은 5.5%입니다. 자본차익은 불확실하고 기간 말에 실현되므로, 안정적인 배당소득을 중요하게 생각하는 기관투자자는 자본차익을 고려하지 않은 수익률이 일정 수준을 넘어야 합니다.

324 레버리지전 현금흐름(i) = 순영업소득(i) + 투자현금흐름
레버리지전 현금흐름(ii) = 순영업소득(ii) + 투자현금흐름 + 보증금 현금흐름

325 재매도가격 = 6년차 순영업소득 ÷ 기말 자본환원율 5.5%

326 수익률(yield) = (순영업소득 + 자본차익) ÷ 취득원가
내부수익률(internal rate of return) = 현재투자액과 미래 현금흐름의 순현재가치를 일치시키는 미래 현금흐름의 할인율

년도	0	+1	+2	+3	+4	+5
순영업소득 (i)		**25.9**	**27.9**	**29.5**	**31.2**	**31.9**
순영업소득 (ii)		**25.4**	**27.4**	**28.9**	**30.5**	**31.5**
보증금 현금흐름(ii)	**16.0**	**2.5**	**1.2**	**1.0**	**1.1**	**−21.8**
투자 현금흐름	**−531.6**	**0.0**	**0.0**	**0.0**	**0.0**	**590.5**
구입가격	−500.0	0.0	0.0	0.0	0.0	0.0
취득세	−23.0	0.0	0.0	0.0	0.0	0.0
자산실사/구입비용	−3.1	0.0	0.0	0.0	0.0	0.0
자본적지출	−5.5	0.0	0.0	0.0	0.0	0.0
재판매가격	0.0	0.0	0.0	0.0	0.0	596.5
재판매비용	0.0	0.0	0.0	0.0	0.0	−6.0
레버리지전 현금흐름(i)	**−531.6**	**25.9**	**27.9**	**29.5**	**31.2**	**622.4**
수익률(Yield) (자본차익포함)	7.7%*	4.9%	5.3%	5.6%	5.9%	17.1%
수익률(Yield) (자본차익제외)	5.5%*	4.9%	5.3%	5.6%	5.9%	6.0%
내부수익률(IRR)	7.4%*					
레버리지전 현금흐름(ii)	**−515.6**	**27.9**	**28.6**	**30.0**	**31.6**	**600.2**
수익률(Yield) (자본차익포함)	7.9%*	5.4%	5.5%	5.8%	6.1%	16.4%
수익률(Yield) (자본차익제외)	5.8%*	5.4%	5.5%	5.8%	6.1%	6.1%
내부수익률(IRR)	7.5%*					

단위 : 십억원

* 5년 (평균) 수익률

표 25. 오피스 현금흐름 사례(레버리지전 현금흐름)

레버리지전 현금흐름에 부채서비스를 고려하면 표 26과 같이 '레버리지후 현금흐름(gross levered cash flow)'이 산정됩니다. 방식 (i) 기준, 레버리지전 현금흐름보다 레버리지후 현금흐름에서 수익률이 증가합니다(5년 단순 평균 수익률 7.7% → 11.4%, 5년 내부수익률 7.4% → 10.5%). '정(+)의 레버리지 효과'가 발생하는 것입니다.

첫 해 부채감당율(DCR, debt service coverage ratio)[327]은 239%로 나타났습니다. 부채감당율이 250% 내외면 원리금 상환능력이 양호한 대출로 볼 수 있습니다. 순영업소득이 반토막이 되어도 (즉, 공실 50%가 되어도) 순영업소득으로 대출이자를 갚을 수 있기 때문입니다.

327 부채감당률 = 순영업소득 ÷ 부채서비스액

년도	0	+1	+2	+3	+4	+5
레버리지전 현금흐름(i)	**−531.6**	**25.9**	**27.9**	**29.5**	**31.2**	**622.4**
레버리지전 현금흐름(ii)	**−515.6**	**27.9**	**28.6**	**30.0**	**31.6**	**600.2**
대출 잔액						
기초	0	265.8	265.8	265.8	265.8	265.8
증감	265.8	0	0	0	0	−265.8
기말	265.8	265.8	265.8	265.8	265.8	0.0
재무(부채서비스) 현금흐름	**265.8**	**−10.6**	**−10.6**	**−10.6**	**−10.6**	**−276.4**
이자지급액		−10.6	−10.6	−10.6	−10.6	−10.6
부채감당률(DCR)		239%	257%	272%	287%	296%
레버리지전 현금흐름(i)	**−265.8**	**15.3**	**17.3**	**18.9**	**20.5**	**345.9**
수익률(Yield) (자본차익포함)	11.4%*	5.7%	6.5%	7.1%	7.7%	30.1%
수익률(Yield) (자본차익제외)	7.0%*	5.7%	6.5%	7.1%	7.7%	8.0%
내부수익률(IRR)	10.5%*					
레버리지전 현금흐름(ii)	**−249.8**	**17.3**	**17.9**	**19.3**	**21.0**	**323.8**
수익률(Yield) (자본차익포함)	12.0%*	6.9%	7.2%	7.7%	8.4%	29.6%
수익률(Yield) (자본차익제외)	7.7%*	6.9%	7.2%	7.7%	8.4%	8.4%
내부수익률(IRR)	11.0%*					

* 5년 (평균) 수익률

단위 : 십억원

표 26. 오피스 현금흐름 사례(레버리지후 현금흐름)[328]

328 대출금 비율(LTV)은 총투자금액의 50%, 이자율(고정금리)은 4.0%로 가정(원금은 계약 만기시 전액 상환). 임차인 보증금을 선순위 담보권으로 설정한 경우, 보증금도 LTV에 포함되나, 본 사례에서는 적용하지 않음.

레버리지후 현금흐름에 특수목적기구의 비용을 공제하면 표 27과 같이 '레버리지·특수목적기구 비용 후 현금흐름'이 됩니다. 방식(i) 기준으로, 레버리지후 현금흐름보다 레버리지·특수목적기구 비용후 현금흐름은 수익률이 다소 감소합니다(5년 단순 평균 수익률 11.4% → 10.4%, 5년 내부수익률 10.5% → 9.6%).[329]

이 현금흐름은 프로젝트가 창출하는 최종적인 잉여현금흐름(free cash flow)이지만, '배당가능 현금흐름'은 아닙니다. 배당가능 현금흐름은 특수목적기구의 배당정책에 따라 결정됩니다.

329 특수목적기구를 사용하여 받은 재산세·종합부동산세 절감효과는 레버리지전 현금흐름에 선반영하였음. 따라서 특수목적기구를 사용하여 발생한 표면적인 수익률 저하효과는 위의 숫자보다 적음. 특수목적기구의 비용은 전문 인력이 자산을 관리하는 비용이라 최종 투자자의 내부 투자관리비용을 줄여주는 데, 이를 반영하지 않았음. 따라서 실제 특수목적기구 때문에 수익률이 저하되었다고 판단하기 어려움.

년도	0	+1	+2	+3	+4	+5
레버리지전 현금흐름(i)	**−265.8**	**15.3**	**17.3**	**18.9**	**20.5**	**345.9**
레버리지전 현금흐름(ii)	**−249.8**	**17.3**	**17.9**	**19.3**	**21.0**	**323.8**
특수목적기구 비용		**−2.7**	**−2.7**	**−2.7**	**−2.7**	**−2.7**
레버리지·특수목적기구 비용후 현금흐름(i)	**−265.8**	**12.6**	**14.7**	**16.2**	**17.9**	**343.3**
수익률(Yield) (자본차익포함)	10.4%*	4.7%	5.5%	6.1%	6.7%	29.1%
수익률(Yield) (자본차익제외)	6.0%*	4.7%	5.5%	6.1%	6.7%	7.0%
내부수익률(IRR)	9.6%*					
레버리지·특수목적기구 비용후 현금흐름(ii)	**−249.8**	**14.6**	**15.3**	**16.7**	**18.3**	**321.1**
수익률(Yield) (자본차익포함)	10.9%*	5.9%	6.1%	6.7%	7.3%	28.5%
수익률(Yield) (자본차익제외)	6.7%*	5.9%	6.1%	6.7%	7.3%	7.3%
내부수익률(IRR)	10.1%*					

* 5년 (평균) 수익률

단위 : 십억원

표 27. 오피스 현금흐름 사례(특수목적기구 비용후 현금흐름)[330]

330 특수목적기구 비용으로 취득원가의 0.5%/년 적용. 특수목적기구의 매입·재매각 수수료는 거래금액의 1%로 투자현금흐름에 이미 반영하였음. 인센티브 수수료는 미고려. 특수목적기구는 부동산투자회사나 집합투자기구 가정(법인세 미발생).

부동산 투자의 수익성을 보는 지표로 수익률(yield)과 내부수익률(IRR) 이외에 '지분배수(equity multiple)'[331]가 있습니다. 지분배수는 투자자의 자기자본 가치가 시간이 지나면서 어떻게 변화하는지를 보는 지표입니다. 사례의 지분배수를 분석하면 표 28과 같습니다. 방식(i)일 때, 자기자본 가치가 5년 동안 2658억에서 4047억으로 증가하였고, 지분배수가 최종적으로 1.52배가 되었습니다.

년도	0	+1	+2	+3	+4	+5
지분투자액+수익 (i)	**265.8**	**278.4**	**293.1**	**309.3**	**327.2**	**404.7**
지분배수	1.00	1.05	1.10	1.16	1.23	1.52
지분투자액+수익 (ii)	**249.8**	**264.4**	**279.7**	**296.4**	**314.7**	**386.0**
지분배수	1.00	1.06	1.12	1.19	1.26	1.55

단위 : 십억원, 배수

표 28. 프로젝트 지분배수(equity multiple)

331 지분배수 = (수익 + 지분투자액) ÷ 지분투자액

보증금의 이자를 인식하는 방식(i)과 보증금을 차입금 원금으로 인식하는 방식(ii)에 따라, 조달해야 될 자기자본((i)2658억 vs (ii)2498억)과 5년 단순평균 수익률((i)10.4% vs (ii)10.9%)과 내부수익률((i)9.6% vs (ii)10.1%)의 차이가 발생합니다. 방식(i)에서 무위험률(3%)로 보증금을 운용하였기 때문에 방식(ii)보다 수익률이 낮게 산정되었습니다. 이 격차는 보증금의 운용이율이 낮을수록, 보증금 배율이 증가할수록 증가하게 됩니다.

표 29에 보증금 운용이율에 따른 두 방식의 수익률 차이를 분석하였습니다. 보증금 운용이율을 10%로 적용하였을 때, 방식(i)과 방식(ii)의 수익률 격차가 없어지게 됩니다. 보증금 운용이율10%는 방식(i)과 방식(ii)를 무차별(indifferent)하게 만드는 보증금의 기회 자본비용(opportunity cost of capital)이라는 해석이 가능합니다. 투자자들이 임대 보증금을 차입금으로 사용하게 되면 보증금 운용이율을 프로젝트의 자기자본 수익률(IRR 10.1%) 수준으로 인식한다는 의미도 됩니다.

	보증금 운용이율				
	0%	3%	5%	7%	10%
레버리지·특수목적기구 비용후 현금흐름(i)					
수익률(Yield) (자본차익포함)	10.2%	10.4%	10.6%	10.7%	**10.9%**
수익률(Yield) (자본차익제외)	5.8%	6.0%	6.1%	6.3%	**6.5%**
내부수익률(IRR)	9.4%	9.6%	9.7%	9.8%	**10.0%**
레버리지·특수목적기구 비용후 현금흐름(ii)					
수익률(Yield) (자본차익포함)	10.9%	10.9%	10.9%	10.9%	**10.9%**
수익률(Yield) (자본차익제외)	6.7%	6.7%	6.7%	6.7%	**6.7%**
내부수익률(IRR)	10.1%	10.1%	10.1%	10.1%	**10.1%**

표 29. 보증금 운용이율 민감도 분석

자본환원

부동산 투자에서 수익률에 가장 큰 영향을 미치는 것은 매입가격입니다. 부동산 시장이 아무리 안 좋아도 부동산을 싸게 사면 수익률이 좋고, 부동산 시장이 아무리 좋아도 부동산을 비싸게 사면 수익률이 나쁩니다. 매입가격을 결정할 때, 중요하게 보는 수익률 지표가 자본환원율과 내부수익률로 수식은 다음과 같습니다.

$$\text{자본환원률} = \frac{\text{첫 해의 NOI}}{\text{매입가격}}, \quad \text{매입가격} = \frac{\text{첫 해의 NOI}}{\text{자본환원률}}$$

$$0 = -\text{매입가격} + \sum_{t=1}^{\text{투자기간}} \frac{t\text{ 기의 현금흐름}}{(1 + \text{내부수익률})^{t}}$$

그런데 다음의 산식과 같이 무한대의 투자기간 동안 순영업소득이 단일한 영구 상승률로 무한히 상승한다는 가정을 하면 수학적으로 자본환원율은 내부수익률에서 상승률을 뺀 값으로 정리됩니다. 즉, 자본환원율과 내부수익률은 부동산 시장의 성장률을 매개로 서로 연결된 수익률입니다.

$$매입가격 = \sum_{t=1}^{\infty} \frac{1\ 기의\ NOI \times (1 + 상승률)^{t}}{(1 + 내부수익률)^{t}}$$

$$= \frac{1\ 기의\ NOI}{내부수익률 - 상승률} = \frac{1\ 기의\ NOI}{자본환원률}$$

→ 자본환원률 = 내부수익률 - 상승률

부동산 투자자는 현금흐름을 추정하여 내부수익률이나 자본환원율을 도출합니다. 그 기대수익률(expected return)이 요구수익률(required return), 즉 투자허들보다 높아야 투자할 수 있습니다. 요구수익률보다 기대수익률이 낮으면 투자안을 반려하거나 더 낮은 가격을 제안할 것입니다. 부동산 시장은 균형상태에서 기대수익률과 요구수익률이 서로 수렴합니다.

그렇다면 부동산 가격을 결정하는 것은 요구수익률입니다. 순영업소득이 정해져 있다면, 그 부동산에 대한 요구수익률이 얼마냐가 매입가격을 결정하기 때문입니다. 표 30은 앞의 현금흐름 사례에서 매입가격 변화에 따른 기대수익률 변화를 분석한 것입니다. 투자자는 방식(i) 기준으로, 레버리지전 내부수익률 7.4%, 레버리지·특수목적기구 비용 후 내부수익률 9.6%, 자본환원율 5.2%이라는 기대수익률이 자신의 요구수익률에 부응하였기 때문에 5000억원에 투자를 결정했을 것입니다.

어떤 메커니즘으로 요구수익률이 결정되는 것일까요? 수익률은 자본의 기회비용으로서 명목 무위험 이자율(nominal risk free rate)에 투자안의 위험에 대한 보상으로서 위험 프리미엄(risk premium)을 더한 값[332]으로 결정이 됩니다. 명목 무위험 이자율은 물가상승에 대한 보상이 포함되어 있으므로, 물가상승률과 실질(real) 무위험 이자율의 합입니다. 금리가 높을수록, 임차인 신용도가 낮을수록, 외부 시장 충격에 취약할수록, 요구수익률이 올라가서 대상 부동산의 매입가격은 낮아집니다. 한국 오피스 시장의 레버리지전 내부수익률은 무위험 이자율이라 할 수 있는 국고채(5년) 수익률보다 대략 3~5% 높게 형성됩니다.

이러한 관점에서 표 30을 해석해보면, 무위험 이자율(국고채 5년물)의 금리가 3.0%인데 해당 자산은 위험 프리미엄으로 4.4% (440bps) 정도가 요구되어 7.4%의 레버리지전 내부수익률이 산출되는 가격으로 자산을 매입한 것입니다.

332 요구수익률 = 명목 무위험 이자율 + 위험 프리미엄,
명목 무위험 이자율 = 실질 무위험 이자율 + 물가상승률,
위험 프리미엄 = 디폴트 프리미엄 + 변동성 프리미엄 + 유동성 등 기타 위험 프리미엄.

	매입가격(십억원)				
	460.0	480.0	500.0	520.0	540.0
방식(i)					
레버리지전 내부수익률 (gross unlevered IRR)	9.3%	8.3%	**7.4%**	6.5%	5.6%
레버리지·특수목적기구 비용후 내부수익률 (net levered IRR)	13.2%	11.3%	**9.6%**	7.9%	6.2%
자본환원율(cap.rate)	5.6%	5.4%	**5.2%**	5.0%	4.8%
방식(ii)					
레버리지전 내부수익률 (gross unlevered IRR)	9.6%	8.5%	**7.5%**	6.6%	5.7%
레버리지·특수목적기구 비용후 내부수익률 (net levered IRR)	13.9%	12.0%	**10.1%**	8.2%	6.4%
자본환원율(cap.rate)	5.7%	5.5%	**5.2%**	5.0%	4.8%

표 30. 매입가격·내부수익률·자본환원율

대출을 끼면 레버리지 효과로 수익률이 올라가지만 수익률의 변동성도 같이 올라갑니다. 대출이자와 원금을 갚고 잔여 수익을 자기자본 투자자가 배당 받기 때문입니다. 사례에서 투자자는 레버리지·특수목적기구 비용후 내부수익률(레버리지전 내부수익률인 7.4%에 변동성·유동성 위험[333]에 대한 프리미엄으로 2.2%를 더하여) 9.6%가 적정하다고 보고 투자하였을 것입니다.

자본환원율은 내부수익률에서 상승률을 공제한 값입니다. 내부수익률 7.4% 에서 영구 상승률 2.2%을 공제한 5.2%로 자본환원율이 도출된 본 투자안은 투자자의 요구조건을 충족하였습니다.

2011년 아시아 태평양 지역 주요 도시의 오피스 자본환원율, 경제성장률과 이자율에 대한 자료로 다음의 그림 30을 구성하였습니다. 각 도시의 자본환원율은 이자율이 높을수록 높고, 경제성장률이 낮을수록 높습니다. 앞에서 언급한 '자본환원율은 내부수익률에서 성장률을 공제한 값으로 결정된다'는 이론과 일치합니다. 이자율이 높을수록 내부수익률이 높으므로 부동산을 더 싸게[334](즉, 자본환원율이 높게) 매입하고, 성장률이 클수록 미래의 자본차익을 위하여 부동산을 더 비싸게(즉, 자본환원율이 낮게) 매입하는 것입니다.

333 레버리지를 일으키면 현금흐름의 변동성은 증가함. 특수목적기구를 사용하면 자본시장의 금융상품이 되기 때문에 유동성 위험이 감소함.

334 자본환원율은 채권의 수익률처럼 부동산 가격의 높고 낮음을 판별하는 지표임. 1억원의 순영업소득을 산출하는 자산이 자본환원율이 5%일 때에는 20억원이지만, 자본환원율이 10%일 때에는 10억원임. 자본환원율 5%는 자본환원율이 10% 보다 가격이 비싸다고 말할 수 있음.

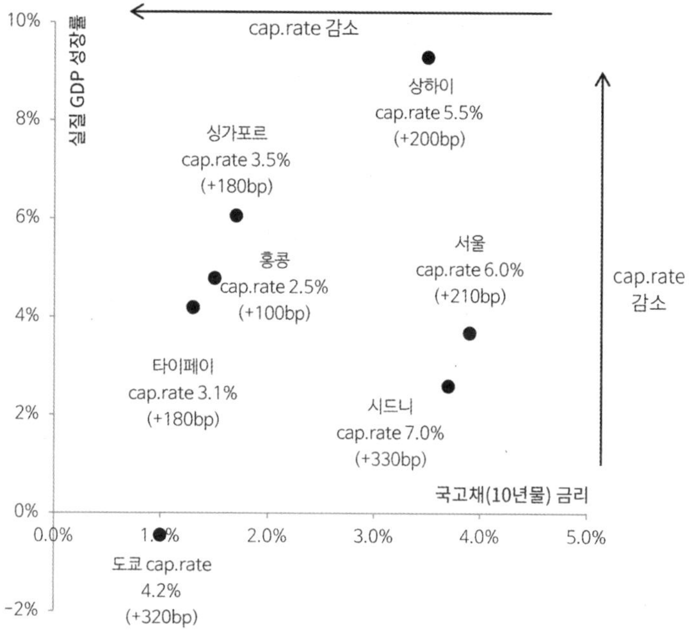

그림 30. 아시아 지역 오피스 자본환원율·성장률·이자율(2011)[335]

---

335 가로축은 각국 국고채 10년물 금리, 세로축은 각국 실질 국내총생산(GDP) 성장률임. 서울은 CBD·GBD·YBD 평균값, 상하이는 푸동(Pudong), 홍콩은 셩완(Sheung Wan),센트럴(Central), 어드머럴티(Admiralty), 타이페이는 신이(Xinyi), 도쿄는 중심 5구 지역 오피스의 자본환원율임. 괄호안의 수치는 국고채 10년물 대비 자본환원율의 스프레드로 단위는 basis point임 (100bp = 1.0%).

자료 : DTZ(cap.rate), 각국 중앙은행(국고채 금리), IMF(실질 GDP성장률)

비교적 경제성장률이 높고 이자율은 낮은 대만·홍콩·싱가포르는 자본환원율이 2.5~3.5% 로 낮게 형성되어 있습니다. 이자율이 비교적 높은 중국·한국·호주는 자본환원율이 5.5~7.0% 로 비교적 높게 형성되어 있으나 경제 성장률이 높을수록 자본환원율이 낮아지는 현상(중국〈한국〈호주)이 있습니다. 일본은 경제성장률도 낮고 이자율도 낮아서 두 그룹의 중간 정도인 4.2% 로 자본환원율이 형성되어 있습니다.

보증금과 수익환원법

순영업소득을 자본환원하여 시장가치를 평가하는 방법이 '직접환원법(direct capitalization)'이고, 레버리지전 현금흐름을 할인하여 시장가치를 평가하는 방법이 '할인현금수지분석법(DCF, discounted cash flow analysis)'입니다. 한국 '감정평가에 관한 규칙'은 직접환원법과 할인현금수지분석법을 통틀어 '수익환원법(income capitalization approach)'으로 지칭합니다.[336]

---

336 시장가치(직접환원법) = 첫 해의 NOI / 시장 자본환원율

$$\text{시장가치(할인현금수지분석법)} = \sum_{t=1}^{\text{보유기간}} \frac{t\text{ 기의 레버리지전 현금흐름}}{(1 + \text{레버리지전 할인률})^{t}}$$

우리나라는 보증금 때문에 수익환원법의 처리방식이 다소 복잡합니다. 한국에서 보증금은 임차인이 제공하는 금융으로서 차입금으로 인식할 수도 있기 때문입니다. '직접환원법'도 다음의 산식처럼 보증금에 대하여 (i)운용방식과 (ii)차입방식을 적용할 수 있습니다. 방식(i)의 경우, 순영업소득[337]에 보증금 운용수익이 포함됩니다. 보증금 운용방식에서 자본환원율은 순영업소득 대비 부동산 가치의 비율로 '자산수익률'에 해당합니다. 방식(ii)의 경우, 임대인이 임차인으로부터 보증금을 무이자 채권으로 차입합니다. 따라서 임대인의 자기자본 투자액[338]은 부동산 가치에서 보증금을 뺀 값입니다. 보증금 차입방식에서 자본환원율은 순영업소득 대비 자기자본의 비율로 '자기자본수익률'에 해당합니다.

$$\text{시장가치(i)} = \frac{\text{계약임대료} + \text{계약보증금} \times \text{운용이율}}{\text{자본환원률}}$$

$$\text{시장가치(ii)} = \frac{\text{계약임대료}}{\text{자본환원률}} + \text{계약 보증금}$$

그런데 다음의 산식과 같이 임대료와 보증금은 전환율에 의해 상호 변환될 수 있습니다.

337 모형을 단순화하기 위하여 여기서 공실률과 영업비용은 고려하지 않음.

338 자기자본 투자액 = 부동산 가치-임대 보증금

$$계약보증금 = \frac{전환임대료}{보증금\ 전환율}$$

계약 임대료 = 보증금 0 일 때의 임대료 - 전환 임대료

임대료가 보증금으로 변환됨에 따라 자본환원율과 부동산 가치는 어떠한 관계에 놓이게 될까요? 표 31에서 이를 분석하였습니다.

표 31을 보면 직접환원법 평가액에서 보증금 비중이 커짐에 따라 부동산 가치가 낮게 평가되는 현상이 발생합니다.[339] 심지어 보증금 비중이 80%가 넘으면 방식(i)에서는 부동산 가치가 보증금 가치보다도 낮은 넌센스가 발생합니다. 이를 보정하려면 표 31 우측의 '무차별 자본환원율'을 적용하여야 합니다. 직접환원법으로 보증금이 있는 부동산을 평가할 때, 보증금 비중에 따라 왜곡이 발생하기 때문입니다.[340] 보증금을 운용할지, 차입할지에 따라 수익률의 구조가 달라집니다. 서울의 A급 오피스 시장은 보증금 배율이 10으로 단일하게 형성되어 이러한 오류가 적습니다. 하지만 상가 부동산 시장은 보증금

339 특히 보증금 (i)운용 방식이 (ii)차입금 방식보다 더 가치가 낮게 평가됨.

340 예컨대 보증금 배율이 11.1인 부동산을 평가할 때, 보증금 배율이 42.9인 다른 사례 부동산의 자본환원율인 4.7%를 그대로 적용하면 실제 가치보다 높게 평가하게 되는 것임.

보증금 비중	보증금 배율	임대차 계약조건		직접환원법 자산 평가액		무차별 자본환원율	
		연임대료	보증금	방식 (i)	방식 (ii)	방식 (i)	방식 (ii)
0%	**0**	**1.0**	**0.0**	**16.7**	**16.7**	**6.0%**	**6.0%**
10%	11	0.9	0.8	15.4	15.8	5.6%	5.7%
20%	25	0.8	1.7	14.2	15.0	5.1%	5.3%
30%	43	0.7	2.5	12.9	14.2	4.7%	4.9%
40%	67	0.6	3.3	11.7	13.3	4.2%	4.5%
50%	100	0.5	4.2	10.4	12.5	3.8%	4.0%
60%	150	0.4	5.0	9.2	11.7	3.3%	3.4%
70%	233	0.3	5.8	7.9	10.8	2.9%	2.8%
80%	400	0.2	6.7	6.7	10.0	2.4%	2.0%
90%	900	0.1	7.5	5.4	9.2	2.0%	1.1%
100%	∞	0.0	8.3	4.2	8.3	1.5%	0.0%

단위 : 억원

표 31. 동일 자산의 보증금 변화에 따른 평가액 변화[341]

---

341 순수년세 1억원, 보증금 운용이율 3%, 보증금 전환율 12%, 자본환원율 6% 가정((i)보증금 운용방식, (ii)보증금 차입방식).

보증금 비중 = 전환 임대료 ÷ 보증금 0일 때의 임대료

보증금 배율 = 계약 보증금 ÷ 계약 월 임대료

연임대료 = 순수월세 1억원 × (1 - 보증금 비중)

보증금 = 순수월세 1억원 × 보증금 비중 ÷ 전환율12%

직접환원법 자산평가액 = (연임대료 + 보증금 × 운용이율 3%) ÷ 자본환원율 6%

무차별 자본환원율 = (연임대료 + 보증금 × 운용이율 3%) ÷ 부동산가치 16.7억원

배율이 0부터 무한대까지 다양하게 형성되어 있기 때문에 보증금 배율에 따른 비교 오류가 발생할 가능성이 높습니다.

개발사업의 현금흐름

이제는 개발사업을 살펴 보겠습니다. 오피스나 쇼핑몰처럼 한 명의 투자자가 전체 건물을 소유하고 관리하는 자산의 경우, 보통 준공 후에 매각을 합니다. 아파트·오피스텔·아파트형공장·근린상가는 구분소유권으로 쪼개서 여러 명에게 준공 전에 분양권으로 매각합니다. 준공 전에 분양권으로 매각하는 것과 준공 후에 자산으로 매각하는 것은 매우 다른 현금흐름 패턴과 자본구조를 가지게 됩니다.

선분양과 준공 후 매각의 차이를 보기 위하여 토지면적 1333평에 연면적 2만평의 건물(오피스) 개발 프로젝트를 가정합시다. 토지를 1200억원에 매입하여 1년의 설계 및 인허가 기간과 2년의 공사기간을 거쳐 매각합니다. 개발회사는 여기서 표 32처럼 세 가지 매각 옵션이 있습니다.

옵션	매각액		평당가	매각수입 유입시점
(a)개별 선분양	338.4	94%	16.9	준공전
(b)준공후 일괄매각	360.0	100%	18.0	준공시점
(c)안정후 일괄매각	393.4	109%	19.6	준공후

단위 : 십억원, 백만원/평

표 32. 개발후 건물매각 옵션 가정

첫 번째는 (a)구분소유권으로 쪼개어 준공 전에 다수의 실사용 기업 투자자에게 선분양을 하는 것입니다('개별 선분양'). 두 번째는 (b)한 명의 기관투자자에게 준공시점에 매각하는 것입니다('준공후 일괄매각'). 세 번째는 (c)준공 후 3년 동안 임대 점유율을 충분히 높여서 안정화시킨 후 한 명의 기관투자자에게 매각하는 것입니다('안정후 일괄매각').

(a)개별 선분양은 준공 2년전인 착공시점에 분양 계약을 시작[342]하므로, 선분양 가격은 착공시점 부동산 가치[343]인 총 3384억원(평당

342 한국에는 3000제곱미터 이상인 건물을 2명 이상에게 매각하려는 경우, '건축물의 분양에 관한 법률(건축물분양법)'을 적용받음. 신탁계약을 체결하거나 분양보증을 받은 경우, 착공시점부터 분양을 할 수 있음. 분양광고에 분양가격을 확정하고, 공개모집과 추첨의 방법으로 분양하여야 함. 분양을 받으면 전매 횟수(1회) 등의 제약이 있고, 분양대금을 계약금·중도금·잔금으로 나누어 납부함.

343 선분양 계약시점에 준공된 것으로 상정한 시장가치(market value as if completed).

1690만원)으로 가정합니다. (b)준공후 일괄매각 금액은 준공시점 부동산 가치인 3600억원(평당 1800만원)으로 가정합니다. (c)안정후 일괄매각 금액은 준공 3년 후 시장가치인 3934억원(평당 1960만원)으로 가정합니다.[344]

(a)개별 선분양일 경우, 표 33과 같이 전체 사업예산[345]으로 2947억원을 사용해야 하는데, 자기자본으로 884억원, 대출금으로 509억원, 분양대금 유입액으로 1554억원을 조달합니다. (b)준공후 일괄매각 또는 (c)안정후 일괄매각일 경우, 표 34와 같이 사업예산 2947억원과 이자지급액(준비금) 192억원을 합한 3139억원을 조달해야 합니다. 동일한 개발비용을 투자함에도 (b)(c)준공후 매각은 준공 전에 분양대금 유입이 없어서 대출금 이자까지 조달[346]해야 하기 때문에 (a)개별 선분양보다 자금조달액이 더 많습니다.

344 (a)개별 선분양, (b)준공후 일괄매각, (c)안정후 일괄매각의 가격 차이는 매매계약 체결시점(각각 토지매입후 1년후, 토지매입후 3년후, 토지매입후 6년후)간의 부동산 가치 차이(년 3.0%)만 발생하는 것으로 한정함.

345 (주요가정) 토지 취득세 등 부대비용 : 토지가격의 5.0%, 도급공사비 : 평당 600만원, 일반관리비용 : 월 5억원, 예비비 : 공사비의 3%, 설계·감리비 : 공사비의 6%, 매각비용 : 매각가의 2%, 자기자본 : 884억원, 타인자본 : 프로젝트 대출 또는 선분양 대금, 대출이자율(준공전) : 7.5%, 대출이자율(준공후) : 7.0%, 선분양 분양률 : 첫 6개월 85%, 1년 95%, 1.5년 100%, 선분양 계약금 : 분양가의 10%, 중도금 : 분양가의 60%, 잔금 : 분양가의 30%.

346 자세한 자금조달액 산정은 뒤의 현금흐름 및 재무상태 확인

자금의 사용			자금의 조달		
토지비	126.0	43%	자기자본	88.4	30%
건축비	128.2	44%	대출	50.9	17%
제세공과	18.9	6%	분양대금	155.4	53%
일반관리비	18.0	6%			
예비비	3.6	1%			
이자지급액	0.0	0%			
합계	294.7	100%	합계	294.7	100%

단위 : 십억원

표 33. 자금의 조달과 사용 : (a)개별 선분양

자금의 사용			자금의 조달		
토지비	126.0	40%	자기자본	88.4	28%
건축비	128.2	41%	대출	225.5	72%
제세공과	18.9	6%			
일반관리비	18.0	6%			
예비비	3.6	1%			
이자지급액	19.2	6%			
합계	313.9	100%	합계	313.9	100%

단위 : 십억원

표 34. 자금의 조달과 사용 : (b)준공후 일괄매각,(c)안정후 일괄매각

(a)개별 선분양 옵션의 현금흐름은 다음의 표 35와 같이 예상됩니다. 공사착공시점에 분양을 개시하여 계약금과 중도금이 유입됩니다. 개발회사는 총 개발비용으로 2947억원이 필요함에도 자기자본과 프로젝트 대출로 1393억원만 조달합니다. 공사기간중 유입되는 분양대금으로 공사비를 지급할 수 있기 때문입니다. 분양대금이 유입되면서 대출금을 갚습니다. 레버리지전 사업이익 370억원, 내부수익률(unlevered IRR) 11.6%, 레버리지후 사업이익 317억원, 내부수익률(levered IRR) 12.8%이 산출됩니다.

년도	합계	+0	+0.5	+1	+1.5	+2	+2.5	+3	+3+1
일정		매입	설계·인허가		공사				준공
매각 현금흐름	**331.6**	**0.0**	**0.0**	**0.0**	**79.6**	**77.9**	**74.6**	0	**99.5**
매각수입	338.4	0.0	0.0	0.0	81.2	79.5	76.1	0	101.5
매각비용	-6.8	0.0	0.0	0.0	-1.6	-1.6	-1.5	0	-2.0
개발 현금흐름	**-294.7**	**-126.0**	**-5.3**	**-5.0**	**-35.9**	**-34.2**	**-34.6**	**-53.8**	
토지매입가격	-120.0	-120.0	0.0	0.0	0.0	0.0	0.0	0.0	
취득세 등	-6.0	-6.0	0.0	0.0	0.0	0.0	0.0	0.0	
공사비	-120.0	-120.0	0.0	0.0	-30.0	-30.0	-30.0	-30.0	
설계비	-4.8	0.0	-1.2	-1.2	-1.2	0.0	0.0	-1.2	
감리비	-2.4	0.0	0.0	0.0	-0.6	-0.6	-0.6	-0.6	
기타용역비	-0.6	0.0	-0.2	-0.2	-0.2	0.0	0.0	-0.2	
미술장식품비	-0.4	0.0	0.0	0.0	0.0	0.0	0.0	-0.4	
재산세	-1.0	0.0	-0.3	0.0	-0.3	0.0	-0.4	0.0	
개발부담금	-3.0	0.0	0.0	0.0	0.0	0.0	0.0	-3.0	
과밀부담금	-6.3	0.0	0.0	0.0	0.0	0.0	0.0	-6.3	
건물보존등기비	-8.0	0.0	0.0	0.0	0.0	0.0	0.0	-8.0	
기타부담금	-0.5	0.0	0.0	0.0	0.0	0.0	0.0	-0.5	
일반관리비 등	-18.0	0.0	-3.0	-3.0	-3.0	-3.0	-3.0	-3.0	
예비비	-3.6	0.0	-0.6	-0.6	-0.6	-0.6	-0.6	-0.6	
레버리지전 CF	**37.0**	**-126.0**	**-5.3**	**-5.0**	**43.7**	**43.7**	**40.1**	**-53.8**	**99.5**
누적		**-126.0**	**-131.3**	**-136.2**	**-92.5**	**-48.8**	**-8.7**	**-62.5**	**37.0**
Unlevered IRR	11.6%								
레버리지 효과	**-5.3**	**37.6**	**5.3**	**5.0**	**-43.7**	**-9.5**	**0.0**	**0.0**	**0.0**
원금	0.0	37.6	6.7	6.6	-41.8	-9.1	0.0	0.0	0.0
이자	-5.3	0.0	-1.4	-1.7	-1.9	-0.3	0.0	0.0	0.0
레버리지후 CF	**31.7**	**-88.4**	**0.0**	**0.0**	**0.0**	**34.3**	**40.1**	**-53.8**	**99.5**
누적		**-88.4**	-88.4	-88.4	-88.4	-54.1	-14.1	-67.8	31.7
Levered IRR	12.8%								

단위 : 십억원

표 35. 개발프로젝트 현금흐름(개별 선분양)

(a)개별 선분양 방식에서 공사중 프로젝트 자산은 표 36과 같이 토지, 건설중자산, 현금, 사업권의 합[347]으로 인식할 수 있습니다. 프로젝트의 부채는 프로젝트 대출금 원금과 수분양자로부터 유입된 분양대금이 있습니다. 본 프로젝트는 총 자산가치의 최대 67%까지 부채가 발생합니다. 자기자본 가치는 자산가치에서 부채가치를 공제한 값으로 출자금과 증분가치(이윤)로 구분할 수 있습니다. 준공시점에 원래 투자했던 자기자본의 가치가 1.4배가 되었습니다.

347 사업권은 사업을 통하여 발생한 이윤임. 만약에 공사 중간에 개발회사가 프로젝트를 매각한다면 지금까지 투입된 원가에 이윤을 더하여 매각할 것이기 때문에 사업권 가치가 발생함.

년도	+0	+0.5	+1	+1.5	+2	+2.5	+3	+3+1
일정	매입	설계·인허가		공사				준공
자산	**126.0**	**137.4**	**148.6**	**190.6**	**265.2**	**346.0**	**352.2**	**120.0**
개발후자산 순가치	0.0	0.0	0.0	0.0	0.0	0.0	0.0	0.0
토지	126.0	126.0	126.0	126.0	126.0	126.0	126.0	0.0
건설중자산	0.0	5.3	10.2	46.1	80.3	114.9	168.7	0.0
현금	0.0	0.0	0.0	0.0	34.3	74.3	20.6	120.0
사업권	0.0	6.2	12.3	18.5	24.6	30.8	37.0	0.0
사업권 인식률	0%	17%	33%	50%	67%	83%	100%	
부채	**37.6**	**44.3**	**50.9**	**88.7**	**157.5**	**232.1**	**232.1**	**0.0**
분양대금	0.0	0.0	0.0	79.6	157.5	232.1	232.1	0.0
프로젝트 대출	37.6	44.3	50.9	9.1	0.0	0.0	0.0	0.0
LTV(대출)	30%	32%	34%	5%	0%	0%	0%	0%
LTV(대출+선분양금)	30%	32%	34%	47%	59%	67%	66%	0%
자본	**88.4**	**93.1**	**97.7**	**101.9**	**107.7**	**113.9**	**120.0**	**120.0**
출자금	88.4	88.4	88.4	88.4	88.4	88.4	88.4	88.4
증분	0.0	4.8	9.3	13.5	19.3	25.5	31.7	31.7
지분배수	1.0	1.1	1.1	1.2	1.2	1.3	1.4	1.4

단위 : 십억원

표 36. 개발프로젝트 재무상태(개별 선분양)[348]

---

348 프로젝트 회사의 현금 잔액이 0 이상이 되도록 시뮬레이션 되어 있음. 대출을 최소화하기 위하여 자금이 필요할 때(수시입출금식), 필요한 자금만 대출하는 것으로 가정하여, 토지매입후 2년 차까지는 프로젝트 회사 계좌의 현금 잔액이 0임. 실제 개발사업에서는 디폴트가 발생하지 않기 위하여 최소한의 운전자금이 계좌에 존재하여야 함. 개발후자산 순가치(net value)는 개발후 부동산 가치(gross value)에서 매각비용을 공제한 가치임. 개발사업의 선분양대금이 매출이냐 아니면 부채냐의 문제가 발생할 수 있음. 여기서는 선분양대금은 자산의 소유권을 이전하기 전까지 부채이고, 소유권을 이전하면서 매출로 인식함.

'(b)준공후 일괄매각'의 현금흐름과 재무상태는 다음의 표 37과 같이 예상됩니다. (a)개별 선분양과는 달리 공사기간 중에 선분양대금의 유입이 없고, 준공시점에 모든 매각수입이 발생합니다. 레버리지전 사업이익 581억원, 내부수익률(unlevered IRR) 10.5%, 레버리지후 사업이익 389억원, 내부수익률(levered IRR) 12.9%이 산출됩니다. 본 프로젝트는 총 자산가치의 최대 64%까지 부채가 발생합니다. 자기자본 투자 후 3년 후인 준공시점에 자기자본의 가치가 원래의 1.4배가 되었습니다.

년도	합계	+0	+0.5	+1	+1.5	+2	+2.5	+3	+3+1
일정		매입	설계·인허가		공사				준공
매각 현금흐름	**352.8**	**0.0**	**0.0**	**0.0**	**0.0**	**0.0**	**0.0**	**0**	**352.8**
매각수입	360.0	0.0	0.0	0.0	0.0	0.0	0.0	0	360.0
매각비용	-7.2	0.0	0.0	0.0	0.0	0.0	0.0	0	-2.0
개발 현금흐름	**-294.7**	**-126.0**	**-5.3**	**-5.0**	**-35.9**	**-34.2**	**-34.6**	**-53.8**	
레버리지전 CF	**58.1**	**-126.0**	**-5.3**	**-5.0**	**-35.9**	**-34.2**	**-34.6**	**-53.8**	**352.8**
누적		**-126.0**	**-131.3**	**-136.2**	**-172.1**	**-206.3**	**-240.9**	**-294.7**	**58.1**
IRR	10.5%								
레버리지 효과	**-19.2**	**37.6**	**5.3**	**5.0**	**35.9**	**34.2**	**34.6**	**53.8**	**-225.5**
원금	0.0	37.6	6.7	6.6	37.8	37.5	39.3	60.0	-225.5
이자	-19.2	0.0	-1.4	-1.7	-1.9	-3.3	-4.7	-6.2	0.0
레버리지후 CF	**38.9**	**-88.4**	**0.0**	**0.0**	**0.0**	**0.0**	**0.0**	**0.0**	**127.3**
누적		**-88.4**	**-88.4**	**-88.4**	**-88.4**	**-88.4**	**-88.4**	**-88.4**	**38.9**
IRR	16.2%								
재무상태									
자산		**126.0**	**141.0**	**155.6**	**201.2**	**245.1**	**289.3**	**352.8**	**127.3**
개발후자산 순가치		0.0	0.0	0.0	0.0	0.0	0.0	0.0	0.0
토지		126.0	126.0	126.0	126.0	126.0	126.0	126.0	0.0
건설중자산		0.0	5.3	10.2	46.1	80.3	114.9	168.7	0.0
현금		0.0	0.0	0.0	0.0	0.0	0.0	0.0	127.3
사업권		0.0	9.7	19.4	29.1	38.8	48.5	58.1	0.0
인식률									
부채		**37.6**	**44.3**	**50.9**	**88.7**	**126.2**	**165.5**	**225.5**	**0.0**
분양대금		0.0	0.0	0.0	0.0	0.0	0.0	0.0	0.0
프로젝트 대출		37.6	44.3	50.9	88.7	126.2	165.5	225.5	0.0
LTV(대출)		30%	32%	33%	44%	52%	57%	64%	0%
자본		**88.4**	**96.7**	**104.7**	**112.5**	**118.9**	**123.8**	**127.3**	**127.3**
출자금		88.4	88.4	88.4	88.4	88.4	88.4	88.4	88.4
증분		0.0	8.3	16.3	24.1	30.5	35.4	38.9	38.9
지분배수		1.0	1.1	1.2	1.3	1.3	1.4	1.4	1.4

단위 : 십억원

표 37. 개발프로젝트 현금흐름과 재무상태(준공후 일괄매각)

'(c)안정후 일괄매각'의 현금흐름과 재무상태는 다음의 표 38과 같이 예상됩니다. 준공 후 3년 임대운영기간 동안 순영업소득이 발생하고, 3년후 매각가치가 더 상승합니다. 그 결과 레버리지전 사업이익 1634억원, 내부수익률(unlevered IRR) 12.7%, 레버리지후 사업이익 967억원, 내부수익률(levered IRR) 16.2%이 산출됩니다. 자기자본 투자 후 6년 후 자기자본의 가치가 원래의 2.1배가 되었습니다.

년도	합계	+0	+1	+2	+3	+3+1	+5	+6	+7
일정		매입	설계 허가	공사		준공	임대운영		
순영업소득	72.5	0.0	0.0	0.0	0.0	0.0	8.0	20.0	25.0
						Yield	2.3%	5.7%	7.1%
매각 현금흐름	385.5	0.0	0.0	0.0	0.0	0.0	0.0	0	385.5
매각수입	393.4	0.0	0.0	0.0	0.0	0.0	0.0	0	393.4
매각비용	-7.9	0.0	0.0	0.0	0.0	0.0	0.0	0	-7.9
개발 현금흐름	-294.7	-126.0	-10.2	-70.1	-88.3	0.0			
레버리지전 CF	163.4	-126.0	-10.2	-70.1	-88.3	0.0	17.5	25.0	415.5
누적			-136.2	-206.3	-294.7	-294.7	-277.2	-252.2	163.4
IRR	12.7%								
레버리지 효과	-66.6	37.6	10.2	70.1	88.3	0.0	-15.8	-15.8	-241.3
원금	0.0	37.6	13.3	75.3	99.3	0.0	0.0	0.0	-225.5
이자	-66.6	0.0	-3.1	-5.2	-10.9	0.0	-15.8	-15.8	-15.8
레버리지후 CF	96.7	-88.4	0.0	0.0	0.0	0.0	1.7	9.2	174.2
누적			-88.4	-88.4	-88.4	-88.4	-86.7	-77.5	96.7
IRR	16.2%								
재무상태									
자산		126.0	155.6	245.1	352.8	352.8	365.1	385.2	185.1
개발후자산 순가치		0.0	0.0	0.0	0.0	352.8	363.4	374.3	0.0
토지		126.0	126.0	126.0	126.0	0.0	0.0	0.0	0.0
건설중자산		0.0	10.2	80.3	168.7	0.0	0.0	0.0	0.0
현금		0.0	0.0	0.0	0.0	0.0	1.7	10.9	185.1
사업권		0.0	19.4	38.8	58.1	0.0			
부채		37.6	50.9	126.2	225.5	225.5	225.5	225.5	0.0
분양대금		0.0	0.0	0.0	0.0	0.0	0.0	0.0	0.0
프로젝트 대출		37.6	50.9	126.2	225.5	225.5	225.5	225.5	0.0
LTV		30%	33%	52%	64%	64%	62%	59%	0%
자본		88.4	104.7	118.9	127.3	127.3	139.6	159.7	185.1
출자금		88.4	88.4	88.4	88.4	88.4	88.4	88.4	88.4
증분		0.0	16.3	30.5	38.9	38.9	51.2	71.3	96.7
지분배수		1.0	1.2	1.3	1.4	1.4	1.6	1.8	2.1

단위 : 십억원

표 38. 개발프로젝트 현금흐름과 재무상태(안정후 일괄매각)

(a)선분양과 (b)후분양(준공후 일괄매각)의 현금흐름 차이는 다음의 그림 31을 보면 보다 손쉽게 이해할 수 있습니다. 레버리지전 누적현금흐름[349]을 보면, (a)선분양과 (b)후분양 모두 착공 전에는 동일합니다.

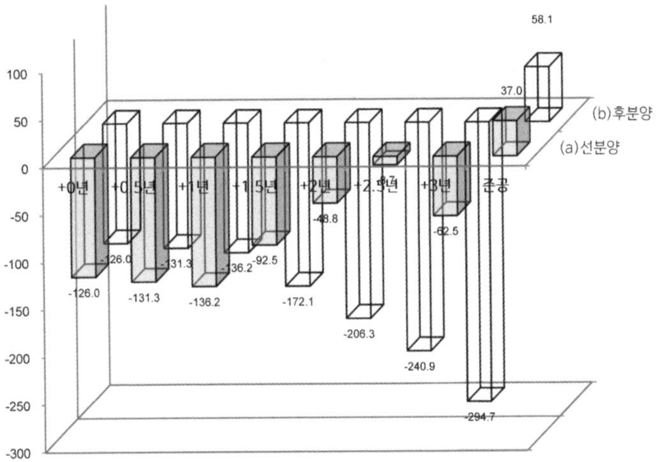

그림 31. 선분양과 후분양의 레버리지전 누적현금흐름 패턴

---

349 100% 자기자본으로만 자금을 조달할 경우.

(a)선분양에서는 착공 직전에 누적현금흐름이 -1362억 원으로 가장 낮습니다. 착공과 함께 분양을 개시하여 선분양 대금이 입금되면서 누적현금흐름이 점점 증가하여 준공시점에 +370억원이 됩니다. 이 프로젝트는 최대 1362억원의 자본을 투자하여 준공시점에 370억원의 이익이 남는다는 의미가 됩니다.

(b)후분양은 착공을 하여도 분양대금의 유입이 없기 때문에 계속 공사비로 자금이 유출되어 누적현금흐름이 준공직전에 가장 낮은 -2947억원이었다가 준공과 함께 소유권을 이전하면서 자금이 유입되어 581억원의 이익이 남습니다.

(a)선분양은 개발회사가 토지비와 인허가·설계비만 조달하면 착공 이후 개발비용은 수분양자가 제공하는 분양대금으로 집행하므로, 개발회사의 자금조달액이 적어지는 장점이 있습니다. (b)후분양에서는 모든 비용을 개발회사가 조달하여야 하지만 (a)선분양보다 매각가치가 높다는 장점이 있습니다. 이는 부동산 가격이 상승한다는 전제하에 성립합니다. 가격이 상승하지 않는다면, 토지 매입 1년 후에 매각가치가 확정되는 (a)선분양보다 토지 매입 3년후에 매각가치가 확정되는 (b)후분양이 더 재무적으로 위험합니다.[350]

(a)개별 선분양, (b)준공후 일괄매각, (c)안정후 일괄매각 옵션에 따라 프로젝트 수익성은 다음의 표 39와 같이 도출됩니다.

---

350 이 문제를 해결하기 위하여 오피스 개발 프로젝트에서 사전에 투자자를 물색하여 준공시 정해진 가격에 매입한다는 선매입 약정을 하는 경우가 많음.

매각옵션	(a)선분양		(b)준공 후 일괄매각		(c)안정 후 일괄매각	
순영업소득	0.0	0%	0.0	0%	53.0	13%
매각액	**338.4**	**100%**	**360.0**	**100%**	**393.4**	**100%**
매각비용	-6.8	-2%	-7.2	-2%	-7.9	-2%
토지비	-126.0	-37%	-126.0	-35%	-126.0	-32%
건축비	-128.2	-38%	-128.2	-36%	-128.2	-33%
제세공과	-18.9	-6%	-18.9	-5%	-18.9	-5%
일반관리비	-18.0	-5%	-18.0	-5%	-18.0	-5%
예비비	-3.6	-1%	-3.6	-1%	-3.6	-1%
레버리지전 이익	**37.0**	**11%**	**58.1**	**16%**	**143.9**	**37%**
이자비용	-5.3	-2%	-19.2	-5%	-66.6	-17%
레버리지후 이익	**31.7**	**9%**	**38.9**	**11%**	**77.2**	**20%**
Unlevered IRR	**11.6%**		**10.5%**		**11.3%**	
Levered IRR	**12.8%**		**12.9%**		**13.2%**	
자금조달액	294.7	100%	313.9	100%	313.9	100%
자기자본	88.4	30%	88.4	28%	88.4	28%
대출	50.9	17%	225.5	72%	225.5	72%
분양금	155.4	53%	0.0	0%	0.0	0%

단위 : 십억원

표 39. 매각옵션별 수익성[351]

351 위의 표는 투자기간 동안의 현금흐름을 기간으로 구분하지 않고 요약한 것임.

그렇다면 개발회사는 (a)개별 선분양, (b)준공후 일괄매각, (c)안정후 일괄매각의 옵션 중 무엇을 선택해야 할까요? 다음의 표 40은 다른 조건은 동일하다고 할 때, 토지매입가격과 오피스 가격 상승률에 따른 레버리지전 내부수익률(unlevered IRR)의 변화를 분석한 것입니다. 음영으로 칠한 부분이 해당 조건 내에서 가장 수익률이 높은 매각 옵션입니다. 토지매입가격이 낮을수록 선분양을 하는 것이 좋고, 오피스 가격상승률이 높을수록 안정후 일괄매각을 하는 것이 좋은 것으로 나타납니다.

토지가격이 낮아서 개발사업의 수익성이 좋으면 (a)선분양을 통하여 매각대금을 최대한 빨리 유입시키는 것이 수익률을 상승시킵니다. 토지가격이 높아서 개발사업의 수익성이 좋지 않으면, 임대운영을 통하여 수익을 발생시킨 후, (c)안정후 일괄매각 하는 것이 수익률이 높습니다. 오피스 가격상승률이 높은 경우, 매각시점을 지연시킬수록 수익률이 올라갑니다. 개발사업에서 매각전략은 매각가격과 개발원가의 관계에서 결정됩니다.

여기서 중요한 것은 개발사업의 자기자본입니다. 자기자본이 충분한 개발회사는 (a)개별 선분양 뿐 아니라 (b)준공후 일괄매각, (c)안정후 일괄매각의 옵션도 선택할 수 있습니다. 개발회사가 자본이 충분하거나 신용이 좋을 경우, 다양한 자본구조를 통하여 유연하게 개발전략을 선택할 수 있기 때문입니다. 자기자본이 확충되지 않은 개발회사는 부채를 줄이기 위하여 매각대금이 최대한 빨리 유입되는 선

			오피스 가격상승률				
			0.0%	1.5%	3.0%	4.5%	6.0%
토지 매입 가격	0.7 억원 /평	(a)선분양	24.9%	24.9%	24.9%	24.9%	24.9%
		(b)준공후 일괄매각	14.2%	16.1%	18.1%	20.2%	22.4%
		(c)안정후 일괄매각	11.0%	12.9%	15.0%	17.0%	19.1%
	0.8 억원 /평	(a)선분양	17.7%	17.7%	17.7%	17.7%	17.7%
		(b)준공후 일괄매각	10.3%	12.1%	14.1%	16.1%	18.1%
		(c)안정후 일괄매각	9.1%	11.1%	13.0%	15.0%	17.1%
	0.9 억원 /평	(a)선분양	11.6%	11.6%	11.6%	11.6%	11.6%
		(b)준공후 일괄매각	6.9%	8.7%	10.5%	12.5%	14.4%
		(c)안정후 일괄매각	7.5%	9.4%	11.3%	13.2%	15.2%
	1.0 억원 /평	(a)선분양	6.5%	6.5%	6.5%	6.5%	6.5%
		(b)준공후 일괄매각	3.9%	5.6%	7.4%	9.3%	11.2%
		(c)안정후 일괄매각	6.0%	7.8%	9.7%	11.6%	13.6%
	1.1 억원 /평	(a)선분양	2.0%	2.0%	2.0%	2.0%	2.0%
		(b)준공후 일괄매각	1.2%	2.9%	4.6%	6.4%	8.3%
		(c)안정후 일괄매각	4.6%	6.4%	8.2%	10.1%	12.0%

표 40. 최적 매각전략 분석(레버리지전 IRR 민감도)

분양 옵션을 선택하려 합니다. 부채가 많으면 재무위험이 증가하고 프로젝트의 경영권을 원활히 확보하기 어렵기 때문입니다.

표 40을 보면 (a)선분양, (b)준공후 일괄매각, (c)안정후 일괄매각의 다양한 옵션을 선택할 수 있으면, 최저 4.6%의 수익률을 확보할 수 있습니다. 반면 (a)선분양만 할 수 있는 개발회사의 최저 수익률은 2.0%입니다. 자본이 탄탄할수록 수익률을 증가시킬 수 있는 옵션이 많습니다.

한국에서 대부분의 개발회사는 자기자본이 적기 때문에 준공 전에 자산을 매각합니다. 충분한 자기자본을 확충한 해외의 개발회사들은 입지가 좋은 곳은 개발 후에 자산을 보유하여 장기적인 수익을 발생시키는 전략을 사용합니다. 사실 선분양은 장기적인 투자 효율성은 떨어집니다. 프로젝트를 성공적으로 완료하여 수익을 배분 받은 이후, 다음의 프로젝트를 물색하고 착수하기까지 기간이 소요되는 데, 이 기간 동안 자금을 낮은 수익률로 운용하기 때문입니다. 우수한 프로젝트를 새로 찾을 수 있다는 보장도 없습니다. 즉, 재투자 위험이 발생합니다. 개발 후 장기 보유하는 전략은 재투자 위험이 적습니다.

부동산 시장의 구조와 평가체계

부동산 시장의 구조를 살펴보면 다음의 그림 32와 같습니다. 공간 서비스를 얻기 위해 소유자가 직접 공간을 사용하는 ①자가사용(owner-occupier market) 시장이 있습니다. 임차인이 공간 서비스의 대가로 임대료를 지불하는 ②임대(rental market) 시장도 있습니다. 한국은 주택의 공간 서비스 대가를 보증금으로 지불하는 ③임대보증금(rental deposit market) 시장이 있습니다.

공간 서비스, 임대료 및 보증금 수입을 기반으로 ④자산거래시장(capital market)에서 자산이 거래됩니다. 그 자산은 ⑥토지시장(land market)에서 형성된 토지가치를 기반으로 ⑤개발시장(development market)에서 공급됩니다. 부동산의 가치는 이렇게 다양한 시장의 수요-공급 관계에서 결정됩니다.

그렇기 때문에 다양한 방법으로 부동산의 가치를 평가할 수 있습니다. 부동산 가치평가방법은 표 41에서 보듯이 크게 임대수익을 기반으로 자산가치를 산정하는 수익방식(income approach), 거래사례를 바탕으로 산정하는 비교방식(sales comparison approach), 자산의 개발원가를 바탕으로 산정하는 원가방식(cost approach)으로 구분할 수 있습니다.

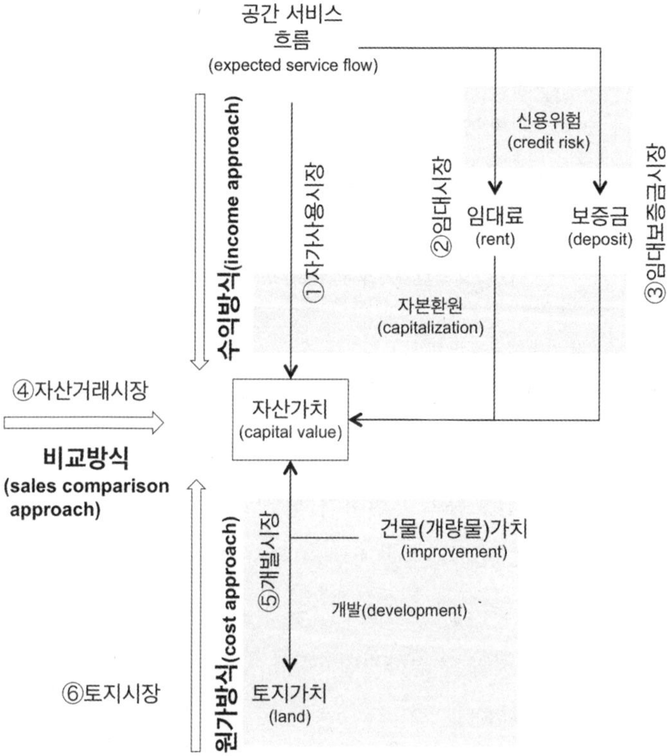

그림 32. 부동산 시장의 구조[352]

352 Grenadier(1995), Grenadier(1996), Grenadier(2005) 참조.

방식	수식
수익방식	$\text{시장가치} = \dfrac{\text{첫 해의 NOI}}{\text{자본환원률}}$ $\text{시장가치} = \displaystyle\sum_{t=1}^{\text{보유기간}} \dfrac{t\ \text{기의 레버리지전 현금흐름}}{(1 + \text{레버리지전 할인률})^{t}}$
비교방식	시장가치 = 거래사례의 가격 x 가격 격차율
원가방식	원가방식 = 토지가격 + 건물가격

표 41. 부동산 평가 3방식

수익방식은 현금흐름에 기반하기 때문에 자산의 수익성을 검증할 수 있습니다. 비교방식은 해당 자산과 유사한 거래의 증거를 기반으로 하기 때문에 신뢰도가 높습니다. 원가방식은 개발원가를 이용하여 간접적으로 가치를 추정하지만, 토지가치가 비중이 높은 자산에서 정확성이 높습니다.

그런데 위의 3방식을 모두 사용할 수 있는 부동산은 그렇게 많지 않습니다. 대상 부동산의 임대료를 파악할 수 있어야 수익방식을 적용할 수 있습니다. 임대시장이 형성되려면 비교적 유사한 품질의 부동산이 충분히 모여 있어야 합니다. 이러한 요건을 충족하는 것은 일부 오피스·오피스텔·주택·상가·숙박시설·아파트형 공장·물류창고에 한정됩니다. 임야·농지·단독주택·공장·일반창고·종교시설은 공간 서비스는 발생하되, 임대료는 발생하지 않아 시장에서 임대수익을 확정하기 어려워 수익방식을 적용하기 어렵습니다.

비교방식을 적용하기 어려운 부동산도 많습니다. 비교방식을 적용하려면 토지와 건물이 일체로 효용을 발휘하여 시장 참가자들이 공간의 가격을 건물면적당 단가로 인식하여야 합니다. 부동산 시장에서 아파트·오피스·상가·물류창고는 매수자와 매도자간에 건물면적 평당 얼마라는 가격 감각이 있습니다. 호텔도 건물면적 평당가는 물론 객실 1개당 얼마가 적정한지에 대한 지표가 있습니다.

그런데 한국에서 많은 부동산은 건물이 있음에도 불구하고 건물면적당 얼마가 아니라 토지면적당 얼마로 시장 참가자들이 가격을 인식합니다. 예를 들어 나대지일 때는 토지 평당 1500만원인데, 새 건물이 있으면 토지 평당 2000만원, 20년이 넘은 헌 건물이 있으면 건물 가치를 0으로 보고 토지 평당 1500만원에 토지와 건물을 일괄로 거래합니다. 용적률 150% 짜리 주택도, 3층이 넘는 상가 건물도, 여러 가지 설비가 있는 공장 건물도 토지 평당 가격으로 시장에서 인식합니다. 건물을 사용하기 위하여 부동산을 매입하는 것인데, 건물 면적보다 토지 면적을 더 중요하게 여깁니다.

이렇게 부정확한 인식방법이 시장에 퍼지게 된 이유는 무엇일까요? 크게 세 가지 이유를 추정할 수 있습니다.

첫 번째는 부동산 시장이 급격하게 변하였기 때문입니다. 농지가 불과 수년 안에 주거용지로 바뀝니다. 그 주거용지는 바로 앞에 지하철 역이 생기면서 불과 수년 안에 상업용지로 바뀝니다. 주거용지일 때 지었던 주택은 몇 년 안에 무용지물이 됩니다. 상가를 지으려면 기존 주택은 철거비가 소요되는 장애물이 됩니다. 이렇게 외부의 환경변화 때문에 건물의 효용이 바뀌는 현상을 외부적 진부화(external obsolescence)[353]라고 합니다. 급격한 경제성장은 기능적 진부화(functional obsolescence)도 가속시킵니다. 경제가 성장하여 자동차 보급률이 증가하면서 기존에 지어진 아파트는 주차공간이 부족하여 가격 하락을 겪습니다. 삶의 방식이 달라지면서 20평대 아파트에도 화장실이 2개가 있어야 합니다. 불과 10년 전에 지어진 건물도 지금의 수요와는 맞지 않게 됩니다. 그러니 기존 건물을 중요하게 여기지 않게 됩니다. 한국은 세계에서 가장 빠른 경제성장과 도시화를 겪은 나라이기 때문에 이 현상은 더욱 심하였습니다.

두 번째는 토지의 중도적 이용(interim use)이 많았기 때문입니다. 중도적 이용이란 다른 용도로 이용하기 전에 일시적으로 사용하는 용도를 의미합니다. 시장이 급변할 때, 투자자는 토지를 구입한 다음에 바로 개발하기보다는 여건이 성숙하기를 기다립니다. 기다리는 동안 아무것도 안하고 땅을 놀리기에는 땅값이 아깝습니다. 투자비가 적은 철골 주차장이나 1층짜리 상가를 짓고 기다리며 시장 여건이 성

353 Appraisal Institute(2008) 참조.

숙해지면 건물을 철거하고 20층짜리 오피스텔을 새로 지어서 분양합니다. 빠르게 성장하는 시장에서는 토지를 구입하고 바로 개발하는 것보다, 기다리면서 자본차익을 얻고 타이밍에 맞춰서 개발하는 것이 더 수익성이 높을 수 있습니다.[354] 중도적 이용을 위하여 지어진 건물을 제대로 값을 주고 매입하는 투자자는 많지 않을 것 입니다. 당연히 토지면적에만 관심이 있습니다.

세 번째는 건물을 싸게 짓기 때문입니다. 건물주는 불안정한 시장에서 언제 기능적·외부적 진부화가 발생할지 모르는 건물에 많이 투자하기 어렵습니다. 건물 투자비를 낮추어 추후 발생할 수 있는 개발과 매각 옵션의 유연성을 극대화하는 것이 합리적입니다. 싸게 지으니 더욱 건물보다 토지를 중요시합니다.

임대시장이 형성되어 있지 않고, 건물면적당 가격이 형성되어 있지 않은 자산들은 '원가방식'에 의하여 평가하게 됩니다. 원가방식은 토지와 건물 가치의 합으로 부동산의 시장가치를 구하는 방법인데, 토지의 가치는 토지거래사례를 기반으로 입지·용도지역·도로·크기·형상과 같은 객관적인 요인의 비교를 통하여 구하게 됩니다. 그런데 건물의 가치를 평가하는데 여러 가지 이슈가 있습니다. 원가방식의 수식을 더 자세히 풀면 다음의 산식[355]과 같습니다.

---

354 Bruekner(2000) 참조.

355 Appraisal Institute(2008) 참조.

원가법 시장가치 = 토지가치 + 재조달원가 - 감가상각 + 개발이윤

개발사업 현금흐름에서 '매각가치-토지비-개발비 = 레버리지전 이익'의 논리에 대응하되, 헌 건물은 새 건물보다 가격이 낮아야 하기 때문에 '감가상각'을 공제한 형태로 구성되는 것입니다.

여기서 '재조달원가(reproduction or replacement cost)'는 대상 건물과 동일한 물리적 형상이나 효용을 가진 건물을 지금 개발할 경우 소요되는 비용입니다. 개발할 때 공사비·설계비·감리비와 같은 직접비용(direct cost)와 더불어 각종 부담금·공조공과·용역비용 등 간접비용(indirect cost)도 발생하는 것처럼 재조달원가에도 개발과 관련된 모든 비용이 포함됩니다.[356] 감가상각은 물리적 노후화(physical deterioration), 기능적 진부화(functional obsolescence), 외부적 진부화(external obsolescence)[357]에 의한 것으로 구분됩니다. 그런데 어떠한 건물이 얼마나 물리적으로 노후화되어 있고, 기능적·외부적으로 진부화되어 있는지는 확정하기 어렵습니다. 개발이윤(entrepreneur's profit or incentive)은 부동산 유형과 시

---

356 Appraisal Institute(2008) 참조.

357 신축건물은 토지의 최유효이용과 일치하기 때문에 기능적 외부적·진부화가 발생하지 않지만, 신축 후 시간이 지난 건물은 물리적 형태와 용도를 바꾸기 어렵기(비가역적) 때문에 기능적·외부적 진부화가 발생할 가능성이 있음.

장에 따라 편차가 큽니다. 서울의 A급 오피스 시장이나 상가 시장 같은 경우, 개발회사가 수익을 발생시킬 것을 목적으로 하기 때문에 개발이윤이 존재합니다. 그런데 자가사용목적으로 짓는 단독주택이나 창고·공장과 같은 경우, 개발이윤이 매우 적거나 없습니다. 원가방식은 이렇게 건물의 가치를 산정할 때, 너무나 다양한 가정을 하여야 합니다. 실물자산의 평가를 개발시장의 논리를 통하여 간접적으로 추정하기 때문입니다.

이러한 원가방식의 특성 때문에 우리나라의 부동산 평가 실무에서 건물을 과대 또는 과소평가하는 문제가 발생합니다.

(1) 건물을 과대평가하는 경우:

수요가 없는 곳에 건물의 규모를 너무 크게 짓거나 시장여건과 맞지 않는 용도의 건물일 경우, 외부적 진부화에 대한 감가상각을 하지 않으면 건물을 과대평가할 가능성이 높습니다. 시골에 투자비가 높은 오피스나 연구소 등이 있는 경우 그 건물은 과잉 투자이므로 재조달원가보다 현저히 낮은 가격으로 건물가치를 평가해야 합니다. 교외지역에 위치하는 기업용 부동산에서 이러한 현상이 자주 발생합니다. 기업은 내부 운영 목적으로 건물을 짓기 때문에 부동산 시장의 관점에서는 부적절한 투자를 하는 경우가 있습니다. 공간의 사용가치(use value)가 시장가치(market value)보다 큰 경우인데, 외부적 진부화에 의한 감가상각을 하지 않으면 건물을 시장가치가 아니라 특수한 사용가치로 높게 평가한 꼴이 됩니다.

(2) 건물을 과소평가하는 경우:

임대용 오피스나 쇼핑몰과 같이 개발이윤을 목표로 개발하는 자산의 경우, 재조달원가에서 적정한 수준의 개발이윤을 고려하지 않을 경우 건물가치를 과소평가하게 됩니다. 또한 건축규모가 크고 대도시에 위치할수록 각종 부담금과 공조공과금, 일반관리비 등 간접비용 비중이 증가[358]하는데, 간접비용을 누락하여 재조달원가를 산정하면 건물가치를 과소평가하게 됩니다.

(3) 간접비용과 개발이윤의 배분 문제:

'개발이윤'과 재조달원가의 '간접비용'이 건물가치에 배분되는지, 토지가치에 배분되는지, 건물과 토지가치에 각각의 가치비율만큼 배분되는지에 대한 문제가 있습니다. 서구 감정평가이론은 이를 건물가치에 배분하는 경향이 있고, 일본 이론은 토지가치[359]에 배분하는

---

358 직접비용의 30~50% 수준까지 증가함.

359 그에 따라 일본의 감정평가이론을 받아들인 우리나라에는 건물의 철거비용을 토지가치에 반영하는 건부감가(建附減價), 개발제한구역내 건물이 있는 토지에서 기존 건물의 기득권에 의해 발생하는 이익을 토지가치에 반영하는 건부증가(建附增價)의 개념이 있음. 만약 토지는 나대지를 상정하여 평가하고 건물(개량물)에 의해 발생하는 모든 가치 증감을 건물가치에 귀속한다면 건부감가와 건부증가의 개념은 발생하지 않음.

경향이 있습니다. 한국 부가가치세법[360]에 의하면 부동산의 총 거래가액[361]에서 토지의 가치는 공시지가로, 건물의 가치는 기준시가[362]로 적용한 안분비율로 토지와 건물의 가치를 구합니다.[363] 그런데 기준시가의 산정기준에 건물의 직접비용은 포함되었으나 간접비용은 포함되지 않습니다.[364] 사실상 부가가치세법은 개발에 소요되는 간접비용과 개발이윤을 토지가치와 건물가치의 비율로 배분하는 것입니다.

360 토지에는 부가가치세가 발생하지 않으나, 건물에는 10%의 부가가치세가 발생함. 따라서 10억원에 일괄 거래된 토지와 건물에서 얼마가 건물 가격인지를 확정해야 하는 문제가 발생함.

361 일반적으로 부동산의 거래가액은 '토지가격 + 건물가격'임. 사업자끼리 거래할 경우, 매수자가 '토지가격 + 건물가격 + 건물분 부가가치세'를 매도자에게 지불하더라도 매수자는 나중에 건물분 부가가치세는 환급 받기 때문에 토지와 건물가격이 거래가격임. 개인끼리 거래하는 경우, 둘 다 부가가치세의 적용을 받지 않으므로 매수자는 매도자에게 '토지가격 + 건물가격'만 지불함. 그런데 매도자가 사업자이고 매수자가 개인인 경우, 매수자는 매도자에게 '토지가격 + 건물가격 + 건물분 부가가치세'를 지급하고 건물분 부가가치세를 환급 받지 않음. 따라서 아파트의 신규 분양가는 '토지가격 + 건물가격 + 건물분 부가가치세'를 거래가액으로 인식함. 단, 중고 아파트는 다시 개인끼리 거래하므로 '토지가격 + 건물가격'이 거래가액임.

362 '2014.1.1. 시행 건물 기준시가 (국세청 고시 제2014-4호)' 및 '2014년 1월 1일 시행 건물 기준시가 산정방법 해설' 참조.

363 부가가치세 목적의 건물가치 안분액 = 부동산 총 거래가액 × (건물 기준시가 ÷ (건물 기준시가 + 토지 공시지가))

364 사실상 한국의 감정평가 관행도 건물을 직접비용으로만 평가하는 경우가 많음.

참고문헌

Ambrose,B.W., & Kim,S.W. (2003). Modelling the Korean Chonsei Lease Contracts. Real Estate Economics, 31(1) : 53-74.

American Resorty Development Association. (2014). Timeshare Datashare: Timeshare Vacation Spending. ARDA : http://www.arda.org/aif-foundation/research/timesharedatashare/overview.aspx에서 검색된 날짜 : 2014년 11월 3일

Appraisal Institute. (2008). The Appraisal of Rel Estate, 13th ed.

Benjamin,J.D., Lusht,K.M., & Shilling,J.D. (1998). What Do Rental Contracts Reveal about Adverse Selection and Moral Hazard in Rental Housing Market? Real Estate Economics, 25(1) : 33-49.

Bruekner,K.Jan. (2000). Urban Growth Models with Durable Housing : An Overview. , HuriotJean-Marie, & ThisseJacque-Francois, Economics of Cities (263-289). Cambridge UK : Cambridge University Press.

Cannaday,R.E., & Yang,E.E. (1996). Optimal leverage strategy : capital structure in real estate investments. Journal of Real Estae Finance and Economics, 13 : 263-271.

Chan,S.H., Wang,K., & Yang,J. (2012). Presale Contracts and its Embedded Default and Abandonment Options. Journal of Real Estate Finance and Economics, 44 : 116-152.

Deutsch Bundesbank. (2013). Household wealth and finances in Germany.

DTZ Korea. (2013). Office Market Data Base.

DTZ Korea. (2012). Retail Market Data Base.

Eisfeldt,L.Andrea, & Rampini,A.Andreano. (2009). Leasing, Ability to Repossess, and Debt Capacity. 22(4) : 1621-1657. The Review of Financial Studies.

Federal Reserve. (2014). Changes in U.S. Family Finances from 2010 to 2013.

Glaeser,L.Edward, & Gyourko,Joseph. (2005). Urban Deline and Durable Housing. "Journal of Political Economy", Vol. 113 no.2 : 345-375.

Grenadier,R.Steven. (2005). An Equilibrium Analysis of Real Estate Leases. The Journal of Business, 78(4) : 1173-1214.

Grenadier,R.Steven. (1996). Leasing and credit risk. 42 : 333-364. Journal of Financial Economics.

Grenadier,R.Steven. (1995). Valuing lease contracts A real option approach. 38 : 297-331. Journal of Financial Economics.

Istrate,Emilia, & Nadeau,Carey. (2012). "Global Metro Monitor." Brookings: http://www.brookings.edu/research/interactives/global-metro-monitor-3에서 검색된 날짜 : 2014년 10월 22일

KB. (2014). 주택가격지수 시계열.

Kim,S.J., & Shin,H.S. (2013). Financing growth without banks : Korean housing repo contract. Society for economic dynamics 2013 meeting papers, 238, Seoul.

Koolhaas,Rem. (1978). Delirious New York : A Retrospective Manifesto for Manhattan . The Monacelli Press.

McDonald,J.F. (1999). Optimal leverage in real estate investments. Journal of Real Estate Finance and Economics, 18 : 239-252.

Miller, M. H., & Upton, W. C. (1976). Leasing, Buying, and the Cost of Capital Services. Vol.31 : 761-786. The Journal of Finance.

Modigliani,Franco, & Miller,Merton.H. (1958). The Cost of Capital, Corporate Finance and the Theory of Investment. The American Economic Review, 48(3) : 261-297.

National Multifamily Housing Council. (2014). NMHC 50 Largest Apartment Owners (2014 Rankings). National Multifamily Housing Council : http://www.nmhc.org/Content.aspx?id=8176에서 검색된 날짜 : 2014년 10월 22일

OECD. OECD. Stat Extracts. http://stats.oecd.org/.

Park,S.S., & Pyun,J.H. (2014). What if landlords freely used security deposits from tenants? Rent-deposit equilibrium in Korea. Working paper.

Powell,Matt. (2014년 8월 18일). "Sneakernomics: The American Mall Is Doomed." Forbes : http://www.forbes.com/sites/mattpowell/2014/08/18/sneakernomics-the-american-mall-is-doomed/에서 검색된 날짜 : 2014년 11월 01일

Self Storage Association. (2013). 2013-14 SELF STORAGE INDUSTRY FACT

SHEET. Self Storage Association : http://www.selfstorage.org/ssa/Content/NavigationMenu/AboutSSA/FactSheet/default.htm에서 검색된 날짜 : 2014년 11월 4일

The World Bank. World Bank Open Data. http://data.worldbank.org/.

UbertiDavid. (2014년 6월 19일). "The death of the American mall." the guardian : http://www.theguardian.com/cities/2014/jun/19/-sp-death-of-the-american-shopping-mall에서 검색된 날짜 : 2014년 11월 1일

Western Reserve. (2011). "Timeshare Market Update." Cleveland United States : Western Reserve.

Wikipedia. http://en.wikipedia.org/wiki/Hipster_(contemporary_subculture)에서 검색된 날짜 : 2014년 10월 27일

Wikipedia. "Timeshare." Wikipedia: http://en.wikipedia.org/wiki/Timeshare에서 검색된 날짜 : 2014년 11월 03일

Wikipedia. "Wikipedia." List of prefecture-level cities by GDP per capita: http://en.wikipedia.org/wiki/List_of_prefecture-level_cities_by_GDP_per_capita#cite_note-Inner_Mongolian_GDP_2011-1에서 검색된 날짜 : 2015년 01월 02일

국토교통부. (2011). 택지개발 예정지구 현황.
http://www.mltm.go.kr/USR/BORD0201/m_34879/DTL.jsp?id=www_info&cate=&key=&search=&search_regdate_s=2011-10-03&search_regdate_e=2012-10-03&order=&desc=asc&srch_prc_stts=&item_num=0&search_dept_id=&search_dept_nm=&srch_usr_nm=N&srch_usr_

titl=N&srch_usr_ctnt.

김윤정. (2013). Evolution and Characteristics of Korea's Real Estate Development Industry. 서울대학교 환경대학원 박사학위 논문.

김향자. (1997). 휴양 콘도미니엄 제도 개선방안. 한국문화관광연구원.

류강민, 지규현, & 이창무. (2013). 월세관련 위험과 보증금-월세 전환율 결정구조. "부동산학 연구", 19(2): 21-35.

박성식, & 차이닝. (2012). 한국과 중국의 토지제도 및 토지평가 특성 비교. 48 : 215-230. 부동산학보.

박성식, & 최막중. (2013). 한국 부동산 시장의 임대료-보증금 균형 모형. 국토계획, 48(7) : 167-180.

박정호. (2014년 2월 27일). "전략적 공약을 통한 이윤 추구 행위."

네이버 캐스트 :
m.navercast.naver.com/mobile_content.nhn?rid=235&contents_id=50002에서 검색된 날짜 : 2014년 11월 1일

배석준. (2013). "카지노산업." 우리투자증권.

법무부. (2014.9.23). "상가건물임대차보호법 개정안 마련." 법무부 보도자료.

서울특별시. (2014). 서울시민의 주거실태와 정책수요에 관한 연구.

서후석, & 손진수. (2007). 부동산 개발사업에 있어서 도관체(Conduit)의 활용에 관한 연구. 부동산학연구, 13(1) : 49-65.

연합뉴스. (2014년 4월 7일). "연합뉴스." 韓 가계자산 중 부동산 비중 세계 최고수준 : http://www.yonhapnews.co.kr/economy/2014/04/04/0301000000AKR20140404171100002.HTML에서 검색됨

이재우, & 이창무. (2005). 상가시장의 임대계약 및 전월세 전환률 특성. 40(1) : 93-111. 국토계획.

이창무, 정의철, & 이현석. (2002). 보증부월세시장의 구조적 해석. 국토계획 : 87-97.

통계청. (2013). 순자산5분위별 가계재무건전성. 가계금융·복지조사(패널).

통계청. "인구정책." 국가기록원 : http://theme.archives.go.kr/next/populationPolicy/statisticsPopup_02.do에서 검색된 날짜 : 2014년 10월 22일

통계청. (2011). 장래인구추계.

한국인구학회. (2006). 인구대사전. 통계청.

헤럴드경제. (2014년 10월 29일). "다음." 부동산 뉴스 : http://realestate.daum.net/news/detail/main/MD20141029110409721.daum에서 검색된 날짜 : 2014년 12월 04일

헤럴드경제. (2014년 10월 29일). "헤럴드경제." 중국, 올해 해외투자 늘어 자본 순유출 전망: http://biz.heraldcorp.com/view.php?ud=20141029001207에서 검색됨

표·그림 목차

공간의 가치

The Value of Space

제2판

모든 사진, 표, 그래프는 저자가 작성 또는 가공한 것입니다.

초판1쇄발행 2015년 3월 6일
개정판1쇄발행 2016년 10월 9일
개정판10쇄발행 2021년 3월 12일

지 은 이 박성식
펴 낸 이 박성식
디 자 인 성나연
제 작 처 공간

펴 낸 곳 유룩출판
출판등록 2015년 1월 15일 제204호
이 메 일 valueofspace@gmail.com
웹페이지 www.valueofspace.com

ISBN 979-11-954702-1-1 03320

이 도서의 국립중앙도서관 출판예정도서목록(CIP)은 서지정보유통지원시스템 홈페이지(http://seoji.nl.go.kr)와 국가자료공동목록시스템(http://www.nl.go.kr/kolisnet)에서 이용하실 수 있습니다.(CIP제어번호: CIP2015004458)